小学创新教育
实践研究

XIAOXUE CHUANGXIN JIAOYU
SHIJIAN YANJIU

白雅娟 ◎ 著

NORTHEAST NORMAL UNIVERSITY PRESS
WWW.NENUP.COM
东北师范大学出版社

图书在版编目(CIP)数据

小学创新教育实践研究 / 白雅娟著 . -- 长春:东北
师范大学出版社,2017.4
ISBN 978-7-5681-3089-9

Ⅰ.①小… Ⅱ.①白… Ⅲ.①创造教育—教学研究—
小学 Ⅳ.① G622.0

中国版本图书馆 CIP 数据核字(2017)第 113713 号

□ 策划编辑:王春彦

□ 责任编辑:卢永康 赵鑫伟   □ 封面设计:优盛文化
□ 责任校对:赵忠玲   □ 责任印制:张允豪

东北师范大学出版社出版发行
长春市净月经济开发区金宝街 118 号(邮政编码:130117)
销售热线:0431-84568036
传真:0431-84568036
网址:http://www.nenup.com
电子函件:sdcbs@mail.jl.cn
河北优盛文化传播有限公司装帧排版
北京一鑫印务有限责任公司
2021 年 1 月第 1 版第 2 次印刷
幅画尺寸:170mm×240mm 印张:14 字数:240 千

定价:49.00 元

　　小学教育，又称基础教育，是整个教育事业的基础。在整个人生的教育阶段，其发挥着奠基石的重要作用。万丈高楼平地起，教育就像建万丈高楼一样必须以坚固的地基为基础，小学教育正是起到了这样的作用。作为启蒙教育，无论语文、数学、英语还是科学、品德等的教育，都对人生今后各个方面的发展起着至关重要的作用。要提高整个教育事业的质量，必须从小学教育抓起。

　　本书系陕西省教育科学"十二五规划"2014年课题"陕西省小学教师教学能力发展研究"（项目编号SGH140798）研究成果，系咸阳师范学院青蓝人才"资助"项目（XSYQL201502），咸阳师范学院校级资助重点项目"小学教师教学能力发展研究"（项目标号14XSYK033）成果。本书对教育与教育学的产生发展，小学教育改革发展的历程，小学创新教育教学理念与目标的确立，方法的运用与创新，以及小学创新教育中校长以及教师的定位分析与角色转变，小学品德教育与特色课程设置等方面进行了探究，希望能够为进行小学创新教育研究的相关人士提供一些借鉴和帮助。

　　本书仍有许多不足之处，希望大家给予批评指正。

目录
CONTENTS

第一章
教育与教育学

第一节　教育的产生及发展

一、什么是教育

教育与人类生活息息相关，它随着人类的繁衍而发展。其自身的内涵日益扩充完善，并在实际运作中从不同角度、不同层次体现其独有功能。正因为教育这一实体在人类历史进程中发挥了显著作用，人们也就想了解教育的深层理性意义，以探寻教育的本质。然而要想理解教育的本质，首先应清楚究竟什么是教育，它发端于什么，教育的发展历程怎样，通过对这一系列问题的层层分析和认识，教育的本质也就浮现出来了。

教育，作为人类社会不可或缺的现象与要素，其核心内涵一直以来是古今中外教育界人士想明确作答的话题，他们对教育的阐释各有见解。在我国，人们对教育内涵的认识源远流长，"教"被理解为施教者通过严格的教学组织、纪律形式向受教育者传授系统的文化经典知识，"育"则被理解为施教者对学生的肉体、情感施以人格熏陶和品质感化。

那教育究竟是什么？要理解这一概念，首先应明确，教育同其他任何一个科学概念一样有其内涵与外延，对教育的理解可分为两个层面，即广义教育和狭义教育。广义教育是伴随人类社会的形成而产生的，可以说自人类社会出现以来这种教育就存在于社会生活的各个领域、各个方面；而狭义教育则是人类社会发展到一定阶段的产物，随着人类历史的变迁更替，以及人类物质、精神生活经验的不断累积，教育活动从人类其他的活动中分化独立出来，从而为教育赋予了特殊的实质与功效。正如 1928 年出版的《中国教育词典》所写："教育之定义，有广狭二种：从广义言，凡是以影响人类身心之种种活动，俱可称为教育；就狭义而言，则唯用一定方法以实现一定之改善目的者，始可称为'教育'。"以 1930 年出版的《教育大辞书》中所指："广而言之，凡足感化身心之影响，俱得云教育。只称其结果，不计其方法……狭而言之，则唯具有目的，出以一定方案者，始云教育。此中亦分二类：对象及期限有定，其功效又可以明确表出者；反是，前者指学校教育，后者指社会教育。"而 1985 年出版的《中国大百科全书·教育》一书对教育的定义是："从广义上说，凡是增进人们知识和技能、影响人们的思想品德的活动，都是教育。狭义的教育，主要指学校教育，其含义是教育者根据一定社会（或阶级）的要求，有目的、有计划、有组织地对受教育者的身心施加影响，把他们培养成为一定社会（或阶级）所需要的人的活动。"

基于上述的说法和观点，可将教育的概念界定在两个层面：广义教育与狭义教育。广义教育是指有目的地影响或增进人们身心发展的一切社会活动，具体而言，可以说凡是有目的地增加人的知识和技能，发展人的智力和体力，影响人的思想品德的活动，都称为教育；狭义教育是指有目的、有计划、有组织地影响人们身心发展的社会活动，它包括学校教育、校外机构教育和远程教育等。人们提及的狭义教育通常是指学校教育，而学校教育是由专门机构和专职人员承担的有目的、有计划、有组织地对受教育者施加系统的影响，促使受教育者生动活泼地主动发展的社会活动。著名科学家爱因斯坦曾指出，"学校的目的始终应该是：青年人在离开学校时，是作为一个和谐的人，而不是作为一个专家"，仅仅"用专业知识育人是不够的"，这正与马克思所言"人的自由全面发展"不谋而合。从康德到马克思，"人是目的"已在哲学中确立起不可动摇的地位。教育同样也应以人为目的，造就自由而全面发展的和谐的人。如果教育以人为目的，以其他事物为培养人的手段，必然会培养出人格素质全面均衡发展的人。在"教育"中，"育"才是根本，它包含了人们的希望，体现着人的价值取向。

针对广义教育与狭义教育的联系与区别，我们须注意，广义教育与狭义教育间呈现的是总集与子集的关系，故广义教育所具有的特性，必然在狭义教育中或多或少地渗透出。

若要对教育作进一步深层次的理解，仅知道其定义是远远不够的，为此，我们有必要探析教育的特性。教育，作为社会活动的一个门类，其主要特性有：社会性、生产性、发展性、民族依存性、历史继承性、前瞻永恒性和相对独立性。

1. 社会性

无论是广义教育还是狭义教育，它们都是在人类社会出现后产生的，均依附于人类社会而发展，正如德国卡西尔所指"人是符号的动物"一样，教育发展的载体则是语言文字等符号，借助这些符号教育得以传承，而语言文字等符号首先就是人类历史长河中各社会形态沉淀的产物，这样，以语言符号等为载体的教育必然具有社会性。教育鲜明的社会性还表现在它与人类社会的其他活动是密切相关、有机联系的，它不仅与科学文化活动直接关联、相互影响，而且与政治、经济等因素相互交融；其次，教育的发展状况受社会环境各要素的制约，唯有相对净化的社会才可为教育缔造良好的发展空间，相反若社会环境中存在不和谐的氛围，那将限制甚至阻碍教育的发展。

2. 生产性

教育的生产性主要表现在以下三方面：第一，教育是劳动力再生产的主要手段。我们知道社会各产业中的大部分劳动力是通过教育渠道获得的，而现今科学技术日新月异，更需要高素质的人力资源，教育则是培养社会所需人才的有效途径。第二，教育是提高劳动生产率的重要手段。劳动生产率的提高有赖于生产技术的提高、生产管理的改善、生产规模的扩大等，这一切均依靠教育。表面上，似乎这些与教育没什么直接的、必然的联系，但所谓科教兴国，教育能培养德才兼备的生力军，这些生力军又可运用他们在教育过程中所获得的知识，在生产领域里施展才华，使生产技术、管理和规模等诸方面得以改进，从而提高劳动生产率。第三，教育的生产性还表现在：教育不仅可促进科学技术的发展，而且能推动生产力的发展。

3. 发展性

由教育的定义可知，教育目的旨在影响或促进个体身心发展，尤其使个体的心智在教育过程中日趋完善，德国思想家康德指出："人只有依靠教育才能成人，人完全是教育的结果。"故而可以说教育的出发点与归宿均体现在培养真正意义的人上。

另一方面，在几千年的人类历史长河中，教育也在不断地前进，那些不适合时代背景、不符合个体身心发展规律的成分被摒弃，历代教育界人士对教育的关注，及对教育状况的分析与研究，为教育提供了宝贵的经验和可借鉴的成果，使教育在反思以往基础上不断完善、渐进发展。

4. 民族性

教育遍及世界各国和地区，而各国、各地区间存在地域文化与社会背景的差异，且各自沿袭着不同的礼仪风俗习惯，这就使教育也随之带有浓厚的民族特色。各民族根据自己的实际情况，推行适宜该民族繁荣的教育内容、方式、政策和制度。例如，长期在草原上的游牧民族，他们子女不可能拥有稳定的教育环境，而其教育内容更多的也局限于与游牧相关的知识上。再如，美国实施的小班教学、个别辅导制，在人口众多的我国就难以开展；而日本某些地区严厉的、武士精神式的教学管理模式让许多国家和地区的教育者无法接受。尽管各民族间的教育理念差异颇多，但"他山之石，可以攻玉"，为促进全球教育的共同进步，我们应善于吸纳其他民族的精髓为自己所用，使本民族的教育更具生机，更具科学性。

5. 历史继承性

教育的发展历史悠久，它发展的每一个历程，都是通过秉承先前的精华，取缔原有的偏差，改善存在的不足，而使其职能得以显现。从每一阶段的教育状况中，我们都能找到前一阶段里所蕴含的内容，这就是教育的历史继承性。教育在时间的延伸中继承了以往教育的内容、组织形式、原则方法、思想和理论等，让有价值的因素得以延续。如春秋战国时期孔子提出的循循善诱、因材施教、学思结合、知行统一、不愤不启、不悱不发、温故知新、循序渐进、举一反三等教育思想流传至今依然被珍视；而由17世纪捷克教育家夸美纽斯在《大教学论》中提出的班级授课制这一教学组织形式仍沿用到现在。也正是这些智慧火花使拥有几千年历史的教育意蕴更加深远。

6. 前瞻永恒性

教育的发展性决定了教育不会有绝对停滞不前的时期，它将生生不息，因为教育总是立足现在展望未来的，教育不仅关注其实施的近期效果，更重视其所达成的远期目标，为此它不断设计、构思前景，并期望用事实去验证其合理性、可行性；教育的前瞻性还体现在它可以对教育行为做出预测，对教育中存在的隐患能迅速察觉，以防止其蔓延。

就教育的永恒性而言，教育很多时候在潜移默化中影响或促成个体身心发展，而由此产生的影响对于个体来说是深远持久的，这无形中就拓展了教育的时间与空间，也证实了列宁的观点，即教育是"永恒的范畴"。

7. 相对独立性

教育是远古时代从其他社会活动中分离出来的一种以影响个体发展为目

的的活动。它自身的使命及内涵使它不同于其他的社会活动，它创造出的是短期内无法兑现的精神财富，并间接地使强大的物质成果默默地滋生。尽管如前面谈到的教育与社会中的各因素有着千丝万缕的联系，但作为一个独立实体，教育有属于自己的发展规律、运行机制、组织形式、管理模式等，这一较为庞大复杂的体系也只有与社会其他因素相对独立开来，才便于宏观规划、操纵，使教育的特性及功能更准确地得到反馈。

教育的特性决定其存在的价值与意义，它具体指向了社会、个体和教育自身。具体而言，教育的社会性意义表现在教育对一定社会的存在及发展具有推动与促进意义。因为，一个社会的存在与发展离不开它所需要的物质与精神条件，教育在为社会创设精神基础方面，赋予了丰富、广博的文化传承载体；在物质基础方面，教育活动可直接或间接地奠定强大的储备资源。教育指向个体的意义表现在，一方面教育使个体在身心上能均衡发展，不断超越自我、完善自我；另一方面，教育能使社会成员从自然状态中提升出来，逐步实现人的社会化，成为一个秉承人类文化成果、具有智慧与力量、能够担当社会责任的人，这样可反作用于社会，使社会的发展向前推移。教育指向自身的意义表现在：教育在对社会与个体发挥作用时，其教育理念、教育内容、教育方法和工具等也在逐渐改善，其实用性、针对性更具效力。

二、教育的产生

教育的起源是关于教育发端的历史问题，教育家们试图在教育的产生和形成时间，教育的形成与存在基础，教育是否存在于人类社会以外等问题上找到答案。对于这一问题的认识，近代教育史上存在三种影响较为普遍的观点：生物起源说、心理起源说和劳动起源说。

1. 生物起源说

教育的生物起源说最早是由法国社会学家、哲学家利托尔诺提出的。他通过对动物的长期观察，并对人类教育活动进行比较、分析，完成了《各人种的教育演化》一书。书中他指出教育现象及活动不仅存在于人类社会中，在人类产生以前就存在于动物界内，他将老动物对幼小动物的养护、照顾视为一种教育，甚至设想在动物界也存在老师与学生的交往关系，这是因为物种能得以生存与延续，主要依赖于各物种的老动物本能地将生存的技能传授给下一代。基于利托尔诺的观点，人类的教育是在动物界的最原始的教育基础上演变、发展的。英国的斯宾塞也持有同样的看法，他认为人类以外的生物界也存在教与学的现象。

棕熊妈妈正在为小熊演示捕鱼技巧

而真正使生物起源说得到深入发展的是英国教育学家沛西·能，他在不列颠协会教育科学组大会上作的报告中说道："教育从它的起源来说，是一个生物学的过程，不仅人类社会——不管这个社会如何原始——有教育，而且在高等动物中间，也有低级形式的教育。"他认为教育是"扎根于本能的不可避免的行为"，并指出"生物的冲动是教育的主流"。

教育的生物起源论的偏差在于将人类教育这种有目的、有意识的活动与动物的本能活动等同起来，将教育机械化、简单化，抹杀了人类教育的能动性、自主性，未能真实、客观地再现教育的特性与本质。

2. 心理起源说

心理起源说的代表人物是美国的孟禄，他在 1925 年所著的《教育史》中写到，原始社会的教育"普遍采用的方法是简单的、无意识的模仿"，由此他推导出教育的起源应是儿童对成年人无意识的模仿。孟禄的出发点是从心理学的角度来寻找教育的起源，他指出模仿是与生俱来的，并且儿童在观察基础上对成人的模仿是关键的教育手段之一，是教育形成、存在和发展的基础。在该书中，他也谈到"原始社会只有最简单形式的教育，然而，在早期阶段中，教育过程却具备了教育最高发展阶段中的所有基本特点"。可以看出，孟禄在此全然否定了利托尔诺的教育的生物起源说。

心理起源说相对于生物起源说而言，其进步意义在于：它将人类的教育与动物的本能区分开来。但它和生物起源说一样，没有考虑教育的意识能动性，两者在这一点上所持态度一致，即认为教育是无意识的，故心理起源说仍然缺乏科学性。

3. 劳动起源说

劳动起源说形成于 20 世纪 30 年代，它的思想根源来自于恩格斯"劳动创造了人本身"的观点，基于对这一观点的认同，苏联教育家率先提出了教育起源于劳动的学说，其代表人物有凯洛夫和康斯坦丁诺夫。他们认为，人类要生存、要繁衍，离不开劳动，在劳动过程中所获得的生产资料作为人类物质上的来源供给着人类，而在劳动过程中所积累的生产技能和经验等精神财富则是通过教育而世代相传的。另外，在劳动过程中产生了语言，这也为教育提供了必要前提。他们还特别指出，教育是人类特有的社会活动（这是由教育的社会性决定），它的主要特点就是它是一种有意识、有目的的活动。之所以这样说，是因为教育者对教育的目的是很明确的，而对所传教的内容如在劳动中总结的知识、技能和经验是比较了解的，对于教育对象也有清楚的认识，由此可见，教育过程是有意识的、目的明确的活动。

在劳动起源说的基础上，我国的学者提出了劳动深化说，认为教育的内容是超生物的经验；教育目的在于促进个体与人类的发展；教育的特点即是自觉的传授；教育方式是借助语言、文字和抽象思维；教育的作用在于促进人类生理和心理的发展及社会关系的形成和发展。

劳动起源说与劳动深化说从一定程度上反映了教育的特性和本质，比较客观地解释了教育的起源问题，应该说这种学说是符合人类社会和教育的发展规律的，因此，它可称为教育起源的要素之一。

在 20 世纪八九十年代，我国教育界对于教育起源这一问题做了进一步的探讨，如胡德海、戴国明他们不赞成劳动起源说的观点，认为劳动和教育都是人类赖以生存和发展的最基本的社会实践活动，教育起源于适应和满足人类社会生活和人类自身发展的需要。还指出需要与劳动、教育之间是因果关系，劳动和教育都是为满足人类生存和发展的需要而采取的行动和手段，需要是劳动和教育的因源。另外，叶澜提出了"人类活动起源于交往"的观点，他认为教育活动只能从另一种活动演化出来，而交往活动的内容、过程、结果等方面都包含教育的要素，当交往的作用被人类意识到，并特此转化为影响新生一代生长为目的的特殊活动时，教育也就产生了。

三、教育的发展

教育的历史漫长而久远，它随人类社会的产生而开始萌芽，又随着人类社会的推进而不断发展，在不同的发展阶段其目的、内容、组织形式、方法及功能等均存在差异，如何确立教育各时期的界限，以及划分阶段的依据与标准是什么，这些问题同样是教育界人士探究的热点之一。对于教育历程的划分，普遍存在三种观点。其一，着眼于经济基础，理由是经济基础决定上层建筑，那它同样也决定教育的特性。持这种观点的人认为生产力的发展状况影响教育本身。根据人类使用的生产工具将人类社会划分为古代社会（以使用手工工具为标志）和现代社会（以使用机械工具为标志），基于此，相对应将教育划分为古代教育和现代教育，古代教育又包括原始社会教育与古代阶级社会教育。其二，服务于上层建筑，理由是生产关系是人类社会最基本、最具代表性的关系，它对人类社会的其他关系存在制约、牵制作用，同样也制约、决定教育的发展。由此，以生产关系为依据和标准，将教育划分为原始社会的教育、奴隶社会的教育、封建社会的教育、资本主义的教育和社会主义的教育五种形态。第三种观点则认为教育的发展虽然与社会历史的发展相关联，与社会中的上层建筑以及经济基础关系密切，但教育作为一个独立的社会实体，有自身的发展规律和矛盾，因此持这种观点的人从唯物史观出发，从决定社会生存和发展的物质生产中去探索教育的原因和动力，从而确定教育发展的历史划分不能离开社会生产方式，但主要应以教育自身发展的特征为依据，于是将教育发展历程划分为原始教育、古代学校教育、近代教育和现代教育几个基本阶段。我们认为第三种划分依据和标准比较科学、全面，更加准确地展现出教育的发展，故采用第三种划分理念，对教育各阶段的状况与基本特征分别加以阐述。

1. 原始教育

原始社会阶段，是人类社会生活的起点，一切都处于蒙昧状态，生产方式还是刀耕火种等最原始、最落后的形式，在生产劳动中采用的生产工具则是天然物如石器、骨器、木器，而与此相关的生产力水平极其低下，生产关系也极为简单，生产资料匮乏，因此，在该阶段没有国家、私有制等阶级性质的产物。

在原始社会存在的教育，由于受社会属性及特征所限，从严格意义上来说，这一时期教育仅仅是教育的雏形，它主要是由一些淳朴、简单的教育活动构成的，无论从这种教育的目的、内容和作用，还是从其手段和方法来看，都能感受到原始社会的教育同它所处的社会属性一样，具有原始性、局限性、滞后性。其主要特征表现在：

（1）原始社会的教育内容浅显，教育方法简单

原始社会的教育内容包括三类：其一是关于政治、宗教、艺术等方面的知识。我们可以从考古发掘出的文化遗产中找到这些痕迹，仔细揣摩出土的文物，通过古朴的外观，不难发现所传承的政治态度、宗教信仰及艺术特色。据史料记载，原始社会氏族首领将参拜日月、风雷、山川草木、自己的灵魂等有关鬼神之类的"三礼"这些宗教活动作为教育内容的重要部分；而从流传至今的古神话传说如女娲补天、后羿射日等又可体味其教育的内容。其二是关于生存与生产方面的知识技能等内容。在生活环境及生存条件非常恶劣的状况下，人类的生命载体能得以延续，主要依靠的就是生存、生产知识技能的累积、传递。例如钻木取火、捕食方法、简单工具制作等，又如在《韩非子》中有"燧人氏教民，以火以渔"的记载。其三是关于战争与护卫方面的知识与技能。原始社会中各氏族间难免争端与摩擦，且言语交流上又存在障碍，许多问题的解决都采用武力，这也激起人们防卫的本能，并将其经验传递，如《淮南子》一书记载的"禹令人民，聚土积薪，择丘陵而处之"。

而在原始社会阶段，由于文字尚未出现，因而没有成册书籍和相关笔录，这就使教育内容的传递方式极为简单，基本上采用的都是口耳相传、耳濡目染的形式。

原始社会的教育内容简单、淳朴，孕育了教育的雏形

（2）教育与社会生活、生产融为一体

在原始社会里，由于生产技能的局限，生产领域的业务分工不可能明确化，相反由于生产力水平极为低下，彼此间的互依性比较严重。而此时的教育也就没能与其他社会活动分离开来，它与政治、宗教、艺术等活动交织在一起，当然，这时的教育也不存在专门的教育组织机构和教育专职人员。由此可见，原始社会时期的教育处于一种萌芽状态。

（3）原始社会的教育机会均等

原始社会的显著特征即是生产力水平低下，因此不存在剩余产品、私有财产，最关键的是原始社会没有阶级。这也就决定了原始社会阶段的教育没有阶级性，在这种情况下，教育对于个体而言是平等的，教育与受教育是每个氏族成员共同享有的权利。就这一点，《札记·礼运篇》中所写的"天下为公，选贤与能，讲信修睦。故人不独亲其亲，不独子其子，使老有所终，壮有所用，幼有所长"可作为这一时期的真实写照。

根据原始社会的教育特征可窥见这种社会形态下的教育是无组织也无固定指向性的，应该说它不具备真正意义上的教育的特质，但作为以后教育发展的铺垫，的确为正规教育奠定了基础。

2. 古代学校教育

原始社会以后，人类迈上一个新台阶，由于生产工具如青铜器、铁器等替代了原始的木器、石器和骨器，生产力水平明显改善，渐渐地有了较为丰足的生产资料，从而创造了宽裕的物质条件，这在某种程度上为教育的发展奠定了经济基础。生产力的提高也使生产关系发生了质的变化，阶级在这一时期产生，也出现了国家这一阶级统治工具，统治阶级为了自身利益，便将兴国安邦作为治理朝政的主要目标，与此同时，也开始日益关注教育，以使民众臣服。随着剩余产品的出现，产生了原始的商品交换，这样，人们的接触、交往越来越频繁，为便于沟通，文字应运而生（在

古代罗马的学校教育

我国，最早的文字出现在夏朝时期），这样使生产、生活经验以文字等记载形式传递成为可能，同样为教育赋予新的成分。古代教育相对于原始教育最显著的进步就是出现了学校教育。学校教育产生的基本条件除了前面提及的经济基础、阶级国家的产生和文字的运用，另外还包括两个方面：第一，物质基础和社会基础。生产力和生产关系的发展促进了脑体分工，使一部分人脱离生产劳动部门，专门从事教育和学习活动。第二，认知、技能基础。随着人们认识客观世界水平的提高、知识技能经验的积累，教育内容变得广泛、丰富。

以我国的历史为例，商周时代，教育各方面已有相当的积累，且知识、内容也扩充至一定的规模，从而为学校教育的兴盛、发展创造了条件。在西周时期，已逐步形成了一个以"礼、乐、射、御、书、数"为主体的"六艺"教育体制。到了春秋战国时代，中国教育进入了"转轨"时期，出现了私学和专门从事教育工作的私塾先生，以及大批影响深远的教育家，且各家学派的教育思想在此阶段竞相争辉。不仅《论语》《墨子》《孟子》《荀子》《礼记》《管于》《吕氏春秋》等典籍中记载了大量的教育资料，而且出现了像《大学》《学记》《劝学》《弟子职》等这样的教育专著。

在这样的特定历史背景下，古代学校教育具有该时期的时代特征：

（1）具有鲜明的阶级性，统治阶级垄断教育

古代学校教育处在奴隶社会和封建社会阶段，这两种社会形态下，被统治阶级的地位卑微，是统治阶级剥削、压榨的对象。统治阶级主宰着国家、奴隶（农民）的命运，操纵着各所属机构的运作，这就使得此阶段教育的阶级性极其严重。这主要表现在以下三方面：第一，在教育权限与对象上。古代学校教育的教育者是阶级社会的统治者，教育者多数是剥削阶级的知识分子，而受教育者则是王公贵族剥削阶级的子孙，他们享有特殊的受教育权利，而劳动人民的子女则受种种苛刻条件的限制和高额学费的束缚，几乎丧失了受教育的机会和权利。以唐代学制为例，唐中央官学分为六学二馆，其中最高的学校国子学只招收文武三品官位以上官员的子孙入学，太学则只招收文武五品官位以上官员的子孙入学……由此可见，古代学校教育在教学对象上存在局限性和非普及性。第二，在教育目的上。统治阶级为维护、巩固自己及子孙的地位，开展教育的目的一方面是使统治阶级的后代成为新的统治者，正所谓"学而优则仕"，另一方面是使劳动者的子女成为新一代的体力劳动者，继续遭受剥削和压迫。第三，在教育内容上。古代学校教育的中心内容是与剥削阶级意识形态相关的社会历史知识、圣人之言和祖先遗训等内容，如我国早期的《四书》

《五经》，以及后来儒家所倡导的"三纲"（君为臣纲、父为子纲、夫为妻纲）和"五常"（仁、义、礼、智、信），这一系列教育内容成为统治阶级控制劳动者和地位低贱民众的精神工具。

中国古代的学校教育

（2）古代学校教育与社会生产劳动相分离

由于这一阶段的教育存在明显的阶级性，教育对象大部分是王公贵族的子孙，他们衣食奢华，起居无忧，所接受的教育思想仅是"学而优则仕"，以及"劳心者治人，劳力者治于人"，故对与生产劳动相关的知识技能概不了解。在我国，古代学校教育的主要内容是《四书》《五经》、"三纲""五常"等属于剥削阶级意识形态的文化知识，而在西欧则是宗教神学和古典科目，如"七艺"（文法、修辞、逻辑、算术、几何、天文、音乐），足见这些教学内容与生产相联系的成分甚微。另外，由于生产劳动中的技术性较弱，劳动者通过观察、模仿就易掌握，故没有设置专业的培训生产技能的学校，这也是古代学校教育与社会生产劳动相分离的重要原因之一。

（3）古代学校教育专门化

我国早在奴隶社会时期，就存在类似于学校的机构，如库、序、校等，根据《礼记》等书记载，在夏朝已有名为"库""序"等的教育机构；在封建社会时期，则有官学、私学、书院、国学等施教机构；而在古希腊、雅典也出现了多种类型的学校；在国外，有早期的"青年之家"以及后来的骑士教育和教会学校等机构。这一切都表明，奴隶社会和封建社会阶段，教育作为社会生产活动中一种相对独立的活动，已逐渐具有一定规模，有专门的机构和教职员工，相应地也形成了较为成熟的管理模式。

综上所述，由于古代学校教育的社会历史背景处于奴隶社会和封建社会时期，故教育主要是为统治（剥削）阶级、上层建筑服务的，这就使教育范围狭窄，教育内容局限，教育方法呆板，于是教育的独立性不彻底；且教育桎梏于统治阶级严控下，教育的职能不但没有充分发挥，有时甚至违背教育的本质。因此，古代学校教育曾有过的繁荣与辉煌是短暂的，它的局限性、不完善性、不系统性决定了它将会被新的教育形式与内容所取代。

3. 近代教育

近代教育可追溯到工业革命时期（18世纪后半叶到19世纪前半叶），工业革命从根本上改变了生产力的状况，使社会物质生产发生了翻天覆地的变化，从而推动了历史的进程，同时促进了教育的发展。近代教育在我国主要处于封建社会末期，而在西方大部分地区处于资本主义社会初期，由于社会形态的更替，教育的内容、方法、组织形式等随之出现本质的变化，在这一时期，世界各地涌现了一大批热衷于教育事业的杰出的教育家和思想家，他们的教育思想和理念为近代教育写下新的篇章。如：1776年康德使教育学首次登上了大学讲坛；1806年赫尔巴特出版了《普通教育学》，这是历史上第一部比较系统、完整、科学的教育学著作，它标志着"科学教育学"的创立。而"近代三大教育哲学家"之一的阿尔弗雷德提出"知识真正价值在于发展与创新""教育学上的节律性原则"以及"不同阶段采用不同教学方法"等观点，给教育以新的启迪。

近代教育在教育历史上起着承上启下的重要作用，它继承并发扬了以往优秀的教育精髓与成果，也吸取了曾有过的失败教训；通过扬弃古代学校教育的内容，近代教育在本阶段不断提升，同时为下一阶段的教育提供了宝贵的精神力量，使现代教育更符合人类发展的需要。

4. 现代教育

"现代"一词总是与先进的科学、技术、文化、经济等相联系的，而现代教育同样与这些成分密不可分。"现代教育"这个概念首次由美国教育家杜威提出，而后，人们都倾向于用这个词，因为它具有鲜明的时代色彩。在我国，目前对"现代教育"有三种理解：其一认为现代教育就是杜威的教育理论；其二认为现代社会的教育包括资本主义社会教育和社会主义社会教育；其三则认为现代教育指与传统教育相对应的概念，表示适合现代社会生活方式、现代生产体系、现代经济体系、现代文化体系、现代科学技术的教育观念、形态和特征，表示现代需要提倡和应用的教育思想、制度、管理体系、内容和方法等。现代教育尽管随时代的变化而有不同的内涵和意蕴，但它所呈现的特征却有相对的一致性，这些特征主要体现在：

（1）教育与生产劳动相联系是现代教育的重要特征

随着社会分工的日益精细、社会所需产品的扩展，综合国力的竞争日趋激烈，对人才的需求、科技的运用都提出了新的挑战，而人才、科技的供给大部分取决于教育的发展水平，这样在教育与社会劳动之间所存的契合处就更加明显，教育不仅带给人类生存的技能，而且带给人们更多有助于个体发展的智慧和生产的技术诀窍。正如马克思、恩格斯所说："未来教育对所有已满一定年龄的儿童来说，就是生产劳动同智育和体育相结合，它不仅是提高社会生产的一种方法，而且是造就全面发展的人的唯一方法。"列宁也曾说过："没有年轻一代的教育和生产劳动的结合，未来社会的理想是不能想象的；无论是脱离生产劳动的教学和教育，或是还没有同时进行教学和教育的生产劳动，都不能达到现代技术水平和科学知识现状所要求的高度。"现代教育与历史上以往的教育的本质区别就在于它具有生产性，这是社会发展到一定阶段的产物。

（2）现代教育具有普及性、广泛性

随着人类社会的发展与进步，教育越来越受到社会各界的关注。教育，作为现代社会不可或缺的公众活动，其普及性、广泛性也随着人才需求的扩大而逐步提高。现代教育的普及性、广泛性主要表现在：其一，纵向层面上，教育已面向各年龄阶段。从专业机构的幼稚园、中小学校、中高等院校到老年大学，现代教育为各年龄阶段的个体提供接受教育、参与学习的机会。其二，从横向角度看，现代教育已在不同地域展开。从乡村县镇到繁华都市，到处都有教育的足迹。其三，教育形式的多样性为不同文化层次的个体营造广阔的学习天地。现代教育的形式丰富，包括函授、自考、远程教育和网络学校等，这些教育形式无疑使更多的人拥有提升自我、超越自我的机会。教育多渠道地渗透于社会的方方面面，从而使现代社会公民受教育的权利得以显现。

（3）现代教育的教育内容、方法和手段科学化、现代化

现代教育的教育内容注重科学化、系统化、综合化，各学科间的交叉、渗透得到课程开发人员的重视，他们力求使学科间知识体系整合。这样有利于受教育者知识网络的建构，同时，现代教育内存更注重实用性，它们密切与生活实际相结合，使其符合时代、社会的要求。

现代教育中实施、采用的方法是教育界探讨的内容，其焦点问题是，怎样才能使高质量的教与高效率的学相融合，从而实现最优化教学。在现代教育论坛上，教育学家、心理学家们经过多年研究和调查，总结了许多富有成效的教育方法，如程序教学法、探究法、讨论法、问题教学法等等。结合不同的教学内容，面对不同的教学对象，运用风格迥异的方法，从而充分调动学生的学习主动性，发挥学生的主体性作用，使学生易于掌握知识，更有利于智能的培养与发展。

现代教育的手段先进、卓有成效。教育结合多媒体、网络技术、音响设备等载体，使现代教育不仅体现了浓厚的时代特色，并且为教育的个别化和组织形式的多样化提供了物质条件。

（4）现代教育目的的改变

现代教育不再是特定阶级统治、利用的工具，它的主要目的是促进个体和社会的发展。现代教育旨在培养全面发展和有专业特长的高素质人才，在教育过程中注重个体智能的开发，也只有实现人才数量和质量上的递增，社会的发展才有望实现。这就是教育的近期目标和长远目标。

第二节　教育学的产生与发展

一、教育学的产生

教育学是一门独立的学科。教育学是研究人类教育现象和解决教育问题、揭示一般教育规律的一门社会科学。教育是广泛存在于人类生活中的社会现象，教育学是有目的地培养社会人的活动。它通过对各种教育现象和问题的研究揭示教育的一般规律。

19世纪中叶以后，马克思主义的产生，近代心理学、生理学的发展，为科学化教育奠定了辩证唯物主义哲学和自然科学基础。现代生产和科学技术的发展，教育实践的广泛性、丰富性，更进一步推动了教育学的发展。教育学的研究对象是人类教育现象和问题，以及教育的一般规律，是教育、社会、人之间和教育内部各因素之间内在的本质的联系和关系，具有客观性、必然性、稳定性、重复性。如教育与政治、生产、经济、文化、人口之间的关系，教育活动与人的发展之间的关系，教育内部的学校教育、社会教育、家庭教育之间的关系，小学教育、中学教育、大学教育之间的关系，中学教育中教育目标与教学、课外教育之间的关系，教育、教学活动中智育与德、体、美、劳教育之间的关系，智育中教育者的施教与受教育者的受教之间的关系，学生学习活动中学习动机、学习态度、学习方法与学习成绩之间的关系等等，都存在着规律性联系。教育学的任务就是要探讨、揭示种种教育的规律，阐明各种教育问题，建立教育学理论体系。

在西方，教育学（pedagogy）源于希腊语中的"教仆（pedagogue）"，就是如何照管儿童的学问。文艺复兴以来，对教育过程的研究，被叫作"教育学"，在师范学校或师资培训学校中传授。教育学这门学科的产生，如果从捷克著名教育家夸美纽斯 1632 年撰写的名作《大教学论》开始算起的话，至今已有 370 余年的历史。我国最早于 1898 年在京师大学堂开始开设此课程，彼时的教育学教材基本上从日文转译过来。

二、教育学的发展

教育学自产生至今一共经历了以下几个发展阶段。

1. 萌发期

时间大致在我国的春秋战国时期和西方的古希腊城邦时期（公元 17 世纪初叶），人类开始了最早期的教育认识活动。

这一时期的教育思想主要散见在一些思想家的言论和著作中，如我国的孔子、孟子、荀子、墨子、韩愈、朱熹等，西方如古希腊的柏拉图、亚里士多德、昆体良等。《论语》是中国古代儒家经典之一，是孔门弟子辑录的孔子言行录，也载有一部分孔子门徒的言论。在《论语》中，孔子提出"有教无类"的早期普及教育的思想，在教育内容上提出"六艺"（礼、乐、射、御、书、数），在教学方法上倡导启发式教学，提出"因材施教""思学结合"等原则，主张学生要"博学之""审问之""慎思之""明辨之""笃行之"，还要求教师"学而不厌，诲人不倦"等。孔子的教育思想非常丰富，既涉及许多教育理论问题，又包括许多教育、教学的实际经验。《学记》是我国也是世界历史上第一部教育专著，它是《礼记》中的一篇，写作年代约在战国末期，作者不详。《学记》总结了儒家的教育理论和经验，较为系统地阐述了有关教育的基本原理，我们现在的教育学的研究范畴基本上都已涉及，对教育的作用和目的、教育制度和学校管理、教学的原则和方法、教师的作用和条件等，都做出了概括性的总结，如"化民成俗，其必由学""建国君民，教学为先""臧息相辅""教学相长""君子之教，喻也""道而弗牵，强而弗抑，开而弗达""不陵节而施"等等，在一定程度上都达到了规律性的认识。

在西方，追溯教育学的思想渊源，必首推古希腊著名先哲苏格拉底。苏格拉底以其产婆术闻名于世。他在与青年人交谈时首先佯装无知，然后通过巧妙的诘问暴露出对方观点的破绽和违背逻辑之处，从而帮助他们发现问题，得出结论。其弟子柏拉图在其传世巨著《理想国》中虚构了一个理想的国度，把国家分为三个阶级，即统治者、战士、劳动者。统治者必须是充满理性、充满智慧的哲学家，富有激情和勇敢精神是军人的品质，而欲望则是人灵魂的低劣部分，主要存在于农工商和奴隶等劳动者身上，这些人要学习的就是节制自己的私欲，懂得服从。这样他就为所有人各安其位，并着力设计课程来培养他们。而古罗马著名教育家昆体良所著的《论演说家的教育》，则是西方最早的教育专著。在本书中，昆体良提出学校教育应该考虑每个学生的个别特性，使学业适应于学生的特性；紧张的智力劳动应当与休息轮流调剂，而最好的休息乃是游戏；教师应处处给学生做模范，做榜样，应爱护学生；最好的学习方法应该是模仿、理论、练习三个阶段。昆体良是第一个极其详尽地研究了教学法的教育理论家。

萌芽时期的教育学其主要特征是：第一，以习俗的认知为主，更多的是一种教育经验的描述和总结，缺少理论分析；第二，以机械类比、比喻、寓言等思维方式为主，缺乏抽象的理论概括和提升；第三，没有专门的教育学语言，有关教育论述包含于哲学或道德论述之中，没有形成完整的体系，没有提出"教育学"这一概念。但是，作为人类早期的教育智慧，这一时期的教育思想为以后的科学教育理论的产生奠定了基础。

2. 创立期

自欧洲的文艺复兴以来，在西方，随着生产力的发展、社会的进步、科学文化的繁荣，教育有了相应的发展。教育实践的丰富、教育经验的积累，使人们对教育现象、教育问题的认识逐步深入，许多教育专著相继问世，教育学开始从哲学和其他学科中分化出来，逐渐形成一门相对独立的学科。作为一个独立形态的知识领域来说，教育学有其创立的主要标志，大致可以体现在以下几个方面的指标上：在对象方面，教育问题已经成为一个专门的研究领域；在概念方面，这一时期形成了专门的教育概念或概念体系，标志着理论体系的形成；在方法方面，有了科学的研究方法；在结果方面，出现了系统的教育学著作；在组织方面，产生了专门的教育研究机构。这些标志并不是同时出现的，而是在较长的历史时期内逐渐形成的。因此，教育学的创立不是在某一瞬间完成，而是有一个历史过程，前后经历了二百多年的时间。

1623 年，英国哲学家培根发表了《论科学的价值和发展》一文，在科学的分类中，首次将教学的艺术作为一个独立的研究领域提了出来。

17 世纪到 18 世纪是文化和思想的启蒙时代，教育上也出现了重视自然、遵循自然的科学精神。捷克著名教育家夸美纽斯的《大教学论》、英国哲学家洛克的《教育漫话》、法国思想家卢梭的《爱弥儿》和瑞士教育家裴斯泰洛齐的《林哈德与葛笃德》等著作，都在一定程度上反映出了这种时代精神。他们都强调教育活动必须注重感性、直观，必须遵循儿童的自然本性；强调用广博而有用的知识教育儿童，注重自然环境及社会环境对儿童发展的影响，提倡根据儿童的个性特点及其发展规律实施教育。

人们一般认为，教育学形成独立学科开始于夸美纽斯的开拓性工作。其代表作《大教学论》（1632 年），是西方第一部教育学著作。在这本书中，夸美纽斯开宗明义地指出，大教学论就是"把一切事物教给一切人类的全部艺术"，从而提出了一个比较完整的教育理论体系。书中对课程、学科教学法、教学组织形式——班级授课制等，尤其是对教学原则（直观性、系统性、巩固性和量力性）的论述，十分详尽、丰富，对后世的教育实践产生了重大的影响。

教育学作为一门学科在大学里传授，最早出现在德国。1776 年康德在哥尼斯堡大学开始讲授教育学，并四度兼任教育学课程，是最早的大学教育学教师之一。在其著作《康德论教育》（1803）中，他明确提出"教育必须成为一门科学方法"。赫尔巴特更是接受了康德的教席，长期从事专门的教育学教学和研究工作。

对后世影响最大、最明确地构建起了教育学体系的就是赫尔巴特。他的著作《普通教育学》（1806）的出版，被认为是使教育学成为一门独立的规范性学科的标志，他也因此被誉为"现代教育学之父"。赫尔巴特的贡献主要在于，他是第一个提出要使教育学成为科学的人。他认为，教育学要成为一门独立的科学，必须形成教育的基本概念和独立的教育思想。而要形成这样的概念和思想，就必须把教育学建立在相关的基础学科之上："教育学作为一种科学，是以实践哲学和心理学为基础的。前者说明教育的目的，后者说明教育的途径、手段与障碍。"由此，他就把教学理论建立在心理学的基础上，把道德教育理论建立在伦理学的基础上了，从而奠定了科学教育学的基础。赫尔巴特的教育思想对教育理论与实践都产生了极大的影响，并因其强调教师的主导作用而被杜威称为传统教育学的代表。

从夸美纽斯到赫尔巴特，独立形态的教育学初步形成。

3. 教育学学科群形成阶段

这一时期也可称为教育学的多元化时代。从 19 世纪中叶起，教育学的理论基础更为多样，哲学、心理学、社会学、伦理学，甚至一些如数学、生物学等自然科学也都成为研究教育的视角和方法。有关教育学的各种流派纷呈，并逐渐分化出许多二级学科，如德育理论、教学理论、美育、课程论等，这标志着教育学作为一门学科逐渐走向成熟。

该阶段的主要代表人物及其代表作品有：英国著名的实证主义哲学家斯宾塞，在其著作《教育论》中，他倡导科学是最有价值的知识，重视科学教育，提出教育的任务是教导人们怎样生活。

德国教育家梅伊曼和拉伊是这一时期主要的教育学流派之一——实验教育学的代表人物。拉伊 1903 年出版了《实验教育学》，完成了对实验教育学的系统论述。他们坚持科学主义的研究传统，把实验心理学的观察、实验、统计等方法引入教育学的研究当中。此外，实验教育学还强调要让学生学习系统的具有实用价值的科学知识，强调教学过程要考虑儿童的实际情况等。这些论述都对教育学如何从研究方法到具体内容走向科学化，提供了可供后人借鉴并且影响深远的见解。

19 世纪末 20 世纪初，在欧洲出现了"新教育"思潮，在美国则出现了以杜威的实用主义教育思想为代表的"进步教育运动"。其共同特点是反对传统的以传递知识为教育教学中心，主张以儿童为中心，强调儿童的自主性与创造性，以及教育与社会生活相联系等等。杜威 1916 年出版《民主主义与教育》一书，对 20 世纪以来的教育和教育学产生了深刻的影响，以至于有人说："美国未来的思想，必定会超越杜威，可是很难设想在前进中怎样才能够不通过杜威。"杜威的主要主张就是"儿童中心论"，核心思想体现在他所提出的有关教育的四个基本命题中，即"教育即经验的不断改造""学校即社会""教育即生活""教育即生长"。

4. 当代教育学

（1）马克思主义教育学的创建阶段

教育学真正成为一门独立的科学，是在马克思主义产生以后，在马克思主义哲学基础上建立起来的。马克思、恩格斯创立辩证唯物主义和历史唯物主义，为教育学的研究提供了科学的方法论，他们第一次科学地论证了教育的本质，教育与政治、经济的关系，人的全面发展，教育与生产劳动相结合等教育理论的根本问题，为科学社会主义教育学的产生和发展奠定了理论基础。杨贤江于 1936 年撰写的《新教育大纲》，成为我国最早试图以马克思主义观点编写的教育学著作。1939 年，苏联教育家凯洛夫主编的《教育学》出版，这是一本试图以马克思主义的观点和方法阐明社会主义教育规律的教育学。新中国成立后引入我国，成为以后相当长的时期我国教育工作的主导理论和指导思想。

此外，在马克思主义影响下，20 世纪 70 年代在西方还兴起一股批判教育学的思潮。其代表人物有鲍尔斯、金蒂斯、阿普尔等人，他们认为学校教育是造成社会差别、歧视和对立的根源，并且使人们对事实上的不平等和不公正缺乏意识。事实上，教育知识、技术与制度体系都是社会建构的产物，都暗藏着阶级利益、权力意志和意识形态偏见，批判教育学就是要对教师和学生进行启蒙，从而争取自身权益。

（2）教育学的多元化时代

第二次世界大战以来，西方教育学进入了更加多元化的时代，不仅从教育学中分化出一些学科，而且由于借鉴了许多其他学科的研究方法和成果而出现了众多的教育分支学科。各门教育学科的分化和发展，成为当代教育学发展的主流。这一阶段的主要特点是：第一，研究问题领域急剧扩大，分化出学前教育、老年教育、终身教育、继续教育、非正规教育等专门研究领域；第二，形成初步的教育学科体系，如教育哲学、教育政策学、教育社会学、教育经济学、教育技术学等等；第三，加强对自身的反思。也正因为各教育学科发展的繁盛，对教育学本身的反思就成为这一时期的重要任务之一。

此外，这一时期美国的布鲁纳所发表的《教育过程》、布卢姆的《教育目标分类学》、瑞士著名心理学家皮亚杰的《教育科学与儿童心理学》、苏联赞科夫的《教学与发展》，以及马斯洛和罗杰斯的人本主义教育思想等，都对世界教育产生了较大的影响。

在我国，最初的教育学就是舶来品。1898 年京师大学堂成立后，基于师范教育的需要，开始开设教育学课程，大量引介日本的教育学。以 1901 年王国维翻译日本立花铣三郎的《教育学》为起点，我国逐步开始编写自己的教育学，先后出版了一些比较好的教育著作，如孟宪承的《教育概论》、庄泽宣的《教育概论》、吴俊升的《教育哲学大纲》、石联星的《教育学概论》、钱亦石的《现代教育原理》等。新中国成立后，教育学开始了全盘"苏化"。与苏联决裂后开始着力探索教育学的中国化问题，但多是一些"教育政策汇编"。"文革"期间，教育学的建设也同样遭到破坏，大段引述马恩列斯特别是毛泽东同志的语录，是此时"教育学"的一大特征。此后，教育学研究步入恢复和发展阶段。

第三节　人及教育性

人的本质复杂多样，企图用某种简单的方式来概括它都显得捉襟见肘，很不现实。许多学派把人当作一个不确定的东西，用现象学的观点来根据人的任一行为进行定义。存在主义大师萨特把人当作主体自我随意设计的自为的存在。

人的本质就是由实践和各种社会关系造就而成的。人的本质具有社会性、实践性与历史性。人的身心发展具有一定的特征。第一，人的发展具有顺序性。身体方面，从上到下，从中间到四肢，从骨骼到肌肉，动作也由大而粗变为小而精细。心理方面，由机械记忆变为意义记忆。社会认知方面，则是从表面到内部，从简单到复杂。第二，人的发展具有阶段性。人的发展基本分为八个阶段，分别为乳儿期（0～1岁）、婴儿期（1～3岁）、幼儿期（3～6、7岁）、童年期（6、7～11、12岁）、少年期（11、12～14、15岁）、青年期（14、15～25岁）、成年期（25～65岁）、老年期（65岁以后）。

人的发展基本分为八个阶段

夸美纽斯说人是造物主奉献的最完美的作品。然而和其他动物相比，人出生时显得更加虚弱无助。牛的幼崽出生几个小时就能走路，婴儿出生10个月后才能蹒跚学步。从这个意义上说人在出生时处于未成熟的状态。这种未成熟表面上是上帝给予人类的太少，它也恰恰体现了上帝对人类的眷顾。未成熟的东西越多，发展的空间就越大。所以人最具有发展的潜力，也最具有教育的可能性。

如果把可教育性理解为接受"教育"的潜能，那么所有动物都具有这种潜能。小鹰在老鹰的帮助下也能学会飞行，这种"教育"与人类的教育有着本质上的不同，人的可教育性具有更多的内涵。动物之间或人对动物的"教育"（准确地说应该是本能的模仿或训练）仅仅是消极的接纳，人的可教育性指人的内部具有向前生长的力量，这种生长不是从外部强加的。人从教育中得到的就是教育的本身，不需要从外面加入什么东西。对此，杜威做过详细的描述，他说人的可教育性可以理解为人具有可塑性和依赖性。婴儿出生时没有单独维持生命的能力，不能使用自己的体力去应付周围环境，他必须依赖成人才能生存。"没有成人的帮助，婴儿无法存活"。但是这种依赖不是消极的等待，"婴儿赋有头等社交能力，他具有灵活的、灵敏的能力，对他们周围的人的态度和行为都同情地产生感应"。婴儿自出生即具有的对周围事物的感应能力是其他动物无法比拟的。

可塑性指的是未成熟的人为生长而具有的特殊适应能力，主要是从经验中学习的能力和发展各种倾向的力量。动物由于受到原来本能相对完善的限制，其可塑性大大降低。"动物学习一个动作好像一张火车票只能用在一条线路上"。人类学习一个动作，能发展出许多方法，应用到其他情境中去，从而开辟继续前进的可能性。更重要的是，人类从中养成学习的习惯，他学会了怎样学习。

对人的可教育性，国内学者鲁洁从实然和应然的角度也作过论述。实然和应然是马克思为阐明人的两重性、揭示人性奥秘时所提出的。实然指人与其他动物一样，必然地、无可避免地存在于他所赖以生存的各种自然、社会条件之中；应然指人与其他自然物不同，他能够按照自己的需要通过对象性的活动去超越各种被给定的对象性关系，去打破那种预存的、宿命的存在方式，实现所应是的目的。简单地说人是不安于现状的动物。

两重性人性的教育学意义是不言而喻的。人都有受教育的倾向，也有受教育的可能。接受教育是实然向应然发展的必要条件。马克斯·舍勒说："人从不满足周围现实，始终渴望打破他此时—此地—如此存在的界限，不断追求超越环绕他的现实，其中包括他自己当下的现实。"这句话揭示了人对应然的渴望，而"完整人性的形成有赖于教育，教育的本质属性也在于此"。

或许有人认为人的可教育性是路人皆知的道理，是再简单不过的事情，我们绝不能把一只鹦鹉教育成哲学家或者诗人，这不需要讨论。然而现实生活中有许多人对这个"路人皆知的道理"却视而不见，以至于给我们的社会带来巨大的隐患——我们的学校每年培养出数以万计的"差生"——原因是这些学生教不好。这些"差生"走上社会后带来多大的安全隐患呢？看看年年上升的青少年犯罪率就知道了。我国的"差生"到底有多少？最近几年的《教育年鉴》都没有给出具体数字，但都注意到这个现象的存在。1997年版《道德教育全书》统计，我国小学中共有"差生"3000万，笔者对安徽省一个城市2008年中考成绩分析，"差生"数达到35%。一叶知秋，全国情况也不容乐观。

"差生"的来源不可考证，1985年版《教育词典》对它的定义是：主要学科考试成绩在60分以下的学生。20世纪70年代后用"后进生"的代替了"差生"，近年来又提出了"学困生"的概念。学生不管被哪个称谓"冠名"，都是歧视性的，没有人愿意接受。"后进生"是有代表性的称谓（为了便于理解，下文均用"后进生"），国内有学者对"后进生"定义做了总结：只有那些思想品德和学习都达不到根据培养目标而对其所在年级阶段提出的基本要求的学生。"后进"顾名思义，后来进步，虽然暂时不能达到基本要求，经过努力，后来还是可以达到的。从这个意义上说，没有绝对的"后进生"。

后进生是从哪里来的呢？从学生自身来说，他们都有受教育的可能性，也有受教育的愿望，绝不希望自己成为后进生。那么后进生只有一个来源——后天的教育。影响教育的因素是复杂的，教育是一个系统工程，由学校、家庭、社会、个人共同参与。教育的主阵地是学校，对后进生的产生应负主要责任。随着对《新师德规范》的讨论，学校里的师生关系引起人们的热议，如有偿补课、师生冲突，都与后进生紧密联系在一起。对闻道在先的教师来说，如果时时都想到学生的可教育性，就不会把所有的责任都推到学生的身上，就会减少师生对立。人的可教育性之现实意义即在于此。

第四节　小学教育在义务教育中的地位

小学教育通常是指一个国家学制中的一个阶段的教育，也称初等教育，教育对象一般为6～12岁的儿童。小学教育是基础教育，是对全体公民实施的基本的普通文化知识的教育，是培养公民基本素质的教育。

一、我国小学教育的发展史

1. 古代小学教育

我国的小学产生于殷周时代。《孟子·滕文公上》说："夏曰校，殷曰序，周曰庠。学则三代共之，皆所以明人伦也。"据推测，校、序、庠都是当时的小学。西周时期，周天子建立了小学，这种小学设在官府。春秋战国时期，私学兴起，办私学形成了一种风气，其中，又以孔子办的私学规模最大。此后，各朝代不但有官办的小学，也有私办的小学。

2. 近代小学教育

（1）近代小学教育的开端

1878 年，张焕纶所创办的上海正蒙书院内附设的小班，是近代小学的开端。1897 年，盛宣怀创办的南洋公学，分为四院，其中的外院即为小学，它是我国最早的公立小学堂。1898 年 5 月，清政府下谕，命各省府州县设学堂，并将各州县的书院改为小学堂。这可看作清政府下决心推行现代小学的开始。

（2）清末的小学教育

1904 年，清政府颁布了《奏定初等小学堂章程》。规定设初等小学堂，入学对象为 7 岁儿童，修业年限为 5 年。培养目标是："以启其人生应有之知识，立其明伦理爱国家之根基，并调护儿童身体，令其发育为宗旨；以识字之民日多为成效。"并规定初等小学教育为义务教育。

（3）"中华民国"的小学教育

1912 年"中华民国"成立之后，教育部公布小学校令。改小学堂为小学校，分初等小学校和高等小学校。初等小学校招收 6 岁儿童入学，修业年限为 4 年。培养目标是：留意儿童身心发育，培养国民道德之基础，授以生活所必需之知识技能。

1919 年，由于"五四"新文化运动的影响，小学教育有了较大的变化。小学教育机构统称为小学校，招收 6 岁儿童入学，修业年限为 6 年，前 4 年为初级，后两年为高级，前 4 年可单独设立，这一学制一直延续到新中国成立。义务教育年限为 4 年，但各地方可以视实际情况适当延长。

（4）近现代中国小学教育的发展特征

1840 年以后，我国的小学教育有了较大的发展。发展变化的基本特征是：

第一，逐步明确了小学教育为普通教育、义务教育的性质。

第二，学制改革逐渐向世界其他国家靠近，采用修业年限为 6 年的"4 ~ 2"学制。

第三，逐步明确小学教育为培养合格公民打基础的教育。

第四，从小学堂到小学校都有了公立和私立两类。

3. 新中国成立以后的小学教育

新中国成立以后，党和政府一贯重视小学教育的发展，我国的小学教育从各方面都有了极大的发展，小学教育的水平也有了很大的提高。小学教育的改革与发展着重开展的工作有：

（1）普及小学教育

新中国成立之后，普及小学教育就成为党和政府的一贯方针，党和政府曾先后十多次下达文件或指示，要求在全国范围内尽快普及小学教育，并从1986年开始推行九年义务教育制。

为了尽快普及小学教育，我国采取了两个基本方针：一是坚持"两条腿走路"的办学方针，即国家办学与厂矿企业、社队办学相结合；二是实行多种类型的办学形式，新中国成立以后试行的学校类型主要有全日制小学和非全日制小学两种，非全日制小学如半日制小学、巡回制小学、季节性小学等。

（2）学制改革试验

新中国成立以来，小学语文、算术等学科都进行了教学改革的试验。教学改革所要解决的核心问题是改革教学方法，提高课堂教学质量，减轻学生的课业负担。

二、义务教育

1. 义务教育的概念

义务教育是指国家采用法律形式规定的适龄儿童、少年都必须接受的，国家、社会、学校、家庭都必须予以保证的带有强制性的国民教育。

"义务"是公民应尽的责任。把"教育"与"义务"联系在一起，就使教育的发展和普及得到国家法律的保证。"义务"的具体内容一般包括：达到一定年龄的儿童和少年有入学接受国家规定年限教育的权利和义务；父母或监护人有使其适龄子女按时就学的义务；国家、社会、学校有提供条件使适龄儿童和少年能得到法律规定年限教育的义务。所以，世界上不少国家或地区又称这种教育为强迫教育。

义务教育与普及教育不是一个等同的概念。国家对学龄儿童和少年不分种族、肤色、宗教信仰、性别和能力普遍实施的一定程度的基础教育称为普及教育，但当以法律的形式规定普及教育的义务形式时，便称为普及义务教育。

也有的国家把义务教育称为公民教育，因为国家规定的普及义务教育是每个公民必须接受的基础教育，也是每个公民必须履行的义务。

2. 义务教育的意义

第一，义务教育既标志着一个国家的经济发展水平，又会不断促进国家经济的发展。各国制定义务教育的制度，规定义务教育的实施年限，基本上是由各国经济发展水平和文化教育水平决定的，可以说，经济的发展和社会的进步，是实行义务教育的根本条件。

第二，义务教育既体现着一个国家现代文明的水平，又会促进现代文明的提高。一个国家公民的民主生活是现代文明的重要标志，公民的这种民主生活就是要建立在教育机会均等，人人有受教育的权利的民主基础之上，并通过法律形式来加以保障的。义务教育是建立一个国家民主生活的基础和工具。

第三，义务教育既可以保障公民基本权利，又可以培养公民的法律意识。作为国家的公民必须接受一定年限的教育，这种思想不是所有人都认识清楚的，尤其在经济落后的地区，由于主观与客观的因素，儿童与少年受教育的权利时常会受

我国实行十二年制义务教育制度，让孩子们享受到平等的教育

到侵犯。实施义务教育从法律上维护了公民受教育的基本权利，也要求公民履行自己作为国家公民的应尽义务。

三、小学教育在义务教育中的地位

小学教育在义务教育中的地位主要表现在以下三个方面。

1. 普及性

普及教育问题是一个世界性问题。在社会发展过程中，许多发展中国家把首先普及初等教育同时发展中等教育和高等教育作为主要任务；发达国家则主要普及中等教育，同时发展高等教育。近年来，一些发展较快的发展中国家的初等教育的普及问题已接近解决，正在向普及中等教育的方向发展。新中国成立以后，我国就非常重视普及初等教育的工作，中共中央、国务院曾几次发文要求尽快在全国范围内普及初等教育。《义务教育法》的颁布，从法律上保证了我国普及初等义务教育、初级中等义务教育的实现。

作为初等教育的小学教育是义务教育的起点，因而要求其具有最大的普及性。小学教育的普及性主要表现在两个方面：一是国家、社会、学校、家

庭必须保证依照义务教育法的规定，凡适龄儿童和少年都能接受完九年义务教育，做到不让一个适龄儿童和少年不入学或中途退学，并且使他们每个人都能达到基本的教育要求；要求教育工作者对所有的入学儿童负责，爱护、关心、教育每一个学生，平等、公正地对待每一个学生。

2. 基础性

我国的教育体系，一般分为初等教育、中等教育、高等教育三大阶段，每个阶段都有其独立的性质和任务。其中，小学和中学都是普通教育性质，并且小学教育是基础教育。

小学教育是各级各类教育的基础。从个人来讲，它是一个人形成一定的思想品德、掌握科学文化知识的基础阶段，对每个公民个人的思想品德和科学文化素质起着决定性的作用。良好的小学教育是接受中等教育的基础。从国家来讲，只有小学教育普及和提高了，中等教育和高等教育才能顺利发展。

小学教育在义务教育中的基础性地位是不容忽视的。在现代化的进程中，国家实施义务教育，这不仅是生产力发展的客观要求，而且是现代化社会对每个公民素质的基本要求，这表明，义务教育只能是基础教育而非专业教育，其内容应包括国家每一个社会成员必须具有的基础知识和基本技能，包括相应的价值观念和情感态度。小学教育的基础性地位决定了其在完成这一教育任务过程中的主导作用。

3. 强制性

义务教育不仅是受教育者的权利，也是社会各阶层、各方面和国家各部门共同承担的义务。为了保证义务教育的实施，必须依靠国家法律的强制力量，这就是义务教育的强制性。

新中国成立以来，党和政府曾为小学教育的发展做过许多努力。1980年12月，中共中央、国务院还专门做出了《关于普及小学教育若干问题的解决》文件批示。但由于缺少法律的有效保证，我国基础教育的普及工作发展迟缓，少年儿童的受教育权利时被侵犯，国民素质从总体上说还不尽如人意。

义务教育的实施，使小学教育具有了强制性的特征。这不仅保障了少年儿童受教育的权利，更重要的是使我国小学教育的发展从此有了法律"护航"。

第二章
小学教育改革发展历程研究

第一节 教育思想和教育观念的革新

随着时代发展，我国小学教育思想也发生了很大的变化，使得小学教育思想更加适应时代发展。具体有以下几方面的改革发展。

一、重视学习，革新观念，提升理念

为进一步转变广大教师的教育观念，让所有教师的教育理念提升到一个新的局面，要加强教师的理论和业务学习，采用集体与自学相结合的办法，提倡学后反思，让先进的教育思想牢牢扎根于每位教师的心中，从而更有的放矢指导自己的教学实践，更好地为教育教学服务。充分利用每周的业务学习时间，组织各学科教师，对各年级的教学目标、要求、重点、难点、教学方法等进行解读，观看有关课堂教学的录像，通过学习、交流、总结等系列活动，让教师的观念得到更新，知识得到长进，理论得到提升，真正做到学以致用，学有所长。

二、重视研讨，改革方式，推进课改

为全面推进教研工作，开展集体备课活动，进一步提升了教师的新课改理念及业务能力。继续实行领导深入课堂听课调研，现场指导教学，调研课：事先通知教师，教师有准备上课，上课结束后组织教学调研，检查上课效果。推门课：事先不通知教师，听课后将意见反馈给教师。通过课堂调研，全体教师能积极探讨新教法，大部分教师的课堂教学能力有了很大的提高。开展"以点带面"的示范课、公开课活动。组织语文、数学、英语共三位教师上好示范

课，公开课要求全体教师积极参与备课、上课、评课，达到"以点带面、逐步提高"的目的。举办"教师课堂评优大赛"活动，充分挖掘人力资源，发挥学科带头人和骨干教师的带头作用，使教师在备、上、评课方面有了较大的进步，且对用好新教材有了深一层的认识，在探索新教法上有了突破，从而使教师能较好地驾驭今天的课堂教学。

三、强化管理，落实措施，提高实效

在严格执行课程计划，开齐课程开足课时的同时，认真抓好教学常规工作，使教学常规规范化、制度化。特别注重抓好教师的备课、课堂教学、作业批改、课外辅导工作、考查等几个基本环节。本学期，定期组织四次普查教师的教案和学生的作业情况，以此来监督和促进教师在备课等方面的质量。平时，还不定期检查教师的上课、辅导和考查等方面的工作，从而掌握教学状况，起到监督促进作用。落实常规，使教师在备课、上课等方面的工作得到了规范和提效，同时提高了教师的业务水平，使学校的教学管理工作逐步走向规范。为提高教学质量，对学生的学习成绩有所了解，每月进行一次月考并对月考进行总结、评析，为今后的教学工作打下了良好的基础。为形成一股浓厚的学习风气，开展"四个一"活动和班级内开展帮学活动。通过这些活动，强化学生的学习意识，使学生在校能做到预习用心，上课专心，作业细心，复习耐心。各班开展学生学习评价活动，各班成立学习小组，让学习小组的组长对本组学生的学习进行检查、督促，这样学生能够自己管理自己，养成学习的良好习惯，从而使各班形成了一种积极向上的浓厚学习氛围。积极做好后进生帮教工作，要求教师在转化后进生时真正做到无私奉献，真正学会关爱，学会理解，学会宽容，学会激励每个学生，使他们树立起学习的信心和勇气。后进生无论从思想、学习还是做人各方面都得到了不同层次的提高。积极开展各项竞赛活动，如作文比赛、写字比赛、口算竞赛、英语百词大赛、英语课本剧表演、手抄报比赛、成语百词大赛等。

四、考试成绩方面

要持续严抓考纪考风，创建诚信考场。在全体教师的共同努力下，使得学校的教学质量稳步提高，学生的技能得到培养和形成，综合素质得到明显的提高，语文、数学、英语等各科成绩仍名列前茅，各班科成绩亦比较均衡，平均分、优良率均超规定要求。

第二节　小学教育整体实践改革

小学教育专业坚持以培养德、智、体、美全面发展，有较高思想素养、宽厚基础知识、一定的教育科研能力和管理水平、良好的综合素质，能适应小学教育改革、发展需要的具有现代教育观念和创新精神的小学教师为培养目标。其综合素质概括为一个核心、两种水平、六种能力、十二项基本功。即：以师德为核心开展教育，努力使学生达到本科层次学术水平和小学教师的专业化水平，具备教育能力、教学能力、组织管理能力、活动指导能力、教学研究能力、学习发展能力，和讲、写、算、创、教、用、作、弹、唱、跳、画、练十二项基本功。

小学教育专业分文科、理科还有英语三个方向。主要培养对象是具有中等师范学历及一定教育教学经验的在职小学教师。其中，文史类面向文史类教师，理科类面向理科教师。小学教育专业将在建设、发展的过程中形成专业建设的多学科特色、人才素质的综合培养特色、办学模式的开放特色与专业发展的服务性特色。

小学教育是一项规模宏大的教育奠基工程，除具有一般教育的特点外，还有它自身独具的基本特征。

第一，全民性。小学教育的全民性，从广义上说，是指小学教育必须面向全体人民，这样，才能从根本上彻底扫除文盲，从整体上提高全民族的文化素质；从狭义上讲，是指小学教育必须面向全体适龄儿童。小学教育的全民性是世界各国教育改革的共同趋势，几乎所有国家的教育都在努力创造条件，确保每个人接受初等教育的权利。1989 年 11 月，联合国教科文组织第 25 届大会确定"争取全民基础教育"计划，要求最大限度地扫除文盲和普及初等教育。1990 年 3 月，在泰国召开了世界全民教育大会，会议主题是"使人人都有享受教育的机会"，会议通过的《世界全民教育宣言——满足基本学习需要》反复强调的就是，使人人享有受教育权利，向所有的人提供接受教育的机会。在社会主义新时期，我国的小学教育是全民教育，这是进行社会主义现代化建设，提高整个中华民族的素质，使全国各民族的儿童都接受社会主义教育的需要。为了保证这一全民性质，国家特别对女童的教育、贫困地区和少数民族地区儿童的教育给予了特别的关心，采取了特殊政策，对于残疾儿童的教育也给予了特殊的关注，专门加以保障。

第二，义务性。小学教育面向全体适龄儿童，任何未成年的公民，不论其种族、民族、性别、肤色、语言、社会经济地位（智能及身体状况不允许的例外），只要达到一定的年龄（6～7岁），都必须接受小学教育。因此，小学教育在整个教育中具有义务教育的性质，对于每个公民来说，教育机会是均等的，是应当享有的权利。《中华人民共和国义务教育法》规定："国家实行九年制义务教育。省、自治区、直辖市根据本地区的经济、文化发展状况，确定推行义务教育的步骤。国家、社会、学校和家庭依法保障适龄儿童、少年接受义务教育的权利。"义务教育是国家用法律形式规定的对适龄儿童和青少年实施一定年限的普及的、强迫的、免费的学校教育。这里的"义务"一词包括：国家有设立学校以使人民享受教育的义务；父母或监护人有使学龄子女或被监护者就学的义务；全社会有排除适龄儿童和青少年入学受教育的种种不良影响和障碍的义务。因此，义务教育要求国家、家庭、社会必须给予保障。对受教育者来讲，义务教育既是应享受的权利，又是应尽的义务。小学教育是义务教育，根据义务教育法的规定，它又是强制的和免费的："国家对接受义务教育的学生免收学费。国家设立助学金，帮助贫困学生就学。""父母或者其他监护人必须使适龄的子女或被监护人按时入学，接受规定年限的义务教育。"由于小学教育是依国家法律而实施的基础教育，因而它具有强制性。

第三，全面性。小学教育是向儿童实施德、智、体、美等全面发展的教育。小学教育既不是就业定向的职业技术教育，也不是培养高层次专门人才的专业教育。它是面对全体儿童实施的普通的基础知识和基本技能的教育。在此基础上发展他们的能力，培养他们高尚的思想道德品质，提高他们的身体心理素质，使他们具备国民应有的一些基本素质，为他们进一步深造创造条件。小学教育是培养各级各类人才的前提。小学教育是向全体儿童进行的最基本的知识、技能教育，帮助他们学会如何做人，奠定学习、生活和进一步发展的基础。从某种程度上讲，全面性是专业性的预备。只有保证小学教育的质量，才能确保高一级学校的教育质量。儿童接受小学教育的年龄阶段，是人生历程的巨大变化时期，是人的智力、能力和良好习惯形成的最佳时期，小学教育的每一个方面都不可偏废。新中国成立以来，我国教育发展走过了波澜壮阔的发展历程，取得了举世瞩目的伟大成就。例如，实现全面九年义务教育；高等教育进入大众化发展阶段；职业教育加快发展；教育公平迈出重大步伐；素质教育进入国家推进、重点突破、全面展开的新阶段；教师特别是农村教师队伍整体水平不断提高；走出了一条有中国特色的社会主义教育发展道路；教育为我国社会主义现代化建设做出重要贡献。

第三节　课程、教学、教材改革

课程是实现教育目标的基本途径，它集中体现了现实世界的各种教育要求。教育目的和学校培养目标要得以实现，必须首先转化成课程目标，并通过围绕这些目标而编制的课程促成学生身心各方面的实质性变化。自 20 世纪 80 年代以来，课程改革始终是我国教育改革中的一个关键问题。作为小学教师，除具备良好的教学技能外，对现有课程的把握能力以及树立正确的课程观，都是一个合格教师必不可缺的先决条件。

在学校教育中，课程是人们经常使用的概念。因而对课程含义的把握是分析课程问题的基础。虽然国内外许多学者对这个问题做了大量探讨，但至今尚无一个大家接受的定义。课程的英语为 curriculum，出于拉丁语的"跑道"（currere）一词，后转意为教育上的术语，意为学生学习的路线、学习的进程。因而，课程有时称学程。我国唐朝孔颖达在《五经正义》里为《诗经·小雅》里的"奕奕寝庙，君子作之"的注疏中说："教护课程，必君于监，乃得依法制也。"此处对课程的理解并非我们现在所理解的课程的概念。南宋朱熹在《朱子全书·论学》中有"宽着期限，紧着课程""小立课程，大作功夫"等句提及课程。这里所说的"课程"包括学习的范围、时限和进程等含义，与我们今天所理解的课程的概念基本接近。

从"课程"一词的出现到今天我们所理解的课程，人们从不同的学术背景出发，采用不同的研究方法从不同的层次为课程一词下过定义。联合国教科文组织编撰的《教育技术用语词汇》一书中指出，"课程即指在一特定学科或层次的学习的组织"，而世界经合组织则把课程定义为"囊括儿童在校学习期间应具备的全部经验，并包含教育目标、教育目的、教学活动、师生关系、人力物力以及所有影响学校师生关系的调查"。我国学者施良方归纳出了六种具有代表性的课程定义，它们是：课程即教学科目；课程即有计划的教学活动；课程即预期的学习结果；课程即学习经验；课程即社会文化的再生产；课程即社会改造。概括国内外对课程概念的不同解说，我们可以从广义和狭义两方面来理解课程的概念。广义的课程，指学生在学校获得的全部经验，其中包括有目的有计划的学科设置、教学活动、教学进程、课外活动以及学校环境和氛围的影响。狭义的课程，指各级各类学校为了实现培养目标而开设的学科及其目的、内容、范围、活动、进程等的总和，它主要体现在教学计划、课程标准和教科书中。我们所研究的课程概念主要从广义的角度来理解和拿捏。因而我们认为，课程除了学校的课程表所表示的正式课程以及书本的知识内容外，还应包含学生的课外活动和对学生有着潜移默化影响的校园文化以及对学生的各种课外活动所做出的明确、细致的安排。它是一个较为广泛的概念。

一、课程的类别

由于课程是一个较为宽泛的概念，因而对课程的类型可以从不同角度来区分。根据小学教育实践的需要，我们着重探讨以下具有代表性的分类。

1. 学科课程与经验课程

（1）学科课程

学科课程是以学科文化遗产为基础组织起来的各门学科系统的总称。学科课程是分别从各门科学中选取一定内容系统组成各种不同的学科，并以科目为中心各自独立地加以设计。在现代学校教育中占优势的通常是学科课程。

在课程的发展史上，学科课程是一种产生最早的课程类型。中国古代的"六艺"和古希腊、中世纪的"七艺"是最早的学科课程的雏形。欧洲文艺复兴以后，科学从神学的束缚下解放出来，在资本主义生产方式的推动下获得迅速的发展，十六七世纪后人类对世界的认识日益精细深入，科学门类迅速增加，分科课程变得日益系统而精细，成为学校课程的基本形态。

学科课程的优点在于它是以各门科学的体系为依据进行设计的，它有助于学生系统地继承和接受人类的文化遗产；通过学习学科课程中逻辑地组织起来的教材，可以最有效地掌握已为人类所获得的知识，同时，学科课程以传授知识为基础，学校较易于组织教学和进行课程评价。

但是，学科课程也存在明显的不足。第一，学科课程科目分化过细，造成学科间相互分隔，不利于学生从整体上认识外部世界，同时影响学生利用所学知识来解决实际问题的能力。第二，学科课程所提供教材过分偏重于逻辑系统，在教学时容易出现重记忆、轻理解的倾向，不利于调动学生学习的积极性。第三，分科课程使学校课程门类越来越多，且各学科都强调自身体系的完整，无形中加重了学生的学习负担，从而忽视了学生健全的人格形成和身心的健康发展。第四，学科课程所要求的在教学上的整齐划一，不利于学生学习自主性的发挥和因材施教。

（2）经验课程

经验课程也称活动课程，是以学生的自主活动为基本的学习活动方式，它是以学生的主体性活动经验为中心组织的课程。它主要从儿童的兴趣和需要出发，以儿童的活动为中心，主张通过一系列的由学生自己组织的活动，使学生获得经验，培养兴趣，解决问题，锻炼能力。

经验课程重视学生学习的主动性、创造性，把生活经验、社会课题及其他丰富的内容吸收到学校教育中，对于丰富、创造学校的教学内容是有益的。但这种课程缺乏系统的科学知识基础和严格的教学计划，损害了知识的逻辑结构，因而，不可避免地会影响学生对基础知识的掌握。

从上不难看出，活动课程与学科课程的主要区别是：在课程内容上，学科课程以学习系统的间接经验为基本内容，活动课程则致力于学生直接经验和即时信息的获取；在课程设计的出发点上，学科课程立足于社会文化的传承，活动课程则更侧重于学生的需要和兴趣；在学习活动方式上，学科课程以传统的课堂教学为主，活动课程则主要依靠一系列学生的自主活动来实施。此外，活动课程与课外活动有着本质的区别。活动课程是一种正式的课程，只有经过"课程化"了的活动才能纳入活动课程。"课程化"的根本标志就是活动课程需要经过系统的严密设计，有类似于学科课程标准的"活动指导纲要"的指导。因此，活动课程比一般的课外活动具有更强的计划性和目的性。

2. 学问中心课程与人本主义课程

（1）学问中心课程

20 世纪 60 年代，美国心理学家布鲁纳为了解决年轻一代所需掌握知识量的激增与课程设置有限性之间的矛盾，他认为应教授给学生"科学的结构"，学生掌握了学科基本的结构就容易"学会知识，并能促进知识的迁移"。因而出现了"学问中心课程"。

学问中心课程强调人的认识发展与知识、学问发展之间的共性，并要求用统一的、结构化的方式去抓住所学的知识和学问，强调一般的基础知识，重视科学、学问、知识对于人的发展所具有的普遍价值。

（2）人本主义课程

人本主义课程强调学校课程的"人本化"，追求和肯定人的价值、人的个性发展、人的智慧和审美道德。强调实施人际关系课程、自我实现课程和促进人的全面发展的课程，在强调保持学科内容的学术性的同时，要求这种课程能引起所有学生的兴趣。人本主义课程要实现的课题是如何将学科的认知侧面和情感侧面统一起来，既注重课程对于人类的价值，又注重课程对于个人的价值。

3. 显性课程与隐形课程

（1）显性课程

显性课程指学校正规的学术性课程和计划内的课外活动，它通常指学校有计划地列入课程表内的所有课程，是以教学计划中所明确规定的各门学科为内容的课程。这类课程主要是依靠知识的传递进行的，学生通过对这类课程的学习获得的主要是学术性的知识。

（2）隐性课程

隐性课程又称"隐蔽课程"或"潜在课程"，主要指伴随正规教育内容而出现的，对学生起到潜移默化式教育影响的教育内容。包括渗透在课程、教材、教学活动、班级气氛、人际关系、校园文化和家庭、社会环境中的文化价值、态度、习惯、礼仪、信仰、偏见等。

隐性课程是教学计划以外的课程，它是以间接的内隐的方式呈现的，是无计划的，学生通过对这类课程的学习所获得的主要是非学术性的知识。其主要内容包括，学校物理环境构成的物质文化，学校及班级中长期形成的规范、规章、制度文化及学校生活中由各种人际关系所形成的观念文化。隐性课程具有三大特征：第一，对学生的影响是无意识的。隐性课程虽属于教学计划以外的课程，但它对学生的影响却渗透于整个的教学过程，学生参与此类课程通常是无意识地接受隐含于其中的经验。第二，教学内容的全面性。隐性课程对学生的影响不仅在于知识方面，还包括价值观念、行为规范、情感、态度、意志等。第三，教育功能的隐蔽性。隐性课程被看作一部分隐蔽的、无意的、隐喻的甚至是不被承认的学校生活经验，它的功能的发挥是在不知不觉中进行的，通过潜移默化而实现的。

隐性课程由于对学生的身心发展起着潜移默化的影响和作用，因而对显性的教育有着积极的补充和促进作用，它在一定程度上可以制约显性课程，起到一种社会控制功能，并由此影响着学生学习的方向和学习的动力。隐性课程还可以作为思想教育的有力手段，使学生受到多方面的影响，从而促进学生的全面发展。但同时应注意到，隐性课程有时会起到与显性课程背道而驰的作用，诸如教师在教学过程中态度不认真，或将一些消极的情感带进课堂，对学生不尊重、不关心等，都可能降低一部分学生对这位老师所教学科的兴趣。

目前，对隐性课程的概念虽然存在着争议，但有一点是可以肯定的，即对学生的教育要将课内教学和课外活动相结合，并使课外活动成为课程的一个组成部分，因此，应注意校园文化建设，通过整个学校的环境、气氛、风气给学生施加教育影响。

隐性课程与显性课程同样重要，对学生的品格养成具有重要影响

4. 必修课程与选修课程

（1）必修课程

必修课程是指由国家、地方或学校规定，学生必须学习的课程。包括基本理论、知识和技能类课程、政治理论、体育、外语类课程等，实践性较强的教学生产实习、实验、社会调查等也应列为必修课程。

（2）选修课程

选修课程是指学生根据自己的兴趣爱好及需要，有选择自由，而不是必须学习的课程。选修课程是为了适应学生兴趣爱好和劳动就业需要而开设的，这类课程用以扩大和加深学生的科学理论或应用知识，发展学生在某一方面的兴趣、专长，传授科学方法，其内容既可以是有关理论知识方面的，也可以是有关技艺或职业技术方面的。根据国内外课程发展现状看，选修课程可以分为三种类别：

第一，学术类。它是在学校必修的文化课程基础上开设的，为学生在某方面进一步深造创造机会和条件，一般学术色彩较浓。目前，随着教育普及程度的提高和课程改革的发展，学术性选修课程的"拔高"色彩将被原必修课程中削减下来的内容逐渐冲淡。

第二，职业类。此类课程是为不打算或不能继续升学的学生开设，为他们在毕业后就业提供各种帮助。职业类选修课程的内容往往与地方经济发展有较强的联系。

第三，兴趣爱好类。学生根据自己的兴趣爱好而选修的课程。它是为了满足学生的个性差异开设的，与必修的文化基础课程关系不大。此类课程的范围很广，如琴棋书画、戏剧舞蹈、体育、手工制作、摄影、集邮、计算机……它对学生的个性发展起着很大的作用。

二、课程在学校教育中的作用

课程问题是学校教育的核心问题，它不仅关系到教育质量的高低，同时关系到教育目标能否顺利地实现，因而课程在学校教育中的作用非常明显。其作用大致可以概括为以下几方面：

第一，课程是实现学校教育目标的具体表现。学校的教育目标规定了学校教什么和学生学什么，而课程则构成学生达到教育目标所应学习的基本内容体系。对人才的培养，离不开系统的基础理论知识，相应的技能与技巧以及一定社会所需要的道德情操和思想态度，而这一切的实现都离不开相应课程的设计与实施。

第二，课程是教师从事教育活动的基本依据。课程主要体现在教学计划、课程标准和教材上，它们是课程的具体化。教师借助一定的教材，引导学生按照明确的目的，循序渐进地掌握一定的知识、技能、技巧，形成一定的道德品质，促进身心发展。在教学过程中，教师的教学活动必须以课程标准和教材的要求为准绳。如，以课程标准和教材来确定备课、授课的基本内容，选择教学方法等以确保教学过程的有效性和艺术性。因而，课程成为教师教的主要手段和依据，它直接关系到教学质量的高低和学校教育的成败。

第三，课程的合理设置将促进学生的全面发展。一切教育活动都具有目的性。人们一般认为，"教育目标是要把受教育者培养成什么样的人的规定，即培养人的质量标准"。我国的教育目标是"教育必须为社会主义现代化服务，必须同生产劳动相结合，培养德、智、体等方面全面发展的社会主义事业的建设者和接班人"。由于人才培养的主要途径是通过教学来实现的，而在教学过程中，课程的设置又占有核心地位。因而，合理的课程设置对于学生身心的发展起着决定性的影响作用。

第四，课程是学生获取知识的主渠道。由于学生在校学习的时间是有限的，不可能掌握人类千百年来所有的间接知识，因而，学校根据培养人才的实际需要，根据培育目标的实际要求，把有关间接知识经过加工、改造、浓缩、结晶，以教材的形式呈现给学生，再通过一系列精心组织起来的教学活动，使学生吸取。所以课程是学生吸取知识的主要来源，也是学生学习的主要根据。

第五，课程是评估教学质量的主要依据和标准。对教学质量的评估主要是通过对学生学业成绩的考评来实现的。而对学业成绩的考评，无论是常模参照测验，还是目标参照测验，考核的依据及其标准主要是所开设的课程，从命题到评分都必须体现该门课程既定的教学目标，较全面地体现该门课程的基础知识，测量出学生的稳定知识水平与学生的智能差异。通过学业成绩的考核，学生及时了解自己学习方面的优缺点以及各个方面的差距，自动调节努力的方向，充分发挥学习的主观能动性，而且对教师来说，也是全面了解教学效果、及时调整教学目标、改进教学方法、保证完成教学任务的重要依据。因此，课程是衡量教学质量的重要"尺度"，离开这个"尺度"就无法评定教学质量的优劣。

三、课程的功能

课程在教育中的意义，是由课程的功能决定的。课程的功能与教育的功能是一致的。关于教育的功能问题，近一二十年国内的研究认为，教育的功能之一是促进个人的全面发展，其二是教育的具体社会功能，如教育的政治功能、经济功能、文化功能、调整人才结构功能和流动的功能等。在对教育的功能有了正确认识的基础上，对课程的功能可做如下分析：

首先，课程的本体功能是培养人。教育的本体功能是培养人，作为实现教育功能的主要工具——课程，它的最根本、最重要的功能也是通过培养人为政治、经济、科学技术服务。社会对于人才的发展规格与质量要求，都具体体现在学校各种各样的课程中，个体的社会化的过程，也就是被培养、被塑造的过程。在人的发展中，遗传基因为人的发展提供了可能性，但要将可能性变为现实性，还必须依赖一定的社会环境和教育。一个人在社会上生存和发展能够达到什么程度，极大地受制于他所学的课程，在现代社会中，个体参与社会所必需的各个方面的发展，主要是通过课程获得的。纵观国内外的教育改革，都是围绕着教育中的核心问题——课程来进行的。学校教育在对学生施加教育影响的过程中，对应开设的课程门类，课程的内容及相应的评价标准，知识的学习与技能的培养如何与教育内容相统一等，对这些问题的选择和决定，都是以如何有利于培养人为准则的。因而，课程设计的优劣，课程内容的丰富与精深，都将对个体的发展起着极大的决定作用。

其次，课程的基本功能是传递和选择文化。与教育的功能一样，课程的功能也是多重的，在培养人的本体功能外，还有政治、经济、文化等功能，但所有这些功能并不是并列的，其中，课程的文化功能更为重要。虽然课程最终会对社会的政治、经济产生作用，但作为独立的教育活动，课程本身并不直接参与社会的政治、经济活动，而是在继承和传递文化的过程中存在和运行的，是通过继承和传递文化来培养人的，政治、经济等功能是作为课程文化功能的结果而发生的。它具体表现在以下两个方面：第一，课程是对文化的传递。人类的生存与发展，依赖于前人所积累和创造的物质文明与精神文明，在此基础上通过教育的传递，人类的历史得以延续。而教育的传递则是通过一定的课程来实现的。对于一种文明的延续发展而言，课程并不是唯一的传递手段，其他如家庭、社会习俗以及现代社会的大众传媒至少也有同样的作用。但是随着社会的不断进步与发展，在教育权成为人的基本权利的现代社会中，课程是最重要的传递手段。它保证着文化传递的系统与完整，不仅传递着在社会中占主导地位的阶级、集团的文化，即优势和主导的文化，也传递着人类的精神文化。精神文化包含客观精神文化和主观精神文化。"客观精神文化是主观精神文化的外化、客观化，如自然科学和社会科学的理论、技术知识、艺术作品、道德规范、宗教教义、乡规民约、法律体系等等。而主观精神文化则是一定文化共同体中人类在长期的社会活动中积淀而形成的文化心理结构，如思维方式、价值取向、审美情趣、道德观念、宗教情绪等等。"第二，课程是对文化的选择。文化作为课程的母体，决定着课程，选择着课程。一切课程的生成与建构，都必须是在对人类文化选择的基础上而形成，它同时是对人类文化的筛选与过滤的过程。通过课程的选择，精华得以保留和继承，糟粕被摒弃和淘汰，人类文化得到提纯和升华，并且传递给下一代。随着社会的不断发展与进步，课程对于文化的选择，逐渐趋向进步与合理，然而具体到每一次的选择，由于选择者的个人局限及社会文化和课程本身的现实局限，每一次选则必定是不够完善的，课程对于文化的选择，是一个不间断的过程。

四、基础教育课程改革

课程改革是教育改革的核心问题，改革开放以来，我国基础教育课程、教材的改革和研究十分活跃，取得了一定的进展，并积累了许多宝贵经验。从历史的角度来考察国内外课程改革的演变与发展，将有助于我们深入领会学习国家基础教育新课程改革的基本精神。

1. 我国课程改革的新探索

（1）探索方向——构建适应新世纪需要的基础教育课程教材体系，全面推进素质教育。当前科学技术迅速发展，国际竞争日趋激烈，信息技术广泛应用，对教育提出了前所未有的挑战，现行的课程教材体系已不能适应新时期发展的需要，暴露出不少问题，主要表现在课程结构和教材内容的"难、繁、窄、旧"。所谓"难"就是课程要求偏高，教材难度偏大，而且有越来越难的趋向；所谓"繁"就是课程门类繁多、庞杂；所谓"窄"就是课程分类精细，知识面窄，各学科的内容重深度而轻广度，限制了学生的视野；所谓"旧"就是课程教材的部分内容陈旧，对社会经济发展的新知识和科技领域的新成果反映不够。此外，现行的课程教材体系还存在着这样的现象：过于注重知识的传授，忽略了学生探求真知的意识与能力的培养；过于注重智育，忽视德育与美育课程建设；强调单个学科的系统性和完整性，忽视课程的综合性、选择性，过于强调接受学习、机械训练，忽视学生探究、发现、合作、学习等，针对这些弊端，必须进行改革。

为改变基础教育课程教材体系不能全面提高学生素质、适应新世纪发展需要的状况，国家加强了对基础教育课程教材改革方面的指导，力图建立具有中国特色的适应时代需求的基础教育课程教材体系，从而全面推进素质教育。教育部在 1998 年 12 月 24 日制订的《面向 21 世纪教育振兴行动计划》中，明确指出要"改革课程体系和评价制度，2000 年初步形成现代化基础教育课程框架和课程标准，改革教育内容和教学方法，推行新的评价制度，开展教师培训活动，启动新课程的实验，争取经过 10 年左右的实验，全面推行 21 世纪基础教育课程教材体系"。1999 年 6 月召开的第三次全国教育工作会议上通过的《中共中央国务院关于深化教育改革全面推进素质教育的决定》中，也要求"调整和改革课程体系、结构、内容，建立新的基础教育课程体系，试行国家课程、地方课程和学校课程，改变课程过分强调学科体系，脱离时代和社会发展以及学生实际的状况，抓紧建立更新教学内容的机制，加强课程的综合性和实践性"。为此，国家教育部专门就基础教育课程教材建设问题制订了《国家基础教育课程改革指导纲要》。《纲要》指出"新世纪的基础教育课程体系应全面贯彻国家教育方针，以提高国民素质为宗旨，突出培养学生的创新精神和实践能力，终身学习的愿望和能力，以及对社会和自然的责任感，为造就德、智、体、美等全面发展的社会主义事业建设者和接班人奠定基础"。在课程设置上强调"小学阶段以综合课程为主，初中阶段设分科与综合相结合的课程，高中阶段以分科课程为主，从小学至高中设置综合实践活动，突出强调研究性学习"。

为了完成基础教育课程教材新体系的构建任务，在课程的改革中应把握以下几个方面：第一，建立与人才培养目标和教育规律相适应的课程结构，改变以学科体系为中心的现象，努力实现课程结构的综合性、均衡性和选择性，最大限度发挥课程的育人功能，体现人文知识与科学知识的整合，培养学生的创新精神与实践能力。因此，要加强对综合课程的教法改革，促使学生发现问题，探究知识，进行研究性学习。第二，教材内容的选择和编排要注重与自然、社会、科技和学生个体身心发展规律的联系，最大限度地培养学生

我国小学课程改革的方向是全面推进素质教育

的学习兴趣。第三，从全局需要和地区发展不平衡的实际情况与学生个体发展需要出发，建立国家、地方、学校三级课程管理体系，尤其注意对校本课程的开发。针对上述理念与现实我们为课程教材改革探索提供了三种新的课程形态：进行综合课程的研究，开展研究性课程的探索，注意校本课程的开发。

（2）基础教育课程改革的新视点——综合课程改革。综合课程是一种基于学生的直接经验密切联系学生自身生活和社会生活，体现对知识的综合运用的课程形态，是近年来我国基础教育课程改革实践中涌现出来的一种崭新的课程形态，既顺应了20世纪90年代以来，世界各国倡导课程向儿童经验和生活回归，以及追求课程的综合化趋势，又实现了我国现行课程体系摆脱分科主义束缚的愿望。

综合课程强调多学科知识的综合运用，直接面向生活世界和社会实践，通过认识、体验、发现、探究、操作等多种学习和活动方式，发展实践能力，形成对自然、社会、自我之间内在联系的整体认识，促进学生良好的个性品格的发展。综合课程侧重于学科知识之间的整合，学校知识与社会知识的整合，知与情的整合；课程结构是开放性的，以保证体系内部各学科信息的交流和生活

世界的联系，以适应变化的社会；学习环境和学习经历是以新颖和使人兴奋为特征；教授综合课程的教师与其他教师、管理人员、社区代表形成相互合作的关系。因此，追求课程综合化将是我国基础教育课程改革的发展方向。

（3）培养学生创新精神与实践能力的新手段——研究性课程。研究性课程自提出以来，各种定义、讨论不断，观点也较多。但归纳起来，其关键之处在于"探究"，包括探究的学习过程、探究的意识、探究的方法、探究的能力和体验等。有学者以描述性的方式来界定研究性课程：在课程目标上，它指向培养儿童或学习者的探究意识和探究能力；在课程的实施与组织上，主要通过组织一些探究性的主题研究活动来进行；在课程的评价上，主要通过过程性评价方式来进行。我们认为"探究"是在教师的指导下根据学生的兴趣、爱好去探究，旨在培养学生的创新精神与实践能力。因此，我们把研究性课程解释为：学生在教师的引导下，根据各自的兴趣、爱好和社会生活环境去实践、研究、发现，从而获得新的经验，培养创新精神和实践能力的一种课程。

研究性课程设置的科目通常有案例调查，项目设计与实践，专题研讨，课题研究，自主创意设计，综合实践与研究，信息技术研究与应用，创造发明与制作等。一般通过调查、实验、社会实践、讨论、问题研究、合作探索等学习方式进行研究性学习。设置这些科目的指导思想是注重学生的主动参与，以学生的发展为本，倡导信息化、网络化的学习模式，注重创新与实践能力的培养。对于研究性课程的探讨，目前已经形成了一系列颇具实效的课程模式，如华东师范大学附中的"小课题研究课程"（动员——学生自主选题——可行性分析——实施——结题和答辩）、大同中学的 TOK（Theory of Knowledge）课程（开展综合式、跨学科的研究：教师设置问题情境让学生充分展示讨论——师生进行角色互换，改变教学策略——让学生走出学校大门，开展社会调查与考察——确立研究课题，开展课题研究）等。

对研究性课程的实施，必须消除认识上的误区，即把研究性课程与研究性学习等同对待，或把研究性学习看成一种新的课程模式。我们认为研究性学习是以学生的自主性、探索性学习为基础，从学校生活和社会生活中选择和确定主题，通过学生的亲身实践获取直接经验，培养科学与人文精神，提高解决问题的能力的一种学习形式，绝不是"一类课程""一门有着许多不确定因素的课程"，也不能用研究性学习课程来局限学生的研究性学习。研究性学习既可以用于对研究性课程的学习，也可以用于对基础性、拓展性课程的学习；既可以用于对学校课程的学习，也可以用于对国家课程、地方课程的学习。研究性学习的定位应比研究性课程深广，应该是在一种动态、开放、多元的学习环境中进行的学习方式，而非课程表现形式。由于研究性课程突出了学生在受教育过程中的主体地位，为学生提供了自由活动的空间，在优化学生智能结构方面有其显著优势，因而深受教育研究者的青睐，但在推广中遇到了一些难点和障碍，需进一步研究。难点主要是关于研究性课程的设计主体问题，关于研究性课程教材中的潜能开发问题，关于学生的全员参与问题，关于研究性课程所涉及的知识领域问题，关于研究性课程的评价问题等。实施研究性课程的最大障碍是目前学校的师资力量还不能很好地进行研究性课程的学习指导，缺乏学者型和研究型的教师。总的说来，研究性课程作为一种新的课程类型，对其研究尚处在初级阶段。

（4）新世纪我国基础教育课程开发的新课题——校本课程。校本课程开发是近年来我国课程论研究者从西方教育文献中引进的名词。

从字义界定看有两个要点，一是以学校为本，二是课程开发，有研究者将其定义为"在学校现场发生并展开的，以国家及地方规定的课程纲要的基本精神为指导，依据学校自身的性质、特点、条件以及可利用开发的资源，由学校成员自愿、自主、独立或与校友团体或个人合作开展的，旨在满足本校所有学生学习需求的一种课程开发活动，是一个持续和动态的课程改进的过程"。

本课程强调课程开发的多元化与个性化。我国幅员辽阔，区域发展差异显著，只有给予学校充分的自主选择权，才有可能根据学校所处社区的特点、学校的办学理念、本校学生的特点去为每一个学生找到一条最能鲜明地发挥其个体创造性与促进个性、才能发展的学习道路。这一课程形态为这种发展提供了选择、拓展、体验的空间。校本课程的核心含义是学校在充分理解国家课程标准基础上，从实际出发，根据自身特点与资源活动组织编制并实施的个性化课程。校本课程开发的价值在于各学校间的个性、多样性与灵活性。

2. 基础教育课程改革的突破

第一，为培养学生的创新精神与实践能力，加强课程与社会、科技、学生发展的联系，从小学至高中设置综合实践活动为必修课，其内容主要包括研究性学习、社区服务、社会实践以及劳动与技术教育。学生通过研究性学习构建一种积极的、生动的、自主合作探究的学习方式。通过社区服务和社会实践，培养学生关心社会问题并积极服务社会的意识和能力，逐步建立社会责任感。通过劳动与技术实践活动，学生养成良好的劳动习惯和热爱劳动人民的思想感情；重视通用技能的学习，培养职业意识和创业与敬业精神；了解和掌握信息技术的基本知识和技能，学会在学科学习及其他方面的学习中使用和理解信息技术，提高学生利用信息的能力。通过综合实践活动，增进学校与社会生活的密切联系，丰富学生的学习经验，培养实事求是的科学态度，发展学生综合运用知识和解决实际问题的能力。

第二，构建分科课程与综合课程相结合的课程结构。在综合科学技术进步和对自然、社会整体认识的基础上，对教育内容进行更新，构建自然科学与社会科学的综合课程，如"科学"和"历史与社会"；减少课程门类，扩大自学、实践的时间与空间，改革和重建分科课程，加强教育内容的综合性，软化学科边缘，加强与现实生活和学生经验的联系，增进各学科之间在知识技能和方法上的联系。

第三，九年一贯整体设置义务教育阶段课程。小学阶段以综合课程为主。初中阶段根据现有教师的适应能力和其他条件，可选择以分科为主的课程，也可以选择以综合为主的课程，或选择分科与综合相结合的课程。鼓励各地努力创造条件选择以综合为主的课程。

第四，高中阶段以分科课程为主。普通高中课程在科目种类上应多样化，要求应有层次性，要创造条件积极开设技术类课程。学校在保证开设必修课的前提下，根据学生个性差异和当地社会发展的需要，设置丰富多样的选修课程。

第五，农村中学课程内容要为当地社会经济发展服务，在基本达到国家课程要求的同时设置农业技术教育课程，根据具体需要，可试行通过"绿色证书"教育及其他技术的培训，获得"双证"的模式。城市普通中学也要开设适宜的职业技术课程。

从以上的课程改革的指导思想中，可以把握基础教育课程改革的发展趋势。

3. 基础教育课程改革的发展趋势

第一，转向以学生发展为本，注重学生潜能的开发、能力的培养和智力的发展。第二，强化基础学科和学科基础知识，在注重基础知识和基本技能的同时，还要注重基本能力和基本态度的培养，学校课程的基础有可能从"双基"发展到"四基"。第三，加强道德教育和人文教育，加大人文学科课程的比例。第四，注重综合化课程，尤其是义务教育阶段课程的综合化，克服分科教育的缺陷。第五，加强课程与学生生活和现实社会的联系，实现课程生活化、社会化和实用化。第六，重视课程体系三级管理。早在1989年，有学者就提出了三级课程、三级管理的建议。1999年，在《中共中央国务院关于深化教育改革全面推进素质教育的决定》中，正式提出了"建立新的基础教育课程体系，试行国家课程、地方课程和学校课程"，即三级课程、三级管理。第七，强调课程个性化和多样化，满足不同区域和不同学生的不同发展需要。第八，课程与现代信息技术结合，赋予课程以新的内涵与时代特征。

五、小学课程

国家《基础教育课程改革纲要（试行）》对小学阶段的课程做了重大调整，明确规定："小学阶段以综合课程为主。小学低年级开设品德与生活，语文，数学，体育，艺术（或音乐、美术）等课程；小学中高年级开设品德与社会，语文，数学，科学，外语，综合实践活动，体育，艺术（或音乐、美术）等课程。"同时指出："从小学至高中设置综合实践活动并作为必修课程，其内容主要包括信息技术教育、研究性学习、社区服务与社会实践以及劳动与技术教育。强调学生通过实践，增强探究和创新意识，学习科学研究的方法，发展综合运用知识的能力。增进学校与社会的密切联系，培养学生的社会责任感。在课程的实施过程中，加强信息技术教育，培养学生利用信息技术的意识和能力。了解必要的通用技术和职业分工，形成初步技术能力。"从新一轮的课程改革中，我们不难看出，我国基础教育的课程改革明确了课程结构调整的基本原则以及课程设置与管理的新的结构体系，指明了小学教育阶段课程构建的方向。

1. 课程结构调整的基本原则

针对我国基础教育课程结构所存在的问题和新时期教育发展所承担的新任务，我国构建的面向21世纪基础教育课程改革方案首先明确了课程结构调整的三项基本原则，即努力实现基础教育课程结构的综合性、均衡性和选择性。

（1）综合性原则

课程结构的综合性原则要求对原有学校课程中的分科课程按照其内在的逻辑层面和价值层面的关联进行统整，并以开发、设置和实施各种类型的综合课程的方式实现学校课程的综合化。依据这一原则，在构建基础教育课程结构的过程中，综合课程与分科课程在学校课程体系中所占的比重随着年级的升高将分别有所变化，即在低年级阶段学校课程应以综合课程为主，而在高年级阶段则应以分科课程为主。

（2）均衡性原则

课程结构的均衡性是指学校课程体系中的各种课程类型、具体科目和课程内容能够保持一种恰当、合理的比重，而界定其恰当、合理的指标是这种比重是否有助于养成学生全面的身心素养以及与既定课程目标的吻合程度。这一原则要求在新的基础教育课程体系中包容各种类型的课程和多种与现实社会生活以及学生的自身生活密切相关的科目，并使其形成适当的比重关系。

（3）选择性原则

课程结构的选择性是指学校课程以充分的灵活性适应于地方社会发展的现实需要，以显著的特色性适应于学校的办学宗旨和方向，以选择性适应于学生的个性发展。这项原则要求在新的基础教育课程体系中加强地方课程和校本课程的开发、设置与实施，使学校课程真正从划一化走向弹性化，使地方和学校获得较大的办学自主权，并使学生拥有更多进行自主发展的权利和机会。

基于上述三项原则，我国构建的面向21世纪的基础教育课程计划着重从三个层面对原有课程结构进行了调整。

（1）构建多样化的课程类型结构

首先，学校课程计划分别以"综合型"和"分科型"两种方式呈现出来，即制定了以综合课程为主和以分科课程为主的两种课程计划，倡导实施以综合课程为主的课程计划。在"综合型"的课程计划中，品德与生活（小学1～2年级）以及综合实践活动作为高度整合的综合课程在"综合型"和"分科型"课程计划中都占有一席之地。其次，适当减少了国家课程在学校课程体系中所占的比重，将10%～12%的课时量给予了地方课程和校本课程的开发与实施，从而形成了国家课程、地方课程和校本课程三级课程并行的类型结构。这无疑能够激发地方和学校在课程开发与实施上的主动性，也有助于真正实现学校课程的多样化。最后，新的课程计划倡导适当减少必修课程的比重，增加选修课程的比重，其实，地方课程和校本课程便是主要以选修课程的形式开发、设置和实施的。

学校课程类型的多样化是充分实现课程价值多元化的一种重要方式，多种课程类型的有机组合将有助于学生的全面发展，这将为从根本上改变我国学生追求学业高分但综合素质低、动手能力弱的状况提供有利条件。

（2）构建均衡的科目结构

在新的课程计划中，国家课程包括：小学低年级（一般为1～2年级）拟设品德与生活，语文，数学，体育，艺术（或音乐、美术），小学中高年级（一般为3～5年级或3～6年级）拟设思想品德与社会，语文，数学，外语，科学（或物理、化学、生物），体育，综合实践活动，艺术（或音乐、美术）。由于长期以来我国基础教育课程中的语文和数学等传统优势科目占据了较大的比重，从而造成了学校课程体系中科目结构失衡，为此，新的课程计划分别将语文所占的比重由原来的 24%（1992 年）降至 20% ~ 22%，将数学由原来的16%（1992 年）降至 13% ~ 15%，并对其他传统优势科目所占的比重进行了适当的下调。同时，将下调后积累下来的课时量分配给综合实践活动和地方与校本课程。因此，综合实践活动拥有了 6% ~ 8% 的课时量，地方和校本课程拥有了 10% ~ 12% 的课时量。此外，新的课程计划还规定外语课的开设时间由原来的初中一年级（1992 年）提前至小学三年级，这无疑又极大地增加了外语的课时总量，从而使学生的外语水平能够得到较大程度的提高。显然，学校课程体系中具体科目比重关系的调整折射出了我国开展此次基础教育课程改革的基本思想，即重点培养和发展学生的创新意识与能力，收集和处理信息的能力，主动和自主获取新知识的能力，分析与解决问题的能力，交流与协作的能力以及对自然环境和人类社会的责任感与使命感。

（3）完善和优化课程内容

针对长期以来形成的我国基础教育课程内容难、窄、旧的状况，新一轮的课程改革加强了课程内容的完善和优化。首先，删除了原有课程内容中艰深、晦涩、陈旧的部分，使课程内容呈现出简洁、明了、有条理和新颖的特征。其次，增加了与学生和社会现实生活相关的成分，使课程内容更加具体，更富有生活气息，如在体育与健康中增加了保健和健美的内容，综合实践活动中包括了社会实践和社区服务，劳动技术，探究性活动等内容。第三，放弃以往以统一尺度对课程内容进行的界定，实现课程内容标准的层次化。新课程标准的编制充分考虑了学生学习水平的差异和学习兴趣的不同，依照学生未来发展的方向和学习水平设定了多种课程的内容标准和实施与评价标准。

总之，作为课程结构重要组成部分的课程内容在所有课程改革中都被视作一项艰巨任务，我国新一轮的基础教育课程改革同样高度重视课程内容的优化与完善，其目的在于实现课程内容的现代化、生活化与适应性，恰当地处理现代社会科学技术进步与学生发展的关系，精选有助于学生进行终身学习的基础知识和技能。

2. 综合实践活动课

《基础教育课程改革纲要（试行）》在规定新课程的结构时，做出了如下阐述：从小学至高中设置综合实践活动并作为必修课程，其内容主要包括：信息技术教育、研究性学习、社区服务与社会实践以及劳动与技术教育。综合实践活动，强调学生通过实践，增强探究和创新意识，发展综合运用知识的能力，强调在课程的实施过程中，加强信息技术教育，培养学生利用信息技术的意识和能力，使学生了解必要的通用技术和职业分工，形成初步技术能力。同时有助于增进学校与社会的密切联系，培养学生的社会责任感。

由此看来，在我国基础教育新课程体系中，综合实践活动是一个与各学科课程领域有着本质区别的新的课程领域，是我国基础教育课程体系的结构性突破。

（1）综合实践活动课程的性质与特点

综合实践活动既顺应了世界课程改革的整体趋势，又体现了我国课程改革的现实需要。它是基于学生的直接经验，密切联系学生自身生活和社会生活，体现对知识的综合运用的课程形态。这是一种

通过实践增强学生的探究和创新意识

以学生的经验与生活为核心的实践性课程与综合实践活动，是新的基础教育课程体系中设置的必修课程，自小学 3 年级开始设置，每周平均 3 课时。综合实践活动作为综合程度最高的课程，它不是其他课程的辅助或附庸，而是具有自己独特功能和价值的相对独立的课程，它与其他课程具有等价性与互补性。与其他课程相比，综合实践活动具有如下特性。

第一，整体性。世界具有整体性，世界的不同构成——个人、社会、自然是彼此交融的有机整体。文化作为世界的一部分也具有整体性，文化的不同构成——科学、艺术、道德也是彼此交融的。人的个性具有整体性，个性发展不是不同学科知识杂烩的结果，而是通过对知识的综合运用不断探究世界与自我的结果。综合实践活动主题的选择范围应包括学生本人、社会生活和自然世界。对任何主题的探究都必须体现个人、社会、自然的内在整合，体现科学、艺术、道德的内在整合。综合实践活动必须立足于人的个性的整体性，立足于每一个学生的健全发展。

第二，实践性。综合实践活动以学生的现实生活和社会实践为基础挖掘课程资源，而非在学科知识的逻辑序列中构建课程。综合实践活动以活动为主要开展形式，强调学生的亲身经历，要求学生积极参与到各项活动中去，在"做""考察""实验""探究"等一系列的活动中发现和解决问题，体验和感

受生活，发展实践和创新能力。

第三，开放性。综合实践活动的开放性具体表现在课程目标、课程内容及活动的过程与结果上。综合实践活动面向每一个学生的个性发展，尊重每一个学生发展的特殊需要，其课程目标具有开放性。综合实践活动面向学生的整个生活世界，它随着学生生活的变化而变化。其课程内容具有开放性。综合实践活动关注学生在活动过程中所产生的丰富多彩的学习体验和个性化的创造性表现，其评价标准具有多元性，因而其活动过程与结果均具有开放性。

第四，生成性。每一个班级、每一所学校都有对综合实践活动的整体规划，每一个活动开始之前都有对活动的周密设计，这是综合实践活动计划性的一面。但是，综合实践活动的本质特性却是生成性，这意味着每一个活动都是一个有机整体，而非根据预定目标机械装配的过程。随着活动的不断展开，新的目标不断生成，新的主题不断生成，学生在这个过程中兴趣盎然，认识和体验不断加深，创造性的火花不断迸发，这是综合实践活动生成性的集中表现。

第五，自主性。综合实践活动充分尊重学生的兴趣、爱好，为学生的自主性的充分发挥开辟了广阔的空间。他们自己选择学习的目标、内容、方式及指导教师，自己决定活动结果呈现的形式，指导教师只对其进行必要的指导，不包揽学生的工作。

（2）综合实践理念与目标

综合实践活动的开发与实施基于如下理念：第一，学生的自主选择和主动探究为学生个性充分发展创造空间。综合实践活动是以学生的直接经验或体验为基础而开发和实施的。它是以学生的直接经验为基础而对学科知识的综合运用，是对学科的逻辑体系的超越。在综合实践活动的开发和实施过程中，鼓励学生的自主选择，将学生的需要、动机和兴趣置于核心地位，为其个性充分发展创造空间。教师的指导作用体现在帮助学生完善其自主选择意识和能力方面，而不是代替学生选择。与综合实践活动相适应的基本学习方式是探究学习。综合实践活动的开发与实施要体现学生活动的自主性、探究性，引导学生开展丰富多彩的探究性学习活动，帮助学生学会发现，学会探究，形成发现问题与解决问题的能力。

第二，面向学生的生活世界和社会实践，帮助学生体验生活并学以致用。综合实践活动的开发和实施要克服当前基础教育课程脱离学生自身生活和社会生活的倾向，要帮助学生从其生活世界中选择感兴趣的主题和内容，要注重学生对生活的感受和体验，引导学生热爱生活，并学会健康愉悦地、自由而负责任地、智慧而富有创意地生活。

第三，推进学生对自我、社会和自然之间内在联系的整体认识与体验，谋求自我、社会与自然的和谐发展。学生生活于火热的现实世界和社会实践中，生活于自然中，学生和他生活的世界形成一个有机整体。教育不能让学生远离现实世界，课程不能成为隔离学生与世界交往的屏障。综合实践活动为学生开辟了一条与他生活的世界交互作用、持续发展的渠道，倡导学生开发对自我、社会和自然之间内在联系的整体认识与体验。学生在体验与探究自然中不断成长，在参与和服务社会中不断成熟，在认识自我中不断完善。谋求学生自我、社会与自然的和谐发展是综合实践活动的终极目标。

六、小学教学

在教育实践活动中，课程与教学并不是两个单独存在的事物，而是相互交叉相互融合在一起的。课程总是在特定的教学中实现的，教学总是在特定的课程基础上进行的。一般来说，课程是指教什么的问题，而教学则是指怎么教的问题。两者相互依存，离开了教的内容，怎么教就无从发生，而离开了教的形式，教什么就完全落空。同时，教什么一定会影响到怎么教，怎么教也必然制约着教什么。因而可以将课程与教学的关系归结为内容与形式的关系。在前面讲述的内容中，我们已对课程的有关问题进行了探讨。在了解课程的一般原理及课程改革的相关精神的基础上，怎样将课程的内容传授给受教育者，就涉及教学的具体的规律、原则与方法问题。

对于教学这一概念，通常有广义和狭义两种理解。广义的教学，泛指人类社会中一切经验的传授和获得的活动。它的特点是能者为师，不拘形式、方法、场合、内容，例如"父传子""师传徒"等。狭义的教学，则指的是在学校教育中，教师教、学生学的统一活动。在这一活动中，学生掌握一定的知识和技能，同时，身心获得一定的发展，形成一定的思想品德。通常，这种教学活动是有目的、有组织、有计划地进行的。我们所要研究的主要是狭义的教学。基础教育是提高国民素质的奠基工程。我国基础教育的培养目标是使学生在德、智、体诸方面生动、活泼、主动地得到发展，为成为社会主义建设的各级各类人才奠定基础。

在学校教育里教学处于中心地位。学校要卓有成效地实现培养目标，造就合格人才，就必须以教学为主，并围绕教学这个中心安排其他工作，建立学校的正常秩序。教学的意义表现在如下几个方面：第一，教学是传授系统知识、促进学生发展的最有效的形式。教学是一种专门组织起来的有计划、有目的的活动，通过教学能较简捷地将人类积累起来的科学文化知识转化为学生个人的精神财富，从而促进学生的身心发展，保证社会的延续和发展。尤其在当今科学技术迅猛发展，人类即将进入知识经济的时代，如何使小学生适应时代的发展，教学无疑是最有效的途径。第二，教学是全面发展素质教育、实现培养目标的基本途径。1998 年，教育部制订的《面向 21 世纪教育振兴行动计划》中强调，要实施跨世纪素质教育工程，整体推进素质教育，全面提高国民素质和民族创新能力。素质教育是以提升民族素质和民族创新能力为根本宗旨的教育，从本质上说，就是全面贯彻党的教育方针，促进学生德、智、体、美等方面生动、活泼、主动、全面地发展。教学能够有目的、有计划地将教育的各个组成部分，包括智育、德育、体育、美育等基本知识传授给学生，促使小学生按预期的要求发展。只有提高教学质量才能提高教育质量，保证人才质量。因而教学成了对学生进行全面发展的素质教育，把小学生培养成为合格人才的基本途径。第三，教学是学校工作的中心环节，学校工作必须坚持以教学为主。学校工作以教学为主，是新中国成立以来教育工作的经验总结。在历史上有过正反两方面的经验和教训，凡是以教学为中心，学校教育就不断发展和不断繁荣，凡是不以教学为中心，学校教育就会遭受挫折。比如，我国在 20 世纪 50 年代末期，学校教育以劳动为中心，60 年代初，以政治活动为中心，60 年代中期至 70 年代中期，以"文革"为中心，在当时这一切致使我国的学校教育走向了崩溃的边缘。学校教育如果坚持以教学为主的原则，教育质量就能提高，反之，教育质量就必然下降。因此，要办好学校，提高教育质量，培养优质人才，就必须坚持以教学为主，全面安排。在时间上，大部分用于教学；在内容上，以间接知识为主；在组织形式上，以课堂教学为主。当然，以教学为主，并非教学唯一。要培养德、智、体、美等全面发展的人才，不仅要通过教学，而且要通过课外活动、校外活动、劳动等途径才能实现。

基础教育是提高国民素质的奠基工程。我国基础教育的培养目标是使学生在德、智、体诸方面生动、活泼、主动地得到发展，为成为社会主义建设的各级各类人才奠定基础。基础教育的性质和培养目标决定了在基础教育阶段教学的主要任务是：

第一，传授学科基础知识，引导学生掌握基本技能。基础知识，是指构成各门学科的基本事实及其相应的基本概念、原理和公式及系统。它是组成一门学科知识的基本结构，指示了学科研究对象的规律性，反映了科学文化发展的现代水平。技能，是指学生运用所掌握的知识去完成某种实际任务的能力，而基本技能，则是指各门学科中最主要、最常用的技能。基础知识、基本技能即我们平常所说的"双基"。"双基"是构成个人文化素养的最基本的要素。世界各国都十分重视加强双基教学，我国也不例外，无论什么时候，进行什么样的改革，都要坚持加强双基教学，而不应有所削弱，这样才能完成教学任务，保证教学质量。

第二，发展智力，培养能力。智力和能力是两个不同的概念。所谓智力，是指个人在认知过程中表现出来的认知能力系统。主要由观察力、记忆力、想象力、注意力和思维力组成，其中思维能力是智力的核心。能力则是指完成一定活动的本领，包括完成一定活动的具体方式以及顺利完成一个活动所必需的心理特征。能力主要由定向能力、组织能力、适应能力、动手能力、创造能力等基本因素构成，而创造能力是其完整结构的核心。不过，智力和能力之间虽有区别，但联系也十分明显，一般而言，智力是能力的内部基础，能力则是智力的外部表现。现代社会，科技发展迅速，信息大量涌现，人们越来越认识到，仅靠在学校里学到的有限的知识是不足以应付将来生活和工作的需要的，还必须使学生养成独立应付将来社会生活和个人工作可能发生的种种变动的能力。为此，学校教育仅仅教给学生知识是不够的，还要有意识地引导学生在掌握知识的过程中发展智力，在各种活动中培养学生的能力。特别是要注意教会学生学习，让学生掌握学习的方法，形成良好的学习习惯，即培养学生自我学习的能力，这对于他们将来适应激烈的竞争和不断变动的社会是非常必要的。

第三，重视学生非智力因素的培养，形成科学的世界观基础和良好的个性心理品质。人的心理活动，除了认知之外，还有情感、兴趣、爱好和意志等，一般把这些称作非智力因素。这些非智力因素不仅会对智力的发展起内在的促进作用，同时它们也是良好的个性心理品质所不可缺少的因素。因此，教学中除了注意完成智力方面的任务外，还必须注意对这些非智力因素的培养与引导。学生在教学中进行的学习和交往，是他们生活中认识世界和进行社会交往的组成部分。他们在掌握自然科学、社会科学知识和联系实际的过程中，提高自己的道德修养和审美情趣，他们在班级的集体教学活动中，依据一定的规范和要求来调节自己的思想和行为，这都为学生形成科学的世界观提供了坚实基础。教学在强调共性的同时，要关注小学生的个性，通过教学，激发每个学生的主体性，不仅使他们有现代科技文化知识，而且有自觉能动性、独立自主性。在学校环境中，教学是学校教育的基本途径，它在有效地传递人类社会历史经验和促进学生全面发展方面有着其他教育途径无法替代的重要作用。

教学过程是教师根据一定社会的要求和学生身心发展的特点，指导学生有目的、有计划地掌握系统的文化科学基础知识和基本技能，同时身心获得一定的发展，形成一定的思想品德的过程。从以上定义不难看出，教学过程是在教师的指导下，学生个体进行认知的过程。它是一种特殊的认知过程，它既要遵循人类一般认知和个体认知的规律，又有其自身的规律和特点。

教学过程的本质。首先，教学过程主要是一种有指导的认知过程，是学生在教师的指导下，借助教材或精神客体，掌握科学认知方法，以最经济的途径认识现实世界并改造主观世界、发展自身的活动过程。这是学生的认知区别于科学家和其他个体认知的一个重要特点。教学认知的主体是学生，是在教师主导下进行学习活动的主体，具有发展性和可塑性。教学认知的客体以课程教材为基本形式，是人类社会历史经验凝聚的精神客体，既是学生认识的对象，又是他们认识和发展自身的工具，具有中介性。

教学过程是教师教学生认识世界的过程，教学过程包括教师的教与学生的学这两个既有区别又相互依存的有机统一的活动。教师受国家和社会的委托，受过专门的培养与训练，掌握了教学的内容、方法、进程和方向等；而学生处于发展成长时期，知识、经验不足，智力、体力均不成熟，要想以最高的效率掌握人类已经积累起来的社会生活和生产劳动经验，没有教师的指导是不可能的。教师的指导可以使学生少走许多弯路，在最短的时间内以最少的精力掌握人类文化的精华。

其次，教学过程是一种特殊的认知过程。教学过程是学生的特殊认知过程，它在教师的指导下，把社会历史经验转变为学生个体的精神财富，不仅使学生获得关于客观世界的印象，即知识，也使学生的个性获得发展。在教学过程中，学生的认知，主要是掌握人类在漫长的历史发展过程中已经证实了的知识，即以获得间接经验为主，这是学生的认知活动不同于科学家等人的认知活动的又一个重要特点。人类总体认识真理的过程，往往要经过无数次的失败和挫折，有时甚至要经过几代人的努力才能得到一个比较完整的正确的认识。但在教学过程中，学生却不必要也不可能重复这些曲折的认识过程，教学的主要任务之一是要使学生在尽可能短的时间内，排除历史发展的偶然性，掌握前人的经验。学生个体认知的特殊性表现在：认知的间接性。学生学习的内容是已知的间接知识，并在教学中间接地去认识世界，教学认知的基本方式是"掌握"，是一种简约的经过提炼了的认知过程，同样以教学实践活动为基础。认知的交往性。教学活动是教师的教和学生的学组成的双边活动，教学活动是发生在师生间（学生间）的一种特殊的交往活动。学生的认知如果离开了师生间在特定情境下和为特殊目的而进行的交往，教学活动的概念就可以扩大到生活教育的领域。认知的教育性。教学中学生的认知既是目的，也是手段。认知是发展，在认知中可追求并实现学生的知、情、意、行的协调发展与完善人格的养成。

由教学过程的本质特征可归结出教学过程的矛盾关系，即教学过程的基本规律。教学过程的矛盾关系主要包含四个方面：教师主导作用与学生主体作用的矛盾关系，直接经验与间接经验的矛盾关系，传授知识与发展能力的矛盾关系，传授知识与提高思想觉悟的矛盾关系。这些矛盾关系相互作用构成教学过程的统一关系体。

教学过程的结构。教学过程的结构指教学进程的基本阶段。教学的进程受学科及学生年龄特征的制约。教师在教学过程中可以根据学生的认知水平灵活处理教学过程的不同阶段。一般来说，教学过程可以划分为以下几个阶段：激发学习动机。学习动机是推动学生学习的一种内部动力。学习动机往往受制于学习需要，并与兴趣、求知欲联系在一起。因而在教学的初始阶段了解和抓住学生的学习需要，激发学生学习的求知欲和积极性，将使学习的整个过程具有强有力的动力支持。知识的领悟与掌握。这是教学的中心环节。领会知识又包括使学生感知和理解教材两个具体阶段。感知教材，教师要引导学生通过感知形成清晰的表象和鲜明的观点，为理解抽象概念提供感性知识的基础并发展学生相应的能力。感知的来源包括：学生已有的知识经验，直观教具的演示，参观或实验，教师形象而生动的语言描述和学生的再造想象以及社会生产、生活实践。理解教材，形成科学概念。引导学生在感知基础上通过分析、比较、抽象、概括以及归纳演绎等思维方法的加工，形成概念、原理，真正认识事物的本质和规律。理解教材可以有两种思维途径：一是从具体形象思维向抽象逻辑思维过渡；二是从已知到未知，不必都从感知具体事物开始。巩固知识。通过各种各样的复习，对学习过的材料进行再记忆并在头脑中形成巩固的联系。知识的巩固是不断吸收新知识、运用知识形成技能的基础。巩固知识往往渗透于教学的全过程，不一定是一个独立的环节。运用知识。学生掌握知识的目的在于运用，教师要组织一系列的教学实践活动引导学生动脑、动口和动手，以形成技能技巧，并把知识转化为能力。

检查知识（包括技能与各种认知能力）。检查学习效果的目的在于，使教师及时获得关于教学效果的反馈信息，以调整教学进程与要求；帮助学生了解自己掌握知识技能的情况，发现学习上的问题，及时调节自己的学习方式，改进学习方法，提高学习效率。

在教学过程中，学生掌握知识的基本阶段对组织教学过程具有普遍的指导意义，但是，也要防止在运用中出现简单化和形式主义的偏向。因此在运用时要注意以下几点：

第一，根据具体情况灵活运用。学生掌握知识的过程实际上是生动活泼、多种多样的，它不可能千篇一律采用"基本式"，都按五个阶段进行教学，往往更多地采用"变式"，即根据实际情况对"基本式"做些改变，灵活地加以运用。第二，注意阶段之间的内在联系不要割裂。教学中引导学生掌握知识不能按部就班，一个阶段、一个阶段界线分明地机械进行，而是要按学生掌握知识的规律性和学生在教学中的具体情况，引导他们从一个阶段很自然地、能动地发展到下一个阶段。第三，每个阶段的功能都是整个教学过程中不可缺少的因素。在设计和组织教学过程时，可以根据具体情况减去某些阶段，如不进行专门的感知、不做专门的复习巩固等。但是，在教学过程中却不能忽视这些阶段的功能，因为这是有效地进行教学必须考虑的因素。

教学方法是为完成教学任务而采用的办法或方式。它包括教师教的方法和学生学的方法，是教师引导学生掌握知识技能、获得身心发展而共同活动的方法。我国小学常用的传统教学方法有讲授法、谈话法、讨论法、演示法和练习法等。这些方法在传授知识、发展学生智力、培养能力方面有很大的可行性与操作性，容易被教师接受。但随着教育改革的不断深入，教学方法在不断地更新与发展。特别是近年来，广大教师在教育实际中探索、研究出了许多优秀的教学方法。如湖北省荆门市教科所的"小学语文自学辅导教学实验""目标教学法实验"，天津市中营小学的"导学式"教学法，江苏花园中学的"以学生自主学习为中心"的教学法等。如何选择最优的教学方法以达到高质教育的总目标，这是值得广大教师认真思考与研究的问题。下面提供几种教学方法，以供教师在教学中学习与选择。第一，小组学习，分组教学。这是针对班集体教学和个别学习而言的，由于小组学习介于班集体教学和个别学习之间，因而较容易发挥集体学习和个别学习的长处。组织小组学习还可以达到照顾学生不同的兴趣，促进学生之间的相互帮助等不同的目的。第二，讨论交流，集体探究。这是学生和学生之间或教师和学生之间相互启发、相互交流、共同提高的学习方法。这种教学方法如果运用得好，就能调动、激发学生学习的兴趣和积极性，还能在很大程度上克服教师讲解的单向、单调、强加于人等不足，而这种教学方法应与教师讲解相结合，方能达到好的教学效果。第三，兴趣学习，游戏中学。兴趣学习区别于强制学习，它不仅可以大大提高学生学习的主动性，还可以增强教师上课的针对性。天津塘沽实验小学提出的"兴趣引路，实践为主"的教学模式中就较多地运用了这一教学方法，在语文教学中倡导"读议结合"，数学教学中提倡"讲练各半"，引导学生自己动手、动脑、动口，让学生在游戏中运用知识解决实际问题，外语课上学生又是唱歌又是猜谜，又是对话又是巩固，教学过程有声有色、趣味盎然。

教学组织形式。教学组织形式是指为完成特定的教学任务，教师和学生间一定要组合起来进行活动的结构。第一，个别教学制。个别教学制是指教师向学生传授知识，以及布置、检查和批改作业都是个别进行的，它的最显著的优点在于教师能根据学生的特点因材施教，使教学内容、进度适合每一个学生的接受能力。第二，分组教学制。分组教学制就是按学生的能力或学习成绩把他们分为水平不同的组进行教学。它的主要类型有能力分组、作业分组、学科分组等。分组教学的优点在于它比班级授课更切合学生个人的水平和特点，便于因材施教，有利于人才的培养，但它也存在一定的负面作用。第三，班级授课制。班级授课制是将学生按年龄和程度编成班级，使每一班有固定的学生和课程，由教师按照固定的教学时间表对全班学生进行上课的教学制度。班级授课制是我国学校教学的基本组织形式，它具有其他教学形式无法取代的优点：有严格的制度保证教学的正常开展和达到一定质量。它在自身发展过程中形成了一整套严格制度，如按年龄、知识编班分级制度，学年、学期和学周制度，招生、考试和毕业制度，作息制度，课堂纪律与常规等，从而使教学制度化、规范化和科学化，保证教学活动正常运转并获得一定质量。以班级作为单位来培养人才，一个教师能同时教几十个学生，能提高教学效率，有利于大面积地培养人才，有利于系统知识的传授。班级授课制能以周课表方式科学地安排各科教学，使之有条不紊地交替进行，确保学生循序渐进地学习和掌握各学科的系统科学知识，完成预定的教学计划，能够充分发挥教师的主导作用。各国的教学实践都反复证明，迄今为止最能充分发挥教师在教学中的主导作用的仍是班级授课这种教学形式。

课程类型和结构。课的类型即课的分类，是根据教学任务划分课的种类。根据教学任务来分有授新课、巩固课、技能课、检查课，根据一节课所完成的任务的数量可分为单一课和综合课，根据使用的教学方法来分有讲授课、演示课、练习课、复习课等。课的结构是指课的组成部分的顺序和时间分配。综合课的结构一般包括：组织教学，复习过渡，讲授新教材，巩固新教材，布置课外作业。

教学工作的基本环节，备课，上课，作业的布置和批改，课外辅导是教学工作的基本环节。

第一，备课。上好一堂课首先要备好课，这是先决条件，也是提高教学质量的根本保证。教师要上好课必须做好三方面的工作：钻研教材。教师要认真钻研教材，包括钻研教学大纲、教科书和阅读有关的参考书。教师掌握教材有一个深化的过程，一般要经过懂、透、化三个阶段。了解学生。这包括了解学生原有的知识技能的质量，他们的兴趣、需要与思想状况，他们的方法和习惯等，在此基础上，还应对学生学习新知识会有哪些困难，可能产生哪些问题，要采取哪些预防措施等，都应有预见，只有这样，才能使教学卓有成效。确定教法。这是要解决如何把已掌握的教材传授给学生的问题。它包括：如何组织教材，如何确定课的类型，如何安排每一节课的活动，如何运用各种方法开展教学活动。此外，也要考虑学生的学法，包括预习、课堂学习活动与课外作业。教师在备课中，做完了上述三方面的工作后，还要写出三种计划。学期教学进度计划。这是对一学期的教学工作所做的总的准备和制订的总计划。它应在学期开始前编制出来，其内容包括：学生情况的简要分析，学期教学的总要求，根据课程标准或教学大纲、教科书列出一学期教学内容的章节或课题，每一课题的教学时数，需要用的教具，参观、实验等重要的联系实际活动的安排，提出教学改革的设想等。单元计划。一个课题教学开始前，教师必须对这个课题的教学做全面的考虑和准备，并制订出课题计划。它的内容包括课题名称，课题教学目的，课时划分，每一课时的教学任务与内容，课的类型与主要方法。课时计划，即教案。教师一定要写好并熟悉教案。教案是在课题备课基础上，对每一节课进行的深入细致的准备，教案的内容包括班级、学科名称、授课时间、教学内容、教学目的、课的类型、主要教学方法、教具、教学进程等。

第二，上课。上课是教学工作的中心环节，是引导学生掌握知识、提高思想、发展能力的关键，要提高教学质量，就必须上好课。教师上课不仅应该按照事先设计好的教案进行，而且应在教学原则的指导下进行。除此之外，还应具备以下条件：目的明确，既要包括德、智、体、美各方面，又要从教材内容和学生实际出发，使教学目的全面、正确、切实、可行；内容正确，要保证教材的科学性和思想性，正确处理教材，把握教材的重点难点；方法恰当，教学有法，但无定法，教师要善于选择方法，创造性地加以运用，力求使教学取得较好效果；语言清晰流畅，言语要流畅、生动、明白易懂，板书要规范、正确、清楚；教学互动，以学生为主体，充分发挥学生学习的积极性与学习的主动性，变"要我学"为"我要学""我能学"。

第三，作业的布置和批改。作业的布置与批改，是教学工作的一个有机组成部分。学生的作业，有课内和课外两种形式。课内作业要求学生当堂完成，课外作业是课内作业的继续。课外作业形式一般有阅读教科书和参考书，口头作业和口头答问，各种书面作业，各种实际作业等。

第四，课外辅导。课外辅导是对课的补充和延伸，它的内容有：给学生解答疑难问题；给学习有困难的学生或缺课的学生补习，指导学习方法；对尖子学生做提高性指导；为有学科兴趣的学生提供课外研究的帮助；开展课外辅助教学活动，如参观、看教学影片或录像；指导学生的实践性和社会服务性活动等。辅导的方式主要有集体辅导和个别辅导两种。要提高课外辅导的质量，教师应注意：从实际出发，具体分析，做到因材施教；辅导要目的明确，采用启发式，充分调动学生的主动积极性，使学生成为学习的主人；教师要注意态度，师生平等相处，共同讨论，使学生有问题可问；加强思想教育和学习方法的指导，提高辅导效果。

在了解了教学的各个流程之后，我们就需要"脚踏实地"的来研究一下我国现存的基础教育了，基础教育作为学生成长的必经之路，我们提倡进行素质教育。而在我国的基础教育中，实施素质教育，对课堂教学提出了较高的要求。教师在课堂教学中，除沿用一些传统的教学原则，如直观性原则、启发性原则、巩固性原则以外，要达到素质教育的目标，就必须努力使教学面向每一个学生，并使每一个学生都能主动、全面、和谐、充分地发展。因而在现阶段的教育中，教师在教学中应确立下列教学原则：

1. 主体性教学原则

现代教学论认为，学生不仅仅是教授的对象，而且是教学的主体。在传统教学中，教师对学生的认识存在着较大的偏差，学生的头脑被看作被动地接受知识的"容器"和"仓库"，仅仅起着一种接收器和记忆器的作用。传统教学对教学过程中学生主体地位的漠视和忽略，导致了教学活动的种种弊端，诸如教学目的的确定流于空泛，不切合学生实际；重知识传授，轻智能发展；教学方法上重教不重学，习惯于硬性地、强制地灌、挤、注，不重视启发、诱导等等。

因此，把学生从被动、苦学的束缚中解脱出来并成为学习的主体，既是课堂教学改革中亟待解决的问题，也是实施高质教育的关键所在。为此，要明确倡导在教学活动中确认、重视学生的主体地位。因为没有学生自主的主动参与，没有学生能动性和积极性的发挥，教学这一特殊的双边活动就不可能取得好的实效。而在教学过程中，教师的主导作用就是要帮助学生实现从"要我学"到"我要学"，从被动到主动的转变。为了能使学生的主体作用得到最大限度的发挥，教师在研究教材教法的基础上，要重视研究学生的学，探索学生学习的规律，注重学生学习方法的指导和训练。同时，要注重运用多样化的教学方法和手段，有效地调动学生的视觉、听觉、触觉等多种器官协同参与教学过程；使学生有充分的动眼、动耳、动手、动口、动脑的机会，在亲自感知、操作、实践和思考的过程中，获得知识技能并发展智力、能力，进而学会学习并乐于学习。

2. 发展性教学原则

发展性教学原则是指课堂教学要立足于学生的人格成长和学力成长，要促进学生身心的健康发展，将着眼点放在学生的内部系统发展上，即要研究学生的认知能力、学习心理和认知结构等方面。这样，才能促进学生的身心得到全面发展。

中国的传统教育历来以传授知识、获取知识为核心，"重知识、轻能力"的教育观念至今还影响着我们的教学。素质教育不仅要重视人的全面发展，注重学生现在的一般发展及其对未来发展的价值和迁移价值，而且重视直接培养学生的自我发展能力。基于此，教师要把提高全体学生各方面素质作为终极目标，在教学中，要十分重视学生的"自主意识"和自我发展能力的培养，课堂上，要有意识地培养学生的注意力、思考力、理解力、表达力、自制力、自信力等心理素质，并逐步养成学生的认知能力、发现能力、学习能力、生活能力、发展能力和创造能力等，为他们自身的发展以及适应未来社会的发展奠定良好的基础。

3. 愉悦性教学原则

传统教学重理智控制，轻情感沟通，忽视情感因素的教育价值。而素质教育则把师生情感的和谐融洽作为其刻意追求的一种心理环境，着力从理性与情感统一的高度来驾驭和实施教学活动。教学实践表明，情感作为教学活动的一种催化剂，在教学过程中能够产生强烈的心理效应，能对师生双方的行为发挥巨大的调节作用，诸如教师一旦对学生流露出信任、关切等情感，不仅能缩短师生双方空间和心理上的距离，使学生得到最大限度的自我肯定和心理满足，同时会激起学生对教师的尊重、亲近和信赖，进而产生"亲其师，信其道"的连锁心理反应，把对教师的情感转化为接受教师教育的强大内部动力。与此同时，教师也会从中受到鼓舞，从而以更充沛的激情投入教学工作。为此，教师应该把自己的爱和热情倾注在学生身上，倾注在教学过程之中，创造出师生之间情意交融、心心相印的情感氛围，让学生在愉快轻松的状态下投入教学活动，并在学习和创造的过程中体验到充分的快感和乐趣。

4. 差异性教学原则

学生由于生理条件、环境和所受教育条件的不同以及心理发展速度和接受水平的不同，造成了不同学生个性发展的差异性。而素质教育与应试教育最大的不同，就在于它承认差异，尊重差异，并把此作为实施教育和教学的依据。差异性教学原则，就是要求教师在教学中要根据学生学习基础、心理素质和非智力因素等方面存在的差异，设计和安排教学。如可采用课堂教学分阶段安排不同层次的教学目标，使低层次学生有反馈机会，有补偿的余地，使高层次学生有独立思考、发散思维的空间等等。总之，教学应使不同层次的学生都在其原有的基础上有所发展，使每一个学生在他天赋允许的范围内充分发展，并由此获取成功的体验和自信。

第三章
小学创新教育教学理念与目标的确立

第一节　教育理念的定位

一、教书育人与育人教书

教育改革的命题在我国已经提出很多年了，但是目前我国教育，尤其是基础教育的现状却令人担忧。这使得我们教育一线的工作者不得不时时反躬自问：什么是教育？教育的真谛是什么？

根据书本上的解释，教育是培养新生一代准备从事社会生活的整个过程，也是人类社会生产经验得以继承发扬的关键环节，主要指学校对适龄儿童、少年、青年进行培养的过程。广义上讲，凡是能增进人们知识和技能，影响人们思想品德的活动，都是教育。狭义上讲，主要指学校教育，其含义是教育者根据一定社会的要求，有目的、有计划、有组织地对受教育者的身心施加影响，把他们培养成为一定社会所需要的人的活动。

从狭义的学校教育来看，培养的过程不应该仅仅是传授知识，更要教会学生做人，培养学生高尚的品德修养和健全的意志人格，能适应未来社会发展的需求。简言之，教育就是教书育人。从字面上理解是先教书后育人，那么到底是教书更重要还是育人更重要？我想，所有人的答案都会是育人更重要。我们都在强调以人为本、以学生为本，而现实的情况是，部分学校的主要任务除了教书还是教书，除了分数还是分数，除了升学率还是升学率。学生首先面对的是要学会考试，学会应试技巧，有些教育者只以学生的成绩为本，学生的全面发展被分数替代。一些人更多地在纠结教学的技巧、教学的方法，而恰恰忽视了教育最重要的环节，那就是学生的身心健康发展。虽然国家大力推行素质教育，禁止搞应试教育，可现实似乎是越禁止越严重，从小学到初中再到高中，分数成了唯一的评价标准。双休日和假期里，奔走于各个补习班的学生和家长们；中考高考之后，悬挂在各个学校鲜红醒目的宣传条幅；家长择校时热衷议论的各校升学率；每到开学时各校开展的生源大战；幼儿园里的"小学化"等，可谓是"全民上下重分数"。这些现象的产生绝非偶然，社会上有关升学的竞争、考试的压力、家长的期望和学校的考核等都使人们对分数的追求达到了极致。前阶段引起广泛热议的"绿领巾"和"红校服"事件，更是暴露了部分学校只追求分数而忽视育人的教育弊端。目前不少学校还实行"圈养教育"，只因为怕出事故而把学生圈起来，大大违背了教育的真正宗旨。这种"重教书轻育人"的教育现象已使一些问题凸显出来，学生道德意识下滑，对国家、对社会、对家庭、对自己缺乏责任感，心理问题日渐突出，心智不成熟，学生的整体素质亟待提高等，已经将教育推到了"风口浪尖"，迫使我们基础教育工作者重新审视教育的最终目的，拷问我们的教育应如何育人。

联合国教科文组织提出，21世纪教育的四大支柱是学会求知、学会做事、学会与人相处、学会生存。四大支柱首先提到的是求知，后三点都是关于如何做人。在学校里，传授知识是教育的首要功能，古人云"传道、授业、解惑"，但绝不是唯一的功能。我认为，目前很多学校重"教"轻"育"，育人的内容大打折扣，这与学生的成长规律和社会的期望是不相符的。如果忽视育人，那我们的教育就是不完整的教育。有人会反驳说，现在学校教育很重视育人，很多活动和思想品德课不都是在育人吗？作为战斗在基础教育第一线的工作者，我不得不承认这样一个事实，目前中小学的思想品德课基本处于附属地位，而学校举行的一些活动也大多是为了完成上级布置的任务的应景之作。那么，我们来思考这样几个问题：现在的教育是完全屈从于现实还是想办法改变现实？学校为学生能从容地走向社会做了什么？帮助他们做了什么准备？或者说学校培养了学生哪些优良品质和适应能力？有哪些问题是学校教育的缺失造成的？这看起来是一些浅近的问题，实际上体现的是整个教育的问题，也是教育家们一直在不懈努力，追求教育科学发展的方向问题。教育应该教学生学会做人、学会生活，具备积极健康的心理承受能力，能从容应对社会发展过程中的各种变化和挑战。传统意义上的"教书育人"强调的是先教书后育人，在新的教育发展形势下，应该提出"育人教书"——先育人、再教书的想法。

伟大的教育家陶行知曾说过：教育是千教万教，教人求真；千学万学，学做真人。这一至理名言道出了教育的真谛。教育必须是"人"的教育，是"目中有人"和"心中有生"的教育，必须把学生看成一个个鲜活的生命个体，培养的是品德高尚、人格健全的人，让学生在教育中感受到一种尊重、一种平等、一种幸福、一种快乐，学校要营造一种氛围、一种文化、一种气息。教育从来就不是轰轰烈烈的，而应该让学生在这种氛围中潜移默化地受到影响，教会学生去求真、向善、唯美，培养学生良好的心智品质和道德品质。

学校教育应该树立一种大教育观，可以做到活动育人、课程育人、环境育人、家庭育人和社会育人。学校的一切教育活动和教育手段都要从学生实际情况出发，爱国主义教育、民族精神教育、人格教育、诚信教育、健康教育等，不是简简单单地说教，不能生硬地灌输，应是在潜移默化中进行的，开展一些真正能够走进学生内心深处、拨动学生的心弦、唤起情感共鸣的活动，尊重学生的切身感受和体会。还可以用丰富多彩的课程设置和环境设计，让学生在生动活泼的课堂教学中和潜移默化的语情环境中感受到"润物细无声"的育人效果。这需要教育者的深入研究和不断摸索，更需要的是一份执着和一份信心，要经得起时间和环境的考验。教师也应是健康发展的。试想，如果教师不能以一颗健康积极的心去实施教育，学生又怎么会有健康阳光的教育人生呢？

从事教育事业还需要全社会的支持与理解，让社会的大环境来体现育人的重要性。特别是家长的教育观念要改变，不要只关注孩子的分数，更应该注重孩子意志品质和行为习惯的培养，关注孩子在成长过程中的情感体验、价值认识和心理变化，让孩子感受到成长的乐趣。近期，引起热议的"虎妈"和"狼爸"，引发的是人们对家庭教育的广泛关注。吹捧支持的人，暴露的是部分家长只追求分数、忽视孩子成长幸福的育儿观，在我看来，他们完全剥夺了孩子正常成长的权利，完全是在扼杀孩子的精神生命，这种观念是与教育宗旨相违背的。

教育的核心目的是育人。教育是为了促进人的发展，培养高素质的人才，教育应该承担这样的社会功能，这才是教育的真正内涵。所以，教书重要，育人更重要！因为培养一个具有高度的民族情感、坚强的意志品质、健康的心理素质、积极的价值取向和良好的行为习惯，具有一定社会适应能力和社会责任感的人，对我们的国家、民族、社会、家庭、学校和个人都是最重要的！

二、教育也是一种生活

在我们很多教育者看来，教育就是一种目的、一种手段，是为实现教育者某种想法而实施的一种行为，单纯地为教育而教育。北京师范大学的向蓓莉博士说过，教育是一种生活。是的，我们的孩子在学校接受教育就是应该让我们的教育理念和育人意图像空气一样无形地伴随孩子们每天的生活，就应该让孩子们享受一种高品质的、愉快的、充满无限回忆与向往的生活。我们教育者应创设一种轻松愉悦的教育氛围，从课程的设置、活动的开展等方面让学生成为学习的主人。这就督促我们教育者要时刻把握住教育要生活化、隐形化的原则，在潜移默化中传递教育者的教育理念，以求教育效果达到最佳。

美国教育家杜威曾说："教育应当是生活本身，而不是生活的准备。"在杜威看来，教育并不是强制儿童静坐听讲和闭门读书，而是生活、成长和经验的改造。生活和经验是教育的灵魂，离开生活和经验就没有成长，也就没有教育。可见，教育与生活是不可分离的。

教育的过程就是不断更新与丰富生活经验的过程，就是不断获得进一步生活能力的过程。只有在生活中，人的个性才能得到自由而真实的表现，也才能谈得上经验的不断改造，因而教育即生活。

教育本身就是生活，是一种蓬勃向上、锲而不舍的生活，只有让师生过上健康、完整的生活，教育才是健康的、智慧的、富有生命活力的。教育必须确保受教育的个体生命获得充分的成长，在这个意义上，教育又不是简单的生活，而是一种特殊的生活。教育就是生活的方式，是行动的方式。教育应该让所有受教育的人能过上一种幸福完整的生活。这种教育生活，又不能等同于学校教育生活，如在家庭里父母和子女的沟通，在职业生涯中每个人的学习，都可以视为教育的生活。所以，我们理解的教育生活，应该是面向各个阶层的全人教育与全程教育。

教育应该是幸福的。既然教育是努力去促进每一个人过一种幸福完整的生活，它本身就应该是幸福的。孔子说过，"学而时习之，不亦说乎"？教育应该给人幸福，因为它本身就是充满乐趣的。只有在愉悦的情景中，教育才能取得良好的效果。教师应该是幸福的，是一种职业的幸福。在竞争越来越激烈的今天，教师的精神压力大。作为校长不要让教师把工作当成生活的全部，要为教师减压，让教师享受到这份职业的幸福。语文名师于漪曾说，工作着是幸福的，学习着是幸福的，教师是有着"双重幸福"的人，一边教学，一边学习，其乐无穷。学生也应是幸福的，让我们的学生在受教育的过程中体会到学习的幸福和成长的幸福，在学习和成长的过程中感受到这是一种过程的幸福。但如果仅仅强调幸福，则很容易让大家过分重视情感的体验，甚至会误认为是感官的享受。尤其在当下的教育中，我们的教育是单向度的，是畸形的，是片面的，是唯分数的教育，其中最大的问题是缺乏做人的教育，缺乏德行的教育。人应该是完整的，包括自己个性的完整性，让人成为一个完整的自己，这才是教育的最高境界。

对于这一观点，朱永新说："强调过一种幸福完整的教育生活，不仅仅有对教育终极意义的思考和追求，还有对当下某些教育问题的担忧和不满。我们遗憾地看到，许多地方的教育，已经使孩子失去童年，他们的学习充满了失败。很多孩子已经失去了凝望世界的明眸，失去了追求理想的激情和冲动，失去了尝试成功的勇气和感恩的情怀。我们不禁要问，如果我们的孩子和老师们没有幸福和快乐可言，这样的教育还有必要吗？"所以，教育应该是让学生首先学会生活，认识到学习只是生活的一部分，每个人都要成为一个完整的人，这样的教育才是成功的教育。让学生在学校教育中得到一种生活的享受，一种成长的快乐，一种对生命的尊重，这才是教育的最终目的。

教育是什么？执着追求者说：教育是一种事业。没错，教育应该是一种事业，只有把教育当事业来做，教师才肯讲奉献，学生才会求进取，教育才能营造必要的乌托邦。蓝天、白云、理想的风帆、激情的航程……失去事业的基座，教育只会沦为狭隘的教书、读书，沦为埋没个性、失去诗意的手艺和手段。可以这样说，在开放的大时代背景中，不能适应市场的学校是不能迅捷拓展的，而不能回应时代呼声的教育注定是"小国寡民"，是不能打造"教育航空母舰"的。但教育的出发点是人，是让人学会生存；教育的终点还是人，是让每一个生命体实现"自我对话"与"人的大写"。一部教育史就是一部成长史。因此，教育也是一种生活，一种健康的，纯真的，充满智慧与诗意的生活。只有把教育当作一种生活，教育才能回归它"自然"的本位。

生活需要阳光，教育也需要春风雨露、花香鸟语。教育不是条律，不是模式，更不是禁锢；教育完全可以走出校园，走出书本，在宽松与平等的环境中，谈天说地，论古道今。只有"教育生活化"，教育才能有张有弛，如坐春风。

生活需要奋斗，教育也需要胸怀大志、不懈追求。教育不是说教，但教育不能没有理想；教育不可异化为重望和重压下的痛苦挣扎，但教育也绝不能轻描淡写成花前月下式的游戏消遣。学会奋斗，学会协作，既是教育的职责，也是受教育者的素质。

生活需要创造，因而教育也需要学以致用，超越现实。教育不是知识的克隆，不是能力的强化，教育的目标是让人成就自我，超越自我。因此，教育要让个性得以充分地拓展，并在多元智能和可持续性发展的理念下，成为"不拘一格育人才"的伟大事业。让教育回归生活，让教育成为生活，争鸣的教坛不能缺少朴素的理念。

三、教育是一种服务

以往，教育者留给学生和家长更多的是要求和执行，学生是在被动地接受教育。目前的课堂上，老师的"一言堂"和"满堂灌"还占相当大的比例，相当多的教师只是按自己的教案设计来组织教学，再把书本上的知识传授给学生，对学生情感、态度、价值观的关注和培养可能只会在公开课上见到。所谓的以学生为主体的实质是教师在主宰课堂，而忽视学生的真正感受。

在学校组织的活动中，无论是隆重热烈的大型活动，还是规模不大的集体活动，大部分都是由学校和老师策划与组织实施的，学生只是学校活动中的一枚棋子，真正由学生自主组织、自主进行的活动少之又少。很多学校没有考虑到学生在活动中受到的是什么教育，活动的真正意义是什么。这样的结果就是活动结束后，学生既没有留下深刻的印象，也没有在活动中得到锻炼，这当然会使活动的教育效果大打折扣。

在对家长的态度上，名义上是让家校共同办学，但家长体现得最多的只是一种"监督"作用。虽然有的学校会经常组织家长参加学校的一些活动，也会成立家长委员会和家长代表会，邀请家长代表参加学校的各种会议和活动，但实际上家长只是学校活动中的一个角色而已，其作用微乎其微。学校只是按照自己的理念来办学，不会或很少考虑到学生和家长的感受。我们的教育所体现的是一种"目中无人"的教育，是整齐划一的教育。如果管理者和教育者还是拿出一副高高在上和盛气凌人的态度，没有真正地树立为学生、为家长服务的意识，那么家长和学生的选择就是离开他们所在的学校。对于这一点，我们必须有清醒的认识。

服务首先体现的是一种思想。在现在的教育环境背景下，教育者最需要树立这样一种观念：教育就是一种服务。随着市场经济和社会的发展，教育不再是居高临下和高高在上的，而是平等与尊重。

服务体现的是一种理念。"以人为本"是让学生真正成为教育的主人，从办学理念的确立、发展规划的制定到教学活动的设计，都要从学生的角度出发，尊重学生的年龄特点，关注学生的切身感受和情感体验。要真正从学生家长的意愿出发，切实提高家长在学校教育中的地位和作用。如果做到了这些，我们才能体现真正的服务意识和服务理念。

服务体现的是一种管理，体现的是真正促进教师的专业成长和发展。校长要真正尊重、理解教师，一切规章制度和管理体制的出台必须从教师的实际情况出发，尊重教师，这样会使教师感到自己真正成为学校的主人，更加激发其工作的热情与激情。不要以为这样做会使你的权威受到影响，事实上，你的服务意识会获得最佳的管理效果。

教育者只有树立正确的教育理念，才能准确把握办学方向，体现教育的真正宗旨。

第二节　办学目标的定位

随着社会主义市场经济的逐步深入，产业结构从最初的劳动密集型生产方式逐渐向更高生产力的模式演变，这导致了产业结构的非均衡调整，也使得劳动力结构和人口结构发生相应变化，因而对人才素质提出了新的要求。劳动者需要具备更全面的生存技能以适应社会的变化，并从相对固定的劳动模式中解放出来，以更加充分地适应职业上的流动。这便向劳动者提出了更高层次的要求，劳动者要在产业结构的变革中不断地进步和发展，必须学会学习和终身学习。

1. 人人获得真实发展

这里所指的人人，不仅仅指的是每一个学生，还包括教师乃至普通教职员工，甚至包括家长和社区居民。发展的外延，绝不局限于以往所要求的智力因素，而应是智力因素与非智力因素的和谐统一；发展的内涵，则定位在真实发展上。

发展是一个略带宏大叙事意味的概念。依据不同的标准，发展可以划分为不同的类型：全面发展与片面发展，可持续发展与眼前发展，主动发展与被动发展，真实发展与虚假发展，个性发展与均衡发展，一般发展与特殊发展，和谐发展与畸形发展，正常发展与超常发展等。教育的根本目的在于促进学生的真实发展。这里的"真实"，是基于人是在一定社会历史条件下从事感性活动这一认识之上的，也就是说，"真实"是实践活动基础上的"真实"，正是人的自由自觉的实践活动，才产生一个个的"真实"。"真实"意味着人的"小写"，意味着人是"一切社会关系的总和"，意味着人的"意义"的有效生成。这里的"发展"，区别于自然的成长和个体潜能的自然发挥。真实发展具有以下特性。

自主性。发展首先意味着个体的发展，且是个体基于其自身条件之上的，通过活动与实践，合作与交往而实现的自主建构的过程。这一特性又可进一步演绎出学生发展的年龄阶段性和个体差异性。

社会性。个体不仅属于他自己，还属于其赖以生存的族群和周遭世界。个体的发展必然会呈现出一种社会教化与自主建构共存的生存状态。

有限性。社会条件的局限性与人的自由发展形成一种客观存在的悖论，所以从总体上来说，学生的发展同样遵循着马克思所说的"群体主体性—个体主体性—类主体性"这样一个发展规律。学生的发展总是在一定的社会条件之下的有限发展，且经常不得不以符合社会发展要求这样一个外显形式存在，甚至以优先发展某些素养为前提，而以牺牲发展其他素养为代价。

信息化社会日见端倪，学习型社会、学习型社区、学习型学校、终身学习等代表着历史发展的必然走向。为适应这种变革，每一个个体都必须学会学习，并在学习中学会发展。

2. 构建学习型学校

当今的世界是知识爆炸的世界，到处充满着竞争与挑战。从宏观上来说，我们的国家要实现现代化，要实现物质文明、精神文明和政治文明，要赶超世界发达国家的水平，需要学习和创新。从微观上来说，学校以及学校当中的每个人为更好地适应社会的发展和生存环境，也需要不断学习。

从学校发展情况来看，由于学生来源、家庭背景、管理策略、教师对本职工作的认识程度、社会支持等方面的主客观因素的影响，学校发展相对滞后。怎样使学校的发展跟上城市发展、社会要求的步伐，是我们急需解决的问题。

（1）学习型学校的基本特征

第一，倡导实现自我超越。精通"自我超越"的人，能够不断实现他们内心深处最想实现的愿望，他们对生命的态度，就如同艺术家对于艺术一样，全心投入，锲而不舍，并不断追求，不断超越自我。有了这种精神动力，个人的学习就不再是一蹴而就的，而是一个永无尽头的持续不断的过程。第二，主张改善心智模式。心智是大脑的产物，是行为的导航仪，它主导了人们对事物的感知过程，也深刻地影响了人们的行为选择。心智模式每个人都有，无论你是否意识到它的存在，它都一直在那里，让你透过它来看这个世界。缺乏心智修炼的人任凭经验架构一切行为，他们只会凭直觉办事，凭冲动办事。所以，既然人的行动受到心智模式的指引，那么就应该改善它。改善心智模式，就要把镜子转向自己，发掘自己内心世界深处的秘密，并对自己的优缺点进行客观地审视，从而寻找自己的闪光点和存在的不足，再通过深入学习和感悟来扬长避短。世界上任何一个国家的繁荣、任何一个组织的成功、任何一个人所取得的成就，都是不断学习、不断改善自己心智模式的过程。学校和学校里的每个成员，都同样需要不断地学习，不断改善自己的心智模式。第三，拥有共同愿景。学校组织中的成员以追求建立共同的愿望、理想和目标为最高境界。只有拥有衷心渴望实现的共同目标，成员才会发自内心地努力工作，努力学习，追求卓越，从而使组织欣欣向荣，使自己的人格不断完善，学识逐渐渊博，经验不断丰富，从而把人做好，把事做好。反之，一个缺乏共同愿景的学校必定人心涣散，相互拆台，难成大器。第四，形成团队学习。一个学校、一个班子、一个班级、一个教研组、一个社团等，都是一个团队，团队中的成员互相学习，取长补短，不仅使团队整体的绩效大幅提升，而且使团队中的成员成长得更快。团队学习首先从"对话"开始，团队中的所有成员都需要敞开心扉，进行心灵的沟通，从而统一思考的方法或过程。这样的团队将在学习、交流、鼓励、促进、关爱、谅解、奋进中成长，团队中的每个成员将自觉不自觉地适应和跟上团队总体发展的步伐，进而为这个团队做出更大的贡献。第五，实现系统思考。一个组织（学校、班级、教研组、活动小组、社团等）与人类社会一样，都是一个"系统"，它是由一系列微妙的、彼此息息相关的因素构成的有机整体。这些因素通过各不相同的模式或渠道相互影响，"牵一发而动全身"。身为系统中的一小部分，往往不由自主地倾向于关注系统中的某一片段（或局部），也就是说，在处理组织中的某件事情的时候，往往对暂时的、关系自身团体利益考虑得多一些，细一些，而忽略了团队（组织）的整体发展，对整体缺少把握。第六，体验生命的意义。通过个人学习，尤其是团队学习，学校对学习有了新认识，对组织有了新寄托，对生活有了新理解，对事业有了新目标，对问题有了新思考。组织中的成员便会认识到生活在这个组织（学校）中的意义，从而提升自己的生命价值。

（2）学习型学校的内在构成

第一，学习型领导。成功的学习型领导应该具有的最优秀品质是，关注学校长远目标，不受眼前利益的干扰。成功的学习型领导应该能够对学校的共同利益有比较清晰的认识，在共同利益的基础上，构建学校的价值体系。为了使这个体系能够自发地被贯彻，还必须将它上升到哲学思想的高度，形成一种教育信念，让学校中最有价值的员工和同事认同它、维护它、丰富它、发展它。一旦这些员工的头脑里有了共同的教育信念，他们才会与学校同呼吸、共命运，才不会过分患得患失。成功的学习型领导应当建立自己的学校文化，这种文化是学校中所有人的思想、行为、态度、价值判断，以及表现出来的生活与工作方式。如果一所学校的文化在要素上没有明确的定位，领导班子的想法不一致，教师的观点不统一，那么对学校的发展是极其不利的。具有成功的学习型领导的团队是一个优秀的学习团队。通过各种学习形式，如集体读书、专题交流、参与其他团队活动、演讲、教学活动、撰写教育论文、参加社会实践等，教师使自己的政治思想和理论业务水平得到提升。校长不仅是学校的行政领导，更应该是学校的业务领导，能够带领教师一起参与到对课程的应用与研究当中，促进教师读书研讨风气的形成。

第二，学习型教师。如果说学习型领导是学习型学校的领头羊，那么学习型教师就是学习型学校的主力军。构建学习型校园应该是学习型教师所认同的共同愿景。而在整个学校这个团队的价值观念与态度中，只有形成一致愿景，才能为学校的共同利益一齐奋斗，才能把这种努力演变成一个具有凝聚力的学习型团队。

学习型教师应该具有以下"五种意识"。学习型教师应该具有发展意识。在追求教育目标的同时实现人生价值，这种人生观和价值观应当引导教师在教学组织、班级管理、科学研究上形成正确的方向和合力，在发展学生、发展学校的同时发展自己。

学习型教师应该具有反思意识。教学是个反思的艺术，教师应该在教学实践中学会自我诊断，既要看到自己的优势，更要审视自己的短板，敢于正视工作和思想中存在的问题和困惑，并寻找改进和提高的路径。教学反思主要指教学准备反思、教学过程反思和教学结果反思。教学准备反思包括对教材的理解、对学生的了解、对教学重难点的把握、对教学手段的使用、对教学过程的设计等。教学过程反思渗透于每个教学环节之中，引领着教学过程朝着更有效、更完美的方向发展。教学结果反思包括成功的经验，下次可以继续灵活运用的地方，也包括失败的体验，思考原因之所在，探寻新方法、新路径，做出新尝试，从而达到对问题的解决。

学习型教师应该具有效率意识。效率是指最有效地使用社会资源以满足人类的愿望和需要，或者说是指在给定投入和技术的条件下，资源没有被浪费，在教学上表现为如何在有限的时间内实现教学效果最优化。这是教师教育教学工作最实际的表现，应当成为学校管理的核心。以教师的教学效率为例，应当在教学目标、时间把握、知识储备、技能运用、思维方式、班级管理等方面着手，关注每一个教学细节，强化每一个训练环节，把学习的主动权留给学生，一切以学生为主，特别注意培养学生的求知欲望和良好的学习习惯，结合教学实际和学生发展需要选择教法、运用学法，实现教学效果最优化。

学习型教师应该具有团队意识。学习型团队主要表现在这个团队中的每个成员都具有"团队目标、团队角色、团队关系、团队运作过程"四个方面的能力。团队中拥有不同技巧的人员，大家致力于共同的工作目标和共同的相互负责的处事方法，通过协作的决策，组成战术小组达到共同目的，人与人之间的相互关系都对他人的成长起到了帮助作用。在学习型团队中，大家相互帮助、相互促进、相互竞争，以形成积极向上的团队风貌，进而促进团队形成紧张而和谐、有序而活泼的团队氛围，这是大新小学在构建学习型教师团队时总结出来的经验，也是增强教师可持续发展能力的重要方面。

学习型教师应该具有特色意识。一个有经验的优秀教师之所以取得成功，最关键的一点，是他在长期教学实践中逐渐形成了自己的教学风格，也叫教学特色。教学特色表现为理智型、情感性、幽默型、典雅型、直观型、奇异型等。教学特色的形成还与教师的知识因素、能力因素、心理因素、经验因素、主观因素和客观因素等密切相关。因此，学习型教师应当是精通业务、掌握本学科专业知识的业务骨干，同时具备继续学习、驾驭新知识、掌握学习方法的能力。不仅要在课堂教学、班级管理方面是行家里手，还要在科研方面有自己的方法与特色。教师不仅具备掌握知识、传授知识的能力，更重要的是能够正确掌握获取新知识的技能，并且能够把这样的技能传授给学生。

第三，学习型学生。学生是学校的主体，也是教育使命所在。学习型学校的构建最终要打造的是学习型学生。无论是构建学习型领导还是学习型教师，其核心都是为学生服务。

学习型学生应该有明确的学习目标。掌握知识文化从来就是自发的，教师的一个重要方面就是要引领学生去掌握知识文化，并且激发学生的各项潜能，正如韩愈所讲：师者，所以传道授业解惑也。在学习文化知识的过程中，学生通过不断的反思，最终明确自身为什么而求学，求学的目标是什么。而素质教育就是要注重多元评价。

学习型学生应该有获取新知识的技能。教师在传递文化的同时，更重要的是传递如何筛选信息的能力，学生通过不断地摸索，在犯错误与改正错误中学会获取知识，且掌握获取知识的技能。

学习型学生应该有浓厚的学习兴趣和爱好。学校不要求每个学生都看同样的书，喜欢同样的学科，朝同一个方向、模式发展，但却要培养学生形成自己个人的兴趣爱好。通过在学校中开展各种特色活动，不断地激发学生的各种兴趣和爱好，丰富学生的精神世界，为其营造学习氛围；通过读书、听课、发言、作业、办报、讨论、值日、收藏、参观、旅游、调查、访问、义务服务等丰富多彩的教育教学活动，让学生在做中学，在学中悟，在悟中创新，在创新中成长，在成长中体会生命的意义。

学习型学生应该有强烈的荣誉感和团队精神。培养学生的集体荣誉感，对学生学习兴趣的提高，人生观、价值观的形成，思维创造能力的培养，有着重要的意义，并且能更好地形成浓厚的学习氛围。团队合作使学生走向成功，走向成功必须具有相应的素质，而这些素质又往往被当前的教育忽视。

第三节　学校文化的定位

学校文化是学校内涵发展的表现。文化是当下热议的话题。《辞海》中对文化的定义是："从广义上来说，指人类社会实践过程中所创造的物质财富和精神财富的总和；从狭义上来说，是指社会的意识形态以及与之相适应的制度和组织结构。"城市文化、企业文化、地域文化等都体现了人们对文化的理解和追求。在新的教育发展形势下，学校文化的建设也成为学校发展的热门话题。

现代学校的办学过程就是学校文化的形成过程，是学校特色建设的软实力，是学校品牌发展的核心力，是历史沉淀下来的宝贵精神资源。它的核心是学校共同的价值观念、价值判断和价值取向。它产生于学校自身，是全校师生在共同的学习工作中凝聚、沉淀的一种价值追求，是学校深层次发展的内在体现。

学校的发展背景各不相同，但学校文化最终体现的定是以人为本的核心理念。它包括精神文化、制度文化、教师文化、课程文化、学生文化等。

精神文化是学校文化的核心，是学校发展历史过程中沉淀下来的一种精神，凝聚着学校的精、气、神，是全校师生的灵魂。为纪念邵云环烈士，1999年6月佳纺小学被佳木斯市政府命名为云环小学。这个命名就寄予着一种希望、一种传承。从原来的企业办校到成为烈士的母校，65年的发展历史，云环小学已经形成了一种坚忍不拔、激流勇进的学校精神。在此基础上，全校师生追忆邵云环走过的学习成长之路，深入挖掘云环精神，将其细化为六个方面：对祖国、对人民的热爱与赤诚；对科学、对知识的探索与追求；对人生、对未来的珍惜与执着；对师长、对同学的尊重与关爱；对劳动、对价值的认识与理解；对法制、对道德的自尊与自律。云环精神已涵盖了学校文化建设的精神实质，在"崇德、笃学、求真、创新"的校训指引下，成为全校师生的精神力量。所以，学校精神是精神文化的本质所在。

制度文化是学校文化的动力保障。制度是维系学校秩序，规范办学行为，规范学校师生言行举止的有力保障。学校要通过建章立制来实现依法治校，努力实现以"法治"代替"人治"，使管理更加科学和规范。在制度文化的建设中，要体现以人为本的核心理念，要建立在充分的尊重、理解、促进、发展的基础上，经过师生的高度认可和广泛信任，成为一种约定俗成的内在制约。任何一种制度和机制的完善，都是为了促进学校健康、持续和科学发展的，都是为了促进教师的专业成长和专业发展的，都是以促进学生健康发展、快乐成长为目的的，而不是成为学校和师生发展的束缚与障碍。我校各项制度和机制的不断完善，得到了教师们的充分论证、修正和完善，成为全校师生的行为准则。学校已完成《依法治校，科学管理》的制度汇编，其中包含学校的办学章程、44项岗位职责、一百余项管理制度和5类考核标准。因此，形成一种科学、规范、严谨的制度文化是学校文化建设的根本保障。

教师文化是学校文化建设的主导。教师既是学校品牌的创建者，也是学校精神文化的传承者，更是校园文化建设的主力军。在教师文化的创建中，可以从师德修养、职业操守、专业发展、培训提高等多个层面进行，从而形成一种团结向上、和谐奋进的教师文化主流。在学校精神的引领下，在实施教育的过程中，广大教师都是学校精神的践行者，我们倡导"敬业奉献、勤业爱岗、乐业爱生、精业钻研、创业开拓"五种精神，努力做到敬业奉献、勤业爱岗、乐业爱生、精业钻研、创业开拓，用高尚的师德品行、精湛的教学技能、突出的专业发展来建设学校"敬业、爱生、博学、创新"的教师文化。所以，教师文化是学校文化建设的引领者和实践者。

在学校文化的建设中，还应该着重建设课程文化、环境文化、行为文化和学生文化等，让学校文化真正成为办学的深层次追求，从而形成学校持续发展、深入发展的精神源泉和动力保障。课程文化的构建有利于培养学生的综合素养。在开齐开满国家规定的课程外，我们开发出三个层次的校本课程：教育课程、经典诵读课程和综合实践活动课程，拓展了学生的学习空间。每天的英语听力、古诗诵读、成语接龙、新闻播报等晨读课有利于文化知识的积淀；每周四下午的民族舞、拉丁舞、合唱、快板、演讲、相声、棋类、球类、轮滑等选修课有利于学生兴趣的培养；体育节、艺术节、科技节、读书节等节日成为孩子们展现特长的舞台；健美操、跳绳、踢毽子、呼啦圈、玩口袋、跳格子等"阳光大课间"愉悦了学生身心。环境文化建设体现的是以优美的环境感染师生心灵、陶冶师生情操的文化氛围，起到的是"润物无声"的教育效果。校园里鲜花怒放、芳草萋萋，经典国学、世界名画、锦绣中华等语情环境主题鲜明，特别是体现云环精神的云环展室、主题图板、活动图片等，更是营造了浓厚的育人氛围，体现了学校的教育主题和办学特色。

第四节　小学教育发展方略

一、积极创建育人模式

1. 全员参与育人

为更好地教育孩子，学校积极动员了能够动员的力量，提出全员育人。学校认为，人人都是教育工作者。学校规定每位教师每学期须对 5 ~ 8 名学生进行全方位的指导与关照，并有义务进行课外学业辅导，听取学生思想汇报，为学生答疑解惑，排解情绪，充当学生的知心人、领路人，利用一切闲暇时间和学生进行交流沟通，并做好详细记录。学生则定时向教师汇报学习思想情况，提出疑难问题，要求教师解答指点。同时，工作也要求教师定期或不定期地就学生的教育问题进行交流、探讨。

2. 构建民主平等的师生关系

师生关系是学校育人体系中各种关系体系中最基本的组成部分。它影响着教育过程，制约着学生对教育的接受程度，并在很大程度上决定着教育的质量和效果。民主、平等的师生关系能为学生发展提供一个必备的心理自由与安全，在情感上易使学生通过"亲其师"而达"信其道"。构建真正意义上的民主平等的师生关系，教师应以爱为先导。只有热爱学生才可能无微不至地关怀学生的成长，也才可能教育好学生。苏霍姆林斯基曾说过："教育技巧的全部奥秘就在于如何爱护儿童。""许多研究已证实，教师对于学生的爱不仅可以成为一种教育的力量，不仅可以鼓舞教师去做好本职工作，而且可以感染学生，激励学生，调动学生的积极性和增强他们的进取心，从而更有利于学生的发展。"

3. 积极发挥德育的引导作用

德育是课堂教学的应有之义，也是学校教学顺利进行的基本前提之一。因此，学校应长期坚持德育为先的原则，通过"三礼"教育来实现德育的针对性，进而达到育人的目的。"三礼"教育以尊重为基础，以诚信为核心，辅以美好的外表，最终造就健全的人格。其基本思路如下：第一，将"三礼"教育内容细化为学生的日常规范；第二，利用校会、班会、家长会的形式，通过检查学生每天穿戴情况、学生礼貌礼节情况、课堂表现情况，通过组织好每周的升国旗仪式、形式多样的少先队活动、教师的"三礼"教育活动，让学生知礼、明礼、行礼；第三，通过开展读、讲、赛、评等一系列活动，深化"三礼"教育；第四，通过家庭、社区教育与学校教育一体化，形成"三礼"教育合力。

4. 在家校平台上引领家庭教育

家庭是孩子观看世界的第一个窗口。家长因亲缘关系对孩子的影响深远。如何保持家庭教育与学校教育的一致性，是当前学校教育必须要面对的问题。然而，家庭教育往往处于人们自觉关注的边缘。所以，学校应该积极搭建相应的平台，与家长一起共同探索学生的教育问题。具体方式如下：

第一，建立家校联系制度。联系制度分为两部分。一部分为校方规定的，包括家长会、家长开放日、家校问卷调查，按年级分批进行，保证效果。每次活动由学校进行统计，未按时到会的家长，班主任需在 5 个工作日内负责全部联系到位，做好记录。尤其是问卷调查制度，为家长打开了参与学校教育的有效途径。每个学期由学校参照教师、学生意见制订调查问卷，就学校教育等各个主要方面设定问题，由学生和家长答卷后回收，进行统计，向有关部门及全体教师反馈信息，继而提出相应改进措施，并付诸行动。另一部分是教师的不定期家访，每学期末每位教师都必须登记家访记录以及家访前后学生的行为变化，家访取得什么效果。同时，学校开通"校讯通"家校联系网络平台，教师可以随时通过网络与家长反馈学生在校学习情况，家长也可以利用"校讯通"与教师进行深层次交流。这种家校联系互动的便利性增加了学校与家庭的教育默契。除此，教师还以电话、书信、电子邮件、家长回访等方式，与家长或监护人协同教育，并为每位学生建立个人成长档案。

第二，开展亲子交流活动。学习应开展亲子交流活动。包括亲子阅读、亲子晨会、亲子典礼、亲子汇报演出，等等，为亲情的交流不断创造机会和条件。家长到底应该怎么教育孩子，是家长的一大难题。不恰当的教育，往往适得其反。基于此，学校应开设家长学校，请专家给家长们作报告，答疑解问；

开设家庭教育大讲堂，进行定期辅导培训；向家长发放简明亲子书刊、画报；还要召开家长咨询会，接受家长咨询；利用校报、网站、博客、校讯通、电话、邮件、信箱等开设家教平台，为家长出谋划策，其中主要立足几个方面：

首先，珍惜孩子生命，关心他们的身体健康。教给孩子远离危险的基本常识，让孩子具有基本的安全意识，知道远离危险地带：水边、火里、马路上、网吧等。关注孩子身体发育的微妙变化，诸如孩子什么时候换的第一颗乳牙，女孩子什么时候来月经，男孩子什么时候变声了，小家伙什么时候不知不觉又长高了，等等，家长都应该细心地留意，并给予一定的引导和帮助，告诉孩子这些是生命成长的正常现象，应以正确的心态去面对。教育孩子爱护自己的身体，养成清洁身体的良好习惯，早晚刷牙、饭前便后洗手、勤剪指甲勤洗头等。督促孩子经常参加体育运动，让孩子从小养成热爱运动的好习惯，节假日带孩子出去爬爬山、逛逛公园、打打球等。

其次，理解孩子心理，呵护他们的心灵成长。关注孩子心灵成长是中国家庭教育最为缺失的方面。关注孩子心灵的成长要从了解孩子的心开始。孩子在不同的年龄段以及随着环境的变化，他们的心理需要都有显著的不同与差别。家长要学会倾听孩子的心声，要随时了解孩子喜欢什么，孩子最崇拜的人是谁，孩子的好朋友是谁，孩子最喜欢学习的科目是什么，孩子最喜欢读什么书，耐心对待孩子的闷闷不乐，仔细观察孩子的神采飞扬，全面了解孩子的学习进步，共同分析孩子的学习困难；要关注孩子的细微情感变化，注意观察孩子的表情、行为，认真及时地发现、解答孩子的困惑与疑难，鼓励孩子说出自己的喜怒哀乐，帮助他们解决问题和困难，分享他们的快乐；对于欢快中的孩子，父母要尽量避免干预，对于伤心的孩子，父母绝不可掉以轻心，即使他们一时不愿倾诉，等他们平静下来，仍要与他们交谈。

再次，营造良好环境，发展他们的心理品质。良好的家庭氛围可使儿童性格活泼、开朗、大方、好学、诚实、谦逊、合群、求知、好奇、爱劳动、爱清洁、守时守信，不良的家庭氛围可使孩子胆怯、多疑、自私、忌妒、孤独、懒惰、放任、不懂礼貌、言语粗俗。因为儿童在适应家庭环境的过程中，常以家长为最亲近、最直接的模仿对象，形成自己的心理定式和性格特征，家庭氛围的好坏是儿童心理、行为健康水平的重要因素。为此，家长应为孩子营造一个良好的生活环境。尽管每个家庭因经济水平、住房条件各有不同，其布置标准不可强求，但居室应做到整洁、色彩素雅协调，使孩子能生活在一个舒适、宁静、温暖的家庭中，使孩子形成一个良好的作息时间和生活习惯。

在休息、吃饭、娱乐、工作、学习方面，家庭所有成员都要自觉养成好习惯，家长更要发挥示范带头作用。一家人坐在一起，关掉电视，围绕着一盏台灯，坐在一张书桌旁，每人手捧着一本书，聚精会神地阅读着……家长们可带上自己的孩子，以及他们的小阳伞、小水壶，一起去书店，就像每次带他们去游乐场一样兴致勃勃。一起在书籍的花园里长时间地寻觅属于孩子的那份惊喜。告诉孩子哪本是自己以前读过的，哪些是你们曾经谈论过的，哪些又是自己以前读过，特别喜欢还一直惦记着的。在书店与孩子的谈话一定要开心、快乐，让孩子体会到去书店是一件多么有趣的事。帮孩子购买书时，家长一定不要忘了给自己也买一本，以便孩子阅读时，自己也能有重温书籍的机会。在温暖的灯光下，在午后的树荫下，当孩子拿起书本的时候，家长可以让他静静地看，他会在图画中吸取快乐。但孩子要求家长给他读故事时，家长应该放下手中的活，靠近他，大声地为孩子阅读，帮助他们通过自觉学习获得成功。

最后，注重习惯培养，促进孩子全面发展。家长要抓住教育关键期，认真培养孩子各个方面的习惯。针对孩子的实际情况，家长应重点关注孩子以下学习习惯的培养。

一是培养孩子自主学习的意识。要利用各类兴趣活动提高学生的悟性，培养他们的学习意识；利用日常生活（如认识街上的广告牌、阅读说明书等）提高学习兴趣，增长课外知识；通过亲子活动（如读书、游览、聚餐、互助等）培养学生高雅的爱好；通过各种教育方式（如目标教育、激励教育、赏识教育、理解教育等）引导孩子成人成才等。

二是培养独立完成作业的习惯。具有辅导能力的家长总是不放心孩子的学习，每天孩子写作业时，总是坐在一旁监督提醒孩子，孩子作业写完后不是让孩子自己去检查，而是先帮孩子检查。长期下去，孩子明白了一个道理，作业马虎点有错误没有关系，反正家长要检查的；孩子遇到不会做的作业更不要紧，有家长辅导呢。这样的家庭辅导会使孩子越来越不愿意动脑筋。此外，现代科学技术的发展在我们的工作和生活中起到了巨大作用的同时，也为学生的学习带来负面影响。比如，学生放学回家写作业时遇到难题了，不是通过自己钻研或者查找工具书来完成，而是电话"请教"，有时甚至"变相抄袭"，有时遇到写作文之类的作业，自作聪明的孩子干脆在网上下载范文应付老师，有时遇到动脑筋的练习题，繁多的辅导资料又帮了忙，不管答案是否正确或者完整，反正书上是这样说的。对于这些不利影响，家长应该明白，应帮助孩子养成独立完成作业的习惯。

三是培养孩子积极探究的习惯。在家庭教育中，不要事事都告诉学生，而要事事多给孩子一些空间，多给他们设计几个"为什么"，或者让他们自己去多问几个"为什么"，然后鼓励他们自己去求证。比如一些知识性、实践性比较强的问题，完全可以让学生通过字典、词典、课外读物、网络、测量仪器等自己去寻找答案。

二、努力建设优良的校园文化

校园文化是指校园中的物质文化和精神文化的总和，硬件方面包括校园环境设施和教学、生活管理制度，软件方面包括校风、教风、学风、校园文体活动等。这里的校园文化，主要指的是校园的自然环境和人文环境。

校园文化是一所学校的灵魂，它会激励着学校向着可持续发展的、生机勃勃的、具有丰富内涵的高层次方向发展。它能创造出一种潜在的、弥漫的、浸染于整个校园中的精神风范，极大地影响学校每一个成员的价值选择、人格塑造、思维方式、学术氛围、道德情操以及行为习惯。具体来说，校园文化具有以下四个重要功能。第一，导向功能。校园文化一旦形成，必然会对广大师生员工产生巨大的导向作用，形成一种强大的"文化效应场"，师生员工必然受到影响和熏陶，知道应该做什么，为何而做，如何去做，从而使个体行为和作风从"无序"逐渐变为"有序"，自觉或不自觉地适应学生精神的要求。第二，激励功能。先进的校园文化作为校园内价值系统的精华，作为学校发展的一种潜在力量，无疑是一种巨大的激发因素和原动力，是推动人们积极进取、育才成才、战胜困难、开拓创新的强大精神力量。第三，品牌功能。校园文化体现了一所学校鲜明的文化个性和内涵。第四，凝聚功能。校园文化是学校师生共创和认同的价值观念，具有无形的不可低估的凝聚力和感召力。认识并体验到彼此具有共同的理想追求、价值观念、道德情操和行为规范，会使生存于同一所学校的人们彼此之间产生强烈的认同感，进而升华为强烈的校园归属感、责任感和荣誉感，从而把师生员工紧密地联结在一起。

第四章
小学创新教育教学方法的运用和创新

第一节　教学课程改革历程

传统教育的课堂教学形式具有很大的局限性，课堂中心、教材中心、教师中心约束着教学活动，无法充分实现因材施教，不利于发现和培养优秀人才。新技术革命所带来的"知识爆炸"的严峻现实，更使这种传统的教学形式让学生无力从困境中解脱出来。教学改革已经到了关键时刻，人类的知识不仅在原有学科领域越来越丰富，而且不断开拓新的知识领域，这个特点向教育工作者提出了新的要求，即如何组织教学过程，使学生能在较短的时间内，掌握更多的知识；如何制订教学计划，处理好现代科学知识与传统知识之间的关系；如何培养学生的能力，发展智力，以适应现代科技发展的需要，是小学教学改革的根本目的。要解决这个根本问题，需要一个长期的实践过程。

目前中小学课程深化改革有两个选择："示范引领"和"整体优化"。"示范引领"主要以个别学科或课程的突破和示范，来带动教育教学的整体提高。以个别教师领衔开展的若干学科、课程、项目的改革，形成示范与楷模，进而带动学校其他学科、课程水平和质量的提高。就"示范引领"存在的问题而言，首先，"示范引领"确实取得了很大成绩，但是，坦率来讲，"示范引领"大多由特级教师、骨干教师亲自领衔，因此对教师个人的魅力和品质有很大的依赖，导致在这一模式的试点下对特级教师的引进成了一种"时尚"，甚至成了一种问题。这对教育的整体发展十分不力。其次，优秀学生的引进也会带来教育不公平的问题，还有教育资源的均衡性、矛盾性等问题。我们可以认识到，"示范引领"是必要的，但不是完全可持续的方式。"整体优化"是素质教育的要求，也是教育改革的未来。面对"示范引领"存在的诸多问题，"整体优化"主要以学科、课程与教学的系统优化，形成学校教育教学改革的结构优势，带动教育教学的整体提高。它与"示范引领"的最大不同在于，面向整个学校的所有课程、所有学科以及整体教学的全部优化，而不仅仅聚焦在某一些学科、某一些班级和某个项目上。"整体优化"提倡从面向个别到整体，这正是体现了素质教育的要求，简单地讲就是面向全体学生，促进学生的全面发展。十八届三中全会特别提出教育要综合改革，而"整体优化"也恰恰体现了综合改革的要求。

目前中小学课程改革涌现出许多成功案例，像清华附小"1+X"的改革、重庆谢家湾小学的课程改革、清华大学附中的综合改革等等。这些课程改革实际上就是课程的整合，将十几门课程整合为几类课程，不是针对一名学生而是针对所有学生的课程改革。这些课程改革得到如此多的关注和认可，正是体现出基础教育改革的趋势、走向和未来。

在"示范引领"模式的趋导下，引进特级教师、骨干教师势必成为时尚，这样的趋导对于整个国家的教育均衡发展是不利的。如何在中学阶段解决认知发展和自我认同协调发展的问题，恰恰就是今天立德树人要解决的重大问题。一所学校课程的整体性优化着力点要打破那些已经僵化的不同学科之间界线分明的边界，使得教师在讲课的过程中能够将不同学科、书本的经验和社会的经验很好地贯通起来，而不是像过去那样，不是一个学科的课程，我们就风马牛不相及，老死不相往来，而应你中有我，我中有你。

整体优化的路径包括两个方面：第一个方面是不同学科、不同课程之间的衔接与整合，以及不同年级之间学科课程和教学之间的联系，这是这种路径选择的内容。第二个方面，这种整体优化路径注重德育和智育之间的相互联系和衔接，真正体现立德树人的目标。立德树人不是空话，需要有一个路径来实现。那么，这两种改革思路和路径选择，哪一种是学校内部应该侧重的？我认为这一问题值得校长、老师们深入思考。

我的观点是，既然中国教育已进入深化改革的深水区，那么我们应该从过去的示范引领阶段推进到整体优化阶段。为什么这样说？通过两种路径或者两种模式的比较，我发现示范引领的路径和模式有以下几个特点：首先，这种模式和路径是优秀教师的示范，在很多学校类似的试点项目上，大多数是通过学校的特级教师、优秀教师和骨干教师，甚至是校长亲自领衔进行的。这样的先决条件带来了两个问题：第一，这样探索的复制性不强，因为这样的探索必然要靠优秀老师的个人魅力和品质；第二，在这种试点模式的趋导下，势必让引进特级教师、骨干教师成为时尚，我认为这样的趋导对整个国家的教育均衡发展是不利的。

这样的示范引领，让采取这种路径的一些学校中的一些班级、一些参与试点的孩子受益，也给学校内的其他班级和学科带来了很好的经验，但是我发现，在很多学校类似的项目和试点中，常常是把学校中的好学生投入试点或实验中，曾有老师和校长告诉我，一些学校为此还分成了各种不同的班级。面对这样的试点，我想问的是，这样的做法是必要的吗？是不是会随之带来教育不公平的问题，教育资源不均衡的问题？从这一点理由上说，我认为整体优化的路径模式具有更多的优点。而从教育发展的阶段来看，从上个世纪末到今天进行的课程改革，也应从个别试点、个别计划推广到整个学校，素质教育的要求是要面向全体学生，促进全体学生的全面发展，而不能只是针对个别、部分学生。

既然说整体优化模式更具科学性，我想校长们可能会提出接下来这个问题：怎么来实现整体优化？路径有哪些？

首先要有顶层设计，要有制度安排，要有规范，甚至要有压力。在学校内部，不同教师之间的相互协调和共同发展，要以整体评价代替个别评价，在我们的中小学内部，集体备课、相互听课和分享教案，现在在中小学里面实现了吗？德育和智育的老师能不能相互一起备课？我们推门进去听课，他们会不会感到不自然？大家是不是形成了一种和谐的氛围？这些都要形成制度安排，而不仅仅是一种要求、一种呼吁、一种倡导。再者，我们的学校是否用立德树人来统领学校教育教学的整合和结构的优化？

我认为目前在教育教学的实践中，如何把智育和德育结合起来，在理论上并没有真正解决好，这不怪实践，智育和德育的教学目标有时候并不是那么统一。可是，如果我们不能解决这一问题，又从何谈立德树人呢？

叶圣陶先生曾言："如果我当中学教师绝不将我的行业叫作'教书'，教师和从前的书房老先生是大有分别的，书房先生只需教学生把书读通，在应考中取得好成绩，而我要的是教会学生能做人、能做事。思想就是不出声的语言，所以语言的好习惯就是思想的好习惯，教语文的人要教学生一个词，不但要教会他怎么念、怎么写，更要让他知道这个词的含义，并且知道该怎么使用才得当。"

叶先生在95年前曾说，教书的关键是培养人，离开了"人"这样一个大前提，教书还有什么意义呢？俨然成了贩卖知识这一商品。很多的教育调查也可以佐证这一观点，中学生在成长过程中对他内心来说，真正关心和想要解决的问题是：我是谁？或者用一个学术语言来说，他们要解决自我认同的问题。而且这样一种"我是谁"的焦虑会一直贯穿到一个孩子的高中时期。我想问的是，现在有没有人关注到孩子们在高中阶段所存有的这种焦虑以及由这种焦虑所引发的德育和智育之间的矛盾？如何在中学阶段解决认知发展和自我认同协调发展的问题，恰恰就是今天立德树人要解决的重大问题。

真正能够成功的学生，是那些知识结构、能力素质组合得比较好的学生，而那些在某一个领域很强的学生，未来成为人才的概率却相对较低。将这样的结论放在评判一所学校的角度，一所真正好的学校，不是单单有几门特色课程，而是具有整体的结构优势，就像说一名演员漂亮，并不是说她眼睛好看，鼻子好看，而是她面部的整体结构组合得比较好。

说来说去，我们形成的共识、制度建设、结构优化、边界穿越等等，最终还都要回到中小学课程建设的整体意义在哪儿这一教育的本源问题上。叶圣陶先生说，为了教授的便利，我们把种种事物分开来，便有了关于身体、关于修养、关于知识的种种科目，为了教授的便利，我们分开是有合理性的，也是必要的，但是统管各科目要有一条线索，这条线索就是要帮助学生确立有益其一生的人生观，即立德树人。

一、小学教学改革的主要方向

近十年来，科学技术变革的新成果不断冲击和渗透到教学领域。就如何加速人才培养问题，进行了一系列的小学教学实验和改革，主要表现在以下几个方向。

1. 更加全面理解教学任务和教学目标

传统教学一贯重视知识的传授，对如何通过教学发展学生的能力则有所忽略。科学技术的迅速发展和社会生活的剧烈变化，向学校教育提出了新的要求，这就是要求学校在向学生传授知识的同时，重视发展学生的智力。面对这一新的要求，我们广大的教育工作者应把注意力集中在如何通过教学，发展学生的能力、提高学生的智力上。这意味着，小学教学的任务不只是向学生传授科学知识和训练他们的智力，小学教学的任务还包括使学生"人化"，即对学生进行如何做"人"的教育，帮助学生形成良好的个性并成为社会的合格公民。

2. 教学认知活动中不断增加科学认知活动

如果说古代的教学更多的是以"人文理解"为主的话，那么从近代开始，科学认知活动的方法就越来越成为教学认知的主要方法，观察，实验，对知识的整体性把握、不断探索和批判的态度，以及经验的共享、交流和合作等，正在越来越多地渗透进教学活动中去，从而形成了当代学生在教师指导下主动探索和发现知识的教学认知过程。

著名的教育学家杜威最早把科学认知的假设方法引进教学。杜威认为教学应该：（1）从面临的疑难问题出发；（2）找出问题的症结所在；（3）然后提出解决疑难的假设；（4）把假设的结果一一推想出来，看哪种假设能解决问题；（5）证实该假设的真否。杜威把经验的方法与理论方法相结合，提出了主动探索的教学认知过程，同时开创了"问题解决法"这一现代教学方法，使教学方法成为促进"经验的改组和改造"的工具。后来的布鲁纳和达维多夫等人把杜威的主动探索活动扩大到观念知识领域，把教学认知看作学生对知识客体不断主动变革的过程，从而使"问题教学法"成为促进完整的科学认知活动的实现、提高教学认识水平的最佳途径，使教学成为不仅是掌握人类已有知识，而且是发展个体自身和人类社会知识体系的有效手段。

3. 在小学教学活动中重视师生协同作用和学生的主体作用

很长时间以来，人们把学生看作"被教育"的对象，是知识或思想的接受者，处于被动的地位，而近现代的教学论则越来越注重对学生主体作用的发挥，从尊重儿童天性、注意小学生兴趣到让学生自己去观察、体验事物，通过个体的体验和实验活动得出结论，一直到独立、主动地探索发现，无一不与近现代重视人的主体作用的社会思想相适应。当代教学论把小学生看作如同科学家那样的主动探索者，要求他们在发现问题、解决问题的过程中不断地修正和深入对事物的认识，从而使个体能力和素质得到不断提高。

传统的教学活动重点在教师的教，从教出发，为教服务，学法简单地从属于教法。因此，一般人印象中的教学方法就是"教法"。也就是说，教学方法是为了便利教师的教而设计的。学生的学法必须适应教师的教法，如果学生学习的积极性不高，或学习效果不明显，教师就可以采用分数、升留级等手段来监督、威逼学生学习。这样，学生的学习情绪往往低落，处于被动配合的地位。

现代教学方法正好相反，是以学生学法为基础设计教学方法，把教师的教法看作促进学生主动、能动地认识活动的手段，处于辅助地位。现代教学在很大程度上是以学生的学法为中心的教育，发现法、问题教学法等就是在重视学生主体作用基础上发展起来的教学方法，也是教学重点由教师转向学生的基本教学方法。

二、进行教学改革应从以下几个方面入手

1. 学校管理方面

首先，狠抓常规，建章立制。规范备课、上课（提问、板书）、作业、质量监控等教学管理流程，制定各个教学基本环节的相应质量要求，明确相应的定量定性指标。

制定一堂好课的标准，指导课堂教学。充分地认识一堂好课的五方面标准：教学目标的充分性，教学内容的适切性，教学过程的协调性，师生关系的和谐性，教学结果的有效性。

其次，积极发挥作业在培养学生思维能力和动手操作能力上的重要作用。设计丰富的作业形式，积极发挥并拓展作业对学生思维能力和动手操作能力的促进作用。从作业内容上看，可以考虑书面作业和口头作业相结合；从作业发生场所分析，可以考虑课外作业、课堂作业和家庭作业相结合；从作业时间方面分析，可以考虑短期作业和长期性专题作业相结合；从作业兴趣角度分析，可以考虑把传统的单一记忆性作业和多样化、趣味化作业结合在一起，采取既重视记忆又重视兴趣启发的作业形式。

最后，强化质量分析在常规管理中的作用。对全校教师的教学质量进行分层的质量分析，一旦发现教学质量问题就与任课教师共同分析原因，有针对性地进行跟踪听课，并采取进一步措施，要求在教研活动中加强对这些教师的课例分析，寻找对策，并进行后续的质量监控。

2. 师资队伍建设方面

（1）队伍建设思路

根据"以师德教育为基础、以学历培训为先导、以综合素养提高为目标、以业务能力培养为核心"的教师队伍建设思路，培养自我更新型的教师，以促进学校的改革与发展。

（2）建设目标

以往的教学行为是以传授为主、问答为辅为主要形式的，学生比较注重接受学习、死记硬背、机械练习。《基础教育课程改革纲要》提出要"倡导学生主动参与、乐于探究、勤于动手，培养学生搜集和处理信息的能力，获取新知识的能力，分析和解决问题的能力以及交流与合作的能力"，就是要通过改变教师的教学行为而改变学生的学习方式，培养学生的实践能力和创新精神。因此，转变陈旧的教学方式，尝试与研究新的教学模式便成为我们实施课改的

最主要的内容。

（3）教师角色行为的变化

教师将不再只是课本知识的传授者和管理者，而是学生发展的促进者、引导者、支持者。教师由教学中的主角逐步转向"平等中的首席"。"教师在学生的学习经验中渐渐失去了第一主角的地位"。"教学不只是忠实地实施课程计划，更是课程的创生与开发"。

（4）教师教学方式的变化

教师应把教学过程看作师生交往、积极互动、共同发展的过程。把教学本质定位为交往，教师应在教学过程中学会"给一个空间，让学生学会发展；给一个权利，让学生学会选择；给一个机会，让学生学会抓住；给一个问题，让学生学会思考；给一个条件，让学生学会学习"。

（5）教师教学手段的变化

广大教师在教学中不再单一用粉笔、黑板的手段来进行，而是采用多媒体、实物投影、音像资料等手段，使教学过程变不可视为可视，变静态为动态。

三、学生能动性的发挥

新一轮课程改革的突破口是转变学生的学习方式，教学应该更多地让学生主动探究和发现，让学习充满探究的快乐；教学要适应学生学习方式的多样性、差异性和选择性，允许选择适合自己的方式学习；教学要适应不同智能类型的学生，愉悦学生身心，激发学习兴趣，发展个性特长。走进课堂，要鼓励学生积极参与教学过程，踊跃发言，敢于提出与众不同的问题和看法。这一转变要求我们的教师在教学中注意创设一些有利于学生自主探索、实践体验、操作领悟、合作交流的机会和条件，使学生不再用单一接受的方式来学习，开始关注学生体验式学习和研究性学习，调动学生学习的积极性，使学生能独立地开展各种活动，在活动中学习，在探索学习中发展个性，发挥创造才能。

四、多元评价，体验成功

探索多元评价方式，设计有助于对学生做全面有效的评价的方式，并通过实施过程来进一步拓展评价的内容和完善评价的指标体系。

1.在评价的内容上，改单一评价为综合评价，即对学生的德、智、体、美、劳等方面进行综合评价，突出评价学生的行为习惯，心理素质，学力发展水平，创造美、获取信息、整合新知识的能力。

2. 在评价方法上，采用学生自评、同学互评、家长和老师评价相结合的方式，发挥各方面的评价作用。

3. 在评价标准上，灵活地使用百分制和等级制，既关注学生的知识掌握水平，又关注学生的能力形成。

总之，小学教学改革任务重大，需要全体教育工作者在工作中不断地总结经验，不断地努力、探究、学习，共同来完成这一伟大的使命。

第二节　课程设置的完善与创新

20 世纪后半期至今，课程改革已成为世界教育改革的核心，课程的多样化又成为课程改革的大趋势。《基础教育课程改革纲要》提出：实行国家、地方、学校三级课程管理。这就意味着作为学校，不仅承担执行国家课程和地方课程的任务，也挑起了开发或选用适合本校的课程的责任。

课程的开发，就是把教育方针的落实当作学校一切工作的基点，就是把不断推进教育教学改革当作办学的动力。开发校本课程有利于拓展学生自由选择的空间，增强教学的适应性和针对性，提高学习的情境化和体验性。开发校本课程，有利于学校办出特色，有助于教师专业水平的提升。

课程的开发，应坚持以人为本，在发展学生个性中，实现因材施教和兴趣选学，课程设置也可以形成适应不同需求的形式结构，单科课程与综合课程相结合，系统课程与专题课程相结合，有形课程与无形课程相结合，规定课程与校本课程相结合，努力做到"科学性与人文性，过程性与科学性，地方性与全球性，预成性与生成性，逻辑性与动态性"的融合与平衡。从而实现教育观念、师生角色、教学模式和学习方式的全面变革。

校本课程的开发，需要我们小学的老师自主编写供学生学习的文本。自主设计编写，不仅仅追求文本预设的结果，更重要的是学习它的过程。在设计编写中，让学生亲近现在、融入生活。

一、文本的确立

1. 文本的范围

（1）走向特色——凸现学校特色教育。学校的特色教育要具有鲜明的校本特征。学校特色多多少少是由校本课程来实现的，也就是说校本课程是学校形成特色的一种具体保障。

（2）崇尚科学——培养科技创新意识。学校教育必须重视学生科学素养的培养。人文是科学之本，人文与科技相融，有利于形成正确的价值观、人生观，有利于扎实知识基础，培养科技创新能力。

（3）了解社会——融入社会生活。学校教育要促进学生个性的全面发展，离不开社会这个大环境。只有时刻关心社会，了解社会，注意社会的发展变化，才能适应社会，自主开发校本课程，要用好当地课程资源。

（4）体验情感——促进个性健康发展。教育的真谛就是发展人的个性，有生命力的教育是个性化的教育。张扬个性的教育最具活力，自主设计编写文本，要让学生找到"表现自我"的领域，获得体验成功的机会，显示"自我"的存在，促进每名学生的体能、智能、活动能力、道德品质、情感意志等素质自主、和谐、能动地发展。

2. 文本的来源

（1）来源于学生。学生是活动的主体。让学生自主设计校本课程有利于充分发掘学生的个性潜能优势，促进学生个性全面和谐地发展。亲近生活的调查纪实、陶冶品性的兴趣活动方案、走进社会的探究性学习的设计等，都可以编入校本课程的学习文本。

（2）来源于书刊。优秀的文学作品能熏陶一代人的良好品性。精彩的时政文章和感人的新闻报道能启迪人的智慧，提高人的道德修养。选择一些好文本，经过加工，为我所用，是对规定课程滞后性、有限性的极好补充。

（3）来源于网络。学校在探索现代信息技术与课程整合的现代教育体系中，应基于网络教学的课程开发。网络上的材料实效快，处理灵活，是选择学习文本的好途径，甚至可以直接作为教学的网络教材。

二、文本的编排

1. 校本课程插入每单元的教学安排。所占课时比例不大，对学生其他方面的学习也影响不大，能够使学生在频繁的学习中获得别样的享受和收获。教师负担也不重，既能保证原有教材的教学质量，又能落实好校本课程。

2. 适当安排顺序，最好与规定课程的教材配合，从而起到画龙点睛的作用。可以与规定课程的教材的进度结合，与节假日宣传教育相结合，与时政相结合。

三、评价机制

以监测教师教学常规的手段来评价校本课程，是基本的策略。以"尊重、赞赏、等待、帮助"等先进的教学行为来规范落实教师校本课程的执行意识；以检查学生的作业常规进行学习成果的展示，来调动学生学习校本课程的热情。让学生有一个经历的过程、参与的过程，在经历与参与中体验学习的愉快，感受成功的幸福。

第三节　教学课程注重实践

教育部颁布的《基础教育课程改革纲要（试行）》明确指出："从小学至高中设置综合实践活动并作为必修课，其内容包括信息技术、研究性学习、社区服务与社会实践以及劳动与技术教育。"大新小学重视打造办学特色，培育学校品牌，学校抓住南山区作为国家课程改革实验区的契机，以综合实践活动课的开发与实施为切入点，努力形成自身特色。在2003年，学校便以课题"移民城市背景下小学综合实践课程资源的有效开发和充分利用"的申报和研究为依托，着手综合实践活动课程的探索。学校开发综合实践活动课程的目的在于：以学生为主体，充分利用学校和社区教育资源，引导学生在亲身体验生活及解决各类问题的过程中获得制作、探究、合作等多种学习经历，养成对待人生、社会与自然的感悟力、理解力和欣赏力；整合学校、社区、家庭教育力量，以抵制社区里的负面影响，引导学生在参与社区建设、社区改造的创造性活动中，养成服务社群、勇于承担、善于协作、勤于思考等好品质；打通小学各学科知识之间的壁垒，积极开展拓展性学习、综合性学习，让学生在有创意的学习生活中发展心智。在总体上，大新小学的综合实践活动课程具有以下主要特征。

一、多样性的课程开发模式

综合实践活动课程是在新课程改革后增加的一门新的学习课程，国家只负责制定《综合实践活动实施指引》，提出具体的课程目标、学习领域和评价建议，除此之外的一切皆有赖于学校根据自身实际加以开发并组织实施。教学课程要注重实践，具体可以通过以下几种方法实现。

1.学校致力于寻找一些实施过程比较完善、课程内涵比较丰富的活动，进一步将其总结为综合实践活动课程"固定领域"，并逐渐使其制度化，纳入较稳固的课程体系之中。在学校分年级制定的各具特色的综合实践活动课程中，主要有三年级的养蚕活动；四年级的种植凤仙花活动，废旧课本回收与利用调查研究活动；四、五年级的军训活动；六年级的辩论活动等特色课程，以及在各个年级都实施的读书考级活动、阳光体育活动等。

2.生成型的课程开发模式

学校在综合实践活动课程上还立足于行动研究，根据现实生活需要、本土文化习俗、地理环境、课程资源等因地制宜设计综合实践活动课程的主题，经由师生对生活的敏感把握和深刻理解来获得启发，获得主题线索和开发思路。

二、观照生活的课程内容

综合实践活动是一门综合性很强的课程，在课程内容上需要整合多种学习资源。它强调超越教材、课堂和学校的局限，在活动时空上向自然环境、学生的生活领域和社会活动领域延伸，密切学生与自然、与社会、与生活的联系。

1.课程内容联系学科

在学习课本知识的同时，结合课本内容和学生实际，开展与教学内容的巩固拓展相关的学生感兴趣的课题研究，是学校对综合实践活动课程研究的一项重要内容。这种研究，对学生文化课的提高有非常大的帮助，具有很强的针对性和实效性。同时，综合实践活动的主题内容走进了学科，与学科教学内容紧密结合。学校可以在数学学习中开展"数学与我们的生活"研究，根据学生年龄和知识特点，进行小课题研究，组织学生撰写数学日记。语文教学中开展"小学阶段历史题材的整合"研究、环保研究、英雄模范人物研究、古典名著研究，编演课本剧，等等。英语教学中开展"小学生英语学习的调查"研究、情境英语研究等。科学教学中开展养殖研究，发明与创造研究，如养蚕、种植凤仙花等。

2.课程内容贴近社会

在综合实践活动课程实施过程中，引导学生走进社会，开展调查研究活动，结合学校和教师、学生自身实际，从学生的兴趣、爱好和需求出发获得课程资源，通过参观、访问、问卷调查等探究形式，帮助学生了解家庭、社会情况，培养学生了解社会、关注社会、服务社会的意识。

在综合实践活动课程内容选择上，主要涉及国际理解、健康安全、环境保护、社区参与、生活经营、资讯科技六大板块。在国际理解方面，主要研究外国人在中国、深港文化比较等；在健康安全方面，主要从远离毒品，吸烟有害健康，赌博的危害，我们来做小交警，深圳的交通工具，肥胖与健康，视力杀手，假冒伪劣品的危害，深圳饮食文化特色，常见病预防，我的身体等方面开展研究；在资讯科技方面，主要涉及我和电脑交朋友，走进互联网，家电与我们的生活，我们身边的标志，等等。

3. 课程内容回归自然

大自然是孩子们的最爱，花、鸟、虫、草给他们带来了无穷的乐趣。大自然也是孩子们学习的大课堂，大自然中万物生长的奥秘，与小动物交朋友等，都能丰富孩子们的见识。大自然还是美的源泉，太阳、云彩、山川、河流给孩子们展现了一幅幅美丽的图画。走进自然，可以让孩子们在与自然的对话中萌发热爱之情，在与自然的零距离接触中得到美的熏陶，提高美的感受力，还可以激发学生尊重万物生命、热爱自然的感情。

三、凸显差异的课程实施

学校综合实践活动课程在课程实施上考虑到年级的差异，每个年级都会设定不同的目标，操作实施层面也有不同侧重，使课程形态在各年级之间各有差异，特色鲜明。

由于小学有六个年级，学生的年龄差异跨度大，学生的身体、智力和各项技能的发展很不一致，在进行综合实践活动的具体操作实施时，形成了丰富多样的形态。总的来说，低年级的活动在老师的指导下进行，注重语言表达和参与式的活动体验；中年级则在老师的指导下尝试做书面性的主题活动；高年级是老师放权，给予学生充分选择和设计活动的权利，注重理性思考、形成书面性结果的主题活动。

综合实践活动具有极强的实践活动性。它主张以学生的现实生活和社会实践为基础开发与利用课程资源，强调学生的亲身经历，要求学生积极参与到各项活动中去，在"做""考察""实验""探究"等一系列的活动中，发现和解决问题，体验和感受生活，发展实践能力和创新能力。学生在综合实践活动中充分发挥自主性去实验、探究、考察、调查、访谈、观察等，活动方式丰富多样。

第五章
小学创新教育中校长定位分析

第一节　新时期校长角色转变

校长作为一个教育行政部门领导下存在的个体，必须要认真贯彻执行党和国家的教育方针，要完成上级部门下达的各种任务，要完成好各种行政指令等，从这个角度来说，校长是一级的行政领导。但校长又是一个特殊的行政领导，他必须具有高度的专业思想，具有高度的专业知识，具有高超的专业技能，他必须在治校管理的过程中承担多重角色。

在传统观念中，校长每天都忙于事务性的琐碎工作，有大大小小的事情要处理，要接待家长，有很多事情要拍板，还要参加各种会议，这其中的倾力付出和酸甜苦辣只有做过校长才能有切身的感受和体会。特别是在社会转型期，很多校长既要解决老问题，又要面对新问题。可是，校长们是否思考过这样一个问题：如果长期被这些事务性工作困扰，你的校长之路将如何走？

作为一个新时期的现代校长应该会"变"。变什么？状态、观念、思维、方法、角色等，因为心态决定状态，心胸决定天空，眼界决定视野，角色决定作为。

无论多忙，校长都要抓住学校教育和管理的重点，准确把握时代脉搏，明确教育改革的发展方向，认真思考和精心谋划学校的未来发展，重新审视自己的角色定位，以积极的、建设性的心态去迎接挑战，引领学校向更深的层次发展，同时实现自身的专业发展。

第一，校长应"跳出来"——做教育思想的领导者。苏霍姆林斯基曾说："校长首先应是思想上的领导，其次才是行政上的领导。"校长必须对学校进行管理，但要摒弃传统管理者的角色，应积极地以领导者的姿态对学校的发展进行战略性的思考和反思实践，进而促进学校整体效能的持续提升。正确的思想认识能力是校长管理学校的核心内涵。作为一所学校的带头人，必须在思想上引领教师向健康的方向发展。校长要站在时代的高度进行高位思考，进行战略思考与规划，进而全面分析学校现状，客观公正地分析学校发展的优势、劣势、机遇和挑战，为学校准确定位，寻找学校实现持续发展的突破口和新拐点，从而制定科学的发展规划，设计发展愿景。校长心中应该有一个目标，对于学校发展到什么程度，必须要做到"心中有纲"和"心中有标"，最少应制定学校三年或五年的发展规划。这样才不会"推着干"，不会使学校陷入"走一步看一步"的境地。校长应从繁忙的事务性工作中解脱出来，既要从宏观上做出前瞻性决策，又要从微观上做出科学安排。

第二，校长应"走在前"——做学校发展的引领者。校长的管理目标不是将教师管制到什么程度，而应全面引领教师。要相信每个人都是有能力的，为每位教师搭台铺路，创造展示自我的机会。校长要有良好的心态，有正气，有耐心，有爱心，有外在与内在的权威，有日积月累、勤奋学习的好习惯，有亲和力，有包容之心。同时校长必须是个大气的人，正如北京实验二小校长李烈所说："让自己的天空常蓝，让别人内心温暖！"用自己的思想与行动证明管理的过程就是一个做人的过程，是一个自我修炼的过程。

是理念的引领。办学理念是学校发展的灵魂，教育理念是教育者的灵魂。校长必须以正确的教育理念来引领教师，使他们在前行的道路上不会迷失方向，不会偏离教育发展的主轨道。是人格的引领。校长的人格魅力所形成的领导力是实现学校发展的重要因素。所谓领导魅力，是领导者在领导实践过程中通过个人的人格、情感、风度、能力等因素形成的对被领导者的吸引力和凝聚力。校长的魅力不在于他的权力与权威，而在于他的素质与内涵。他应该有良好的人格、丰富的知识、卓越的才能、机智的头脑、善辩的口才等。校长应成为管理中的智者，要有大智慧，有长远眼光和战略思维，要做大事和想大事。校长应成为生活中的仁者，要快乐，有爱心，以自己的人格和行动去感染教师。校长还应成为勇者，要有勇气，勇于创新，勇于否定自己，勇于承担社会责任，让教师在工作中体味乐趣和感受幸福。是精神的引领。校长要把教师从任务完成提升到境界追求的工作状态，从而激发整体团队意识，培养和谐向上的团队精神，从根本上提高学校的凝聚力、核心力和竞争力。所谓团队精神就是在共同目标的引领下，全体成员共同努力，长期坚持并形成的一种相对稳定的行为特征和体现出来的一种精神状态。充满团结、和谐、激情的教师团队就像一个热熔炉，每个人都是燃烧着的炭火，以灼热的状态发挥着自己的能量，我们在生活上要做到"温馨、和睦、充满友情"，在工作上要做到"合作、竞争、充满激情"。健康、奋进、阳光、和谐、向上的团队精神是学校持续发展的内在动力。

第三，校长应"扎下去"——做课堂教学的实践者。荷拉维尔指出："在主要行政领导的角色作用中，有许多方面是可以授权让他人去做的，但是'学术带头人'的关键方面是不能由别人代替的。如果校长不再从事教学工作，他就不能通过榜样的作用去进行领导。"在我国，由于实行新课程改革，校长成为学术和教学改革的带头人的要求会更加迫切。高素质的校长必须是教育教学的行家，要深刻领会新课程改革所倡导的教育理念，要把办学最根本的立脚点放在课堂教学中，每天都能深入课堂听课，开展切实有效的教学研究。魏书生在成为教育局长之后，还经常深入课堂听课，和一线的教师共同探讨课堂教学中出现的问题，研究解决的办法；北京实验二小的李烈校长不仅听课，还经常为教师上示范课。这样的校长才能成为教师教学研究的引路人和导师。校长只有通过课堂才能抓住学校教育最真实的东西，发现最本质的问题，并与教师共同研究和解决问题，有针对性地开展各种教研活动，并从中掌握教师的实际教学水平、思想动向和发展需求。校长要做到"进得去课堂，讲得出名堂，评得出水平"。其实，抓住了小小的课堂，也就抓住了学校发展的生命线。

第四，校长应"沉下来"——做专业发展的研究者。校长的专业发展，就是校长的内在专业结构不断更新、改进和丰富的过程。校长必须要"沉下心来"，静心思考和研究政策理论、管理理念、治校方略、执政能力、教学指导、课题研究等，要做到"沉下心来搞教育，静下心来搞研究，专下心来搞课堂"，全心投入课堂教学，并引领教师运用先进的理念和科学的方法来实施新课程改革。校长一定是精通教育教学的行家里手，自身不仅要能备课、上课、评课、搞课题研究，而且要经常带领教师进行教材分析、集体备课、教学研讨、教学观摩、课例反思、案例分析、问题诊断、教师论坛、教育沙龙等实践研究，由此促进自身和教师专业素养的提升，实现内涵发展和专业发展。

第五，校长应"走近你"——做教师心灵的守护者。马斯洛的人生需求理论认为，人有生理、安全、社交、尊重、自我实现五大需求，最高级的需求是尊重和自我实现。在学校管理中，首先要真正尊重教师的意愿，给予充分的理解与支持，这样才能保护教师的自信心，让教师感到自身的价值与作用，实现更高层次的心理需求。其次要营造温馨和谐的人文环境，只要校长真诚地坐下来，与教师真诚地沟通、交流，倾听他们的心声，走进他们的心灵，就能让他们有安全感和信任感。校长必须要做好人、能人，要有公信力、领导力和影响力。校长要以各种方式去激励教师，调动他们的工作积极性和主动性。一个真诚的微笑、一个信任的眼神、一句鼓励的话语都会让教师们感受到校长的心与他们的心是相连的、相通的，体会到真诚、真切和真实的情感。校长要做教师发展的设计师、导航师和心理师。

第六，校长应"静下来"做学习型组织的创建者。学习型组织理论的创建人彼得·圣吉曾建议将学校转型为学习型组织。第四届世界教育大会提出四项责任之一就是"终身学习并不断再培训自己"。校长要将学习型组织的创建作为办学的重中之重，引导教师将学习研究视为立德、立言、立行和立身之本，要建立各种激励和评价机制促进教师进行学习和教育教学研究。校长更要通过学习不断吸收现代的教育理论，构建符合现代教育思维、切合工作实践的思想基础和理论支撑，再内化形成自己的管理思想和管理艺术，同时在管理实践中学习新的教育理论，进而形成理论学习与管理实践的良性循环。

校长要通过与书籍对话、和名校交流、拜专家为师、以学者为友等途径来不断充实自己，要"每日三省吾身"，做到日日反思，时时反思，事事反思，并以反思来引发更深层次的思考。要通过学习和反思完成四项修炼：一是实现自我超越——要自我开展境界教育，要创造性地工作，要向极限挑战。二是改善心智模式——学会把镜子转向自己；学会有效地表达自己的想法；学会开放心灵，容纳别人的想法。三是重视团队学习——让"思想在人们之间自由流动"，在无拘无束的探索中自由交流心中的想法，在反思中相互支持与启发，从而达到超越个人认识的效果。四是强调系统思考——要动态地、本质地、整体地思考问题。

第七，校长应"看得远"，做学校增值的经营者。现在，社会已经处于市场经济时代，曾经高枕无忧的公办学校也面临着市场经济的考验，包括学校之间的竞争、生源的竞争、教师流动的竞争等，因此，作为校长要敢于接受市场经济的考验。校长必须要用企业家的眼光和头脑来经营学校，要最大限度地思考学校的发展定位，要像做广告策划一样去扩大学校的信誉度和影响力。因为我们的家长也会像选择商品一样去选择学校，这也就出现了"择校热"。对于"择校热"，我想，它就是市场经济条件下教育竞争的产物。有竞争就会有市场，有市场就会有经营，有经营才会有学校的增值和发展。因此，校长必须要树立经营意识、质量意识和服务意识，并在此基础上构建具有市场经营意识的学校管理体系。试想，如果我们能像商家一样精心打造自己的品牌，时时关注产品的质量和信誉，思考如何扩大产品的影响力，总是采取让消费者更满意的措施，那么，公办学校也会彻底改变现在这种高高在上和高枕无忧的现状，从而真的会静下心来思考：我们的学校如何发展？如何保证生源？如何为学生和家长提供优质的教育？如何真正做到以人为本……

校长要经营学校是为了使学校在复杂的时代背景和发展环境下追求持续发展。有了经营，学校才会有发展。校长是一个复杂角色的结合体，他可以是教育家，用毕生的信念来建构自己的管理思想；可以是战略家，用智慧的谋略来描绘学校的宏伟蓝图；可以是改革家，用敏锐的胆识来推进学校的课程改革；可以是艺术家，用真挚的情感来谱写师生的幸福乐章……

现代学校的改革与创新需要魅力型的校长。校长的魅力所形成的是领导语言与领导行为的有机结合，它正成为新时期学校校长所应具备的领导思想和领导艺术。

领导是影响他人的行为过程。在20世纪20年代，马克斯·韦伯在研究组织的领导类型时提出了"魅力影响力"的概念，他将魅力描述为："那些领导者展示了一项卓越的使命或行为过程，他们自身不能对潜在的追随者产生影响，但是正因为追随者具有特殊的天赋，所以该项使命或行为才能够得以进行。"在这里，魅力型领导体现的是一个过程，是校长体现管理思想和管理艺术的一种行为过程。

那么如何做一个有魅力的校长呢？一是要有能力。一方面要把学校工作任务出色地完成，另一方面要关注教职工的切身利益，两个方面合并为一个方向，既完成了工作，又关注了教师，这样才能有利于促进学校的发展。所以，在今后的工作中，校长们一方面要将学校的愿景设计好，同全体教师共同谋划学校的未来发展规划，切实抓好学校的教育教学工作，不断提升学校内涵；还要真切关怀每一位教师，并常与他们沟通、交流，倾听他们的心声，让他们感受到领导的心与他们的心是相连的、相通的，这样才会促进学校的良性健康发展。二是要有品格。做一个有魅力的校长，不在于他的权力与权威，而在于他的素质与内涵，在于他能否"服众"。很多时候，校长的品格体现在学校管理中的品行的引领。试想，如果仅仅以权压人，让教师惧怕你，远离你，那你的魅力又从哪来呢？所以，作为校长必须要有崇高的品格、健全的人格，有出色的工作能力、协调能力和沟通能力，因为校长是在做"人"的工作。教师是具有一定知识底蕴、有一定思想、有特殊劳动价值的群体，校长要带领这样一个特殊的知识群体，去实现共同的价值取向。如何唤起这个群体的工作热情与工作激情，如何让他们去执行学校的办学理念，体现校长的治校方针，实在不是一件容易的事情。校长必须要走进教师的内心，站在教师的角度去思考问题，真正为他们着想，才能真正成为教师的领导。从这个角色来看，校长应是教师情感的共鸣者。校长还要面对可爱的孩子们，因此要让我们的办学理念不仅仅是喊出的响亮的口号，更要让孩子们从中受益，从而健康快乐地成长。三是要有知识。在教师这个知识群体中，校长的知识底蕴非常重要。校长必须要有丰富的学识和丰厚的底蕴，内在的知识结构也应该更全面，要有理论知识、专业知识、心理知识、法律知识等。校长要掌握一定的教育政策和法律法规，除拥有本专业的知识技能，还要掌握一定的心理学，及时了解教师和学生的心理状况等。校长应该是一个"杂家"，广泛涉猎多个领域的知识，尽可能多地进行知识储备，这样才能在管理实践中游刃有余，这种内在的魅力才能被教师信服。四是要有魄力。在教育改革的大潮中，随时都会有暗礁险滩，如果不能把握正确方向，可能会被浪潮吞没。校长要及时了解国家关于课程改革发展的政策和导向，把握《教育改革发展规划纲要》所指引的教育方向，并富有改革创新、勇往直前的精神，这样才能适应教育改革发展的步伐。五是要有情感。对待教师要有真诚、真切、真实的情感。试想，如果校长以诚相待，教师还会拒绝你的一腔热血吗？只要具有这些，那么你的魅力挡也挡不住，让每位教师从内心深深敬佩。这样的工作环境多么令人向往，他们会为校长做任何事情，因为校长是有魅力的，更因为我们的教师是可爱的。

第二节　校长领导力描述

一、高尚的人格魅力

校长的魅力是磁石，能把学校全体教职员工吸引过来，凝聚在一起，围绕着一个共同目标团结奋斗。凝聚人心主要靠什么呢？我认为，就是靠校长磁石般的魅力。

要率先遵守学校的各项规章制度，时时事事处处严格要求自己，发挥模范带头作用，以自己的实际行动，感染带动全体教师。我一直认为，任何一个人，要想让你的朋友、下属信任你，主要有两点：一是渊博的学识，二是高尚的人格。学识和人格可以带动很多人。

尽力维护校园这座殿堂的圣洁，自觉抵制社会不良风气的侵蚀，做到克己奉公。要公平对待每一位教师，公正评价教师的工作，按照上级要求全力做好校务公开。学校的员工福利全面而且公平，从校长到校园保洁人员，都享受同样的福利待遇，从来没有任何特殊化。教师出去学习进修力求均衡，让每个人都有机会，不分业务好坏，不论主科副科，不顾正调临聘。仅有的差别在于：参加高级论坛等对学术水平要求较高的机会，一般要留给专业优秀的老师；属于观摩学习的机会则留给业务一般的教师。

要团结全体教职工，善于倾听各方面的意见，充分发挥团队的作用；要善于营造一种人人参与管理的民主氛围，充分调动教职工参与学校管理的积极性；出台任何一项决策，都要征求全体教职工的意见，都要体现集体的智慧。制定学校教代会制度和学校议事规则，涉及学校教职工根本利益的大事，我们都要通过教代会讨论，每一项决策都要经过班子议事会议决定，自己从来不搞一言堂。

要强化领导就是服务的意识，积极、主动地为师生员工服务，尽力为他们排忧解难；要时时处处尊重教职员工，重视他们的呼声和要求，要推心置腹，以诚相待。很多人从孩提时代起就习惯带着光环看待领导，媒体也总是把领导者描绘成强硬、神秘、孤傲、睿智和大权独揽的形象。

校长应不怕吃苦，乐于奉献，勇于为下属和教师承担责任，切忌推过揽功、文过饰非。有高度的责任意识，勇于承担责任，是作为校长最基本的人格。在一所学校中，在师生团队中，校长应该去承担责任、分担责任。比如，学校某个方面的教学成绩不理想，这个责任本来应由主管领导来承担，但是作为校长，应当率先承担起这个责任，因为成绩不好，是校长没有领导好。同时，当校长自觉地担起这个责任后，主管领导也会更有压力，认识到自身责任的重大，他们就会更加努力地去改进工作，提高成绩。

要有"海纳百川"的胸怀，宽容下属，理解、体谅每一位教师。校长在遇到困难和问题时不能打棍子、抓辫子、戴帽子，不能激化矛盾，相反要化解矛盾。

二、卓越的学术水平

苏联著名教育家苏霍姆林斯基说："领导学校，首先是教育思想上的领导。"

没有一定的学术水平，何谈教育思想？更何谈教育思想的领导？因此，提高校长领导力，提高对学校教育思想的领导，必须不断提高自己的学术水平。

不但要认真学习教育教学理论，而且要学习边缘学科理论，尤其是现代管理理论；不但要积极向专家、同行学习，而且要向下级和教师学习，从全体教职工身上汲取营养和智慧。

学校是一个学习的地方，校长是组织、指挥学习的人，自身的学习问题显得尤为突出。一个好学的人不一定能当校长，但校长必须是一个好学的人。一位好校长，要学习、学习、再学习，活到老、学到老。当校长的过程，就是不断学习知识和更新知识的过程，就是不断将所学到的知识运用于实践的过程。

将每一项工作视为一个学习的机会，从工作中学习新技能、新方法并促进专业知识的成长。

要积极思考学校面临的现状，思考工作中存在的问题。不但要自己独立思考，而且要引导班子和教职员工一起思考，在思维的碰撞中，提高自己对教育问题的认识水平、解决学校面临问题的能力。

学术水平的提高不仅仅是继承，更重要的是在继承基础上的创新。唯有学术创新，才能使自己的学术思维始终处于激发状态，才能激活提高学术水平的欲望，才能保持旺盛的学术生命力，学术水平也才能得到不断提高。

语言文字是思维的结晶，学术水平往往与自己的论文、专著呈正相关。因此，提高学术水平就必须适时把自己思考的精华转化为文字，写成论文或专著。

三、高超的教学艺术

教学是教育的主渠道，其地位不言而喻。校长要实现对学校的有效领导，必须是教学的行家里手，必须有高超的教学艺术，必须能够指导教师的教育教学业务。作为校长，如果在业务上没有超出一般教师的水平，不仅没有发言权，而且必然丧失指挥权。

学校工作千头万绪，涉及贯彻执行教育方针政策，协调好与其他相关部门的关系，整合好社会、家庭和其他社会团体对教育的理解、配合与支持，校长又扮演了协调员的角色。为了促进学校长足发展，校长需要为学校发展创设良好的外围环境，给学校留足发展空间，要抢抓机遇，迎难而上，校长又具有了创业者的角色。校长要处理的关系复杂，要想在工作中从容自如，沉着应对，取得佳绩，就必须掌握好"距离"艺术。确立校长威信。一位好的校长必须具备四大素养：有先进的教育思想，有崇高的道德品质，有卓越的管理才能，有高超的教学水平。一位好校长在能力与素养上与一般教师相比都需要高出一截，与其他部门工作人员相比需要体现出较高的教育管理的专业性，否则是不能胜任的。因此，校长需要在工作中发挥距离优势，以确立自己的威信，并有效调节各种关系，增强执行力。

我认为，要想让教师从内心敬佩自己，校长在做好校长之前，必须是位优秀教师，上好每节课，研究好每个课题，让教师感觉在自己麾下工作能有所收获，想要教师做好，自己首先要做好。

四、独特的领导风格

领导风格一般指习惯化的领导方式所表现出的特征。不同的校长因为个性、学识、阅历等的不同，而具有不同的领导风格。不同的领导风格，导致校长领导力的差异。一般来说，领导风格可以分为专制型、权威型、亲和型、民主型、领跑型和教练型等不同类型。基于我个人的生活经验、学习经历，以及对教育的理解，一般校长努力追求的是亲和型与领跑型，辅之以民主型与教练型，很少运用专制和权威来管理学校。

教师的发展状态，就是教师的工作状态和生活状态的体现。他们的"状态"写在脸上，表现在行动中。作为校长，对教师"状态"的洞察力是检验其管理成果的重要指标。对于教师的表现，诸如兴奋、沉默、尽责、痛楚、无奈，甚至愤怒等，都要有所觉察，并取得沟通，我把这叫作"心灵预约"。

我认为提高管理艺术的关键是处理好理性与现实、传统与现代、原则与细则、高明与精明四对关系。首先，要处理好理性与现实的关系。目标和要求过高，达不到不但会挫伤教师的积极性，也会使校长的自信心下降甚至消失。觉得学校基础太差，而不去理性思考未来的发展策略，只会使学校停滞不前。其次，要处理好传统与现代的关系。既要发扬传统管理方法的优势，又要学习和运用现代管理方法，两者不可偏废。一方面狠抓常规管理不动摇，把其作为管理的基本底线，以确保学校正常工作的运转；另一方面，积极推进现代学校制度建设，开展民主化管理实验，把其作为提高管理效率，营造和谐校园的手段。再次，要处理好原则与细则的关系。严格执行原则，是每一位管理者必须做到的，但原则管理并不排斥模糊处理，模糊处理表现管理者高超的艺术。原则要严格，执行可模糊。执行的模糊是为了使原则更有效地得到落实。因为这样做，一方面能使管理者发挥更大的能动性，挖掘管理的潜在活力；另一方面，可以避免把大家的注意力集中到"细则"上去，从而影响"原则"的落实。最后，要处理好高明与精明的关系。做一个高明的而不是"精明"的管理者，应该成为每一位校长的追求。高明的管理者不会苛求下级及教职员工言听计从、唯命是从，高明的管理者会用欣赏的眼光看待下级及教职员工，而不是抓住问题、不足不放，高明的管理者善于营造宽松的管理氛围，允许不同声音的存在。

记得在一本书上看到一个有关"猴子"的管理故事。所谓的"猴子"，是指下属在处理问题时所持有的态度。很多管理者往往会遇到这样的情况，每天走进办公室后，总有员工进来说："我昨天的工作遇到了一些问题，请问该怎么解决？"而你如果说："那我想想。"对不起，当你说出这句话的时候，这只"猴子"已经背在了你的身上！而且，很多管理者会发现，当你听完下属员工的汇报后这件事情并没有得到彻底解决，而你原本计划好今天要做的工作也因此被耽误了。这其中的关键就在于本来该由下属员工自行完成的工作，因其逃避责任的缘故，都交由上司处理。每个下属都有自己的"猴子"，如果都交由上司管理，结果是管理者都将"猴子"背在了自己的身上。

由此，我想到了学校管理。在学校里都设有一些副校长、主任等行政管理人员，他们都有各自分管的工作和工作职责。如果校长不能把他们放在各自的位置上，让他们各司其职、各负其责，很可能就会出现校长把下属的"猴子"都背在了自己身上的情况！这样的场面你也许不会陌生吧，校长正在办公，一位下属进来了，说："校长，现在有事，您看怎么办？"很多时候，校长会直接表态或说："我想想。"这种情况下，校长就把下属的"猴子"背在了自己的身上。如果每天都出现这样的情况，校长岂不是把所有的"猴子"都背在了身上！校长如果每件事情都亲力亲为，每件事情都要亲自拍板定夺，那么，这些副职岂不是无所事事？在学校管理中出现这样的问题也许是司空见惯的，但我想，这主要的问题应该在校长身上。

校长首先要敢于放权和授权，要让下属明确分管的工作是什么，职责是什么，遇到问题要想好解决的办法和方案，而不是只知道问"怎么办"的传话筒。对于下属校长要给予充分的信任和鼓励，要给他们一定的自主权，而不是事事必须请示汇报。一旦工作中出现了小小的偏差和失误，校长也要给予他们充分的鼓励，而不是过多的指责，要给他们以正确的指导。

校长还应实行工作责任制和责任追究制。与每一位行政管理领导都要协调好关系，可以说"谁的猴子谁背走"。这样，各层领导才能增强责任意识，能深入思考工作中出现的问题，及时想好应对措施，这也避免了校长被诸多事务缠身，整天要背着众多的"猴子"。否则，将大大影响学校的工作效率，影响校长更深入地思考学校深层次发展的问题，这在某种程度上会制约学校的内涵发展。

猴子管理法则的目的在于指导校长正确地用人和用权，指导各层领导正确地定位和做正确的事。校长要运筹帷幄，才能统领好全校教师及各层领导，保证学校运行畅通无阻。所以，校长不要把"猴子"背在自己身上！要做一个"潇洒"的校长！

五、终极的人生关怀

校长领导存在三种不同的境界，一是事务管理，二是制度管理，三是使命管理。学校管理不可能没有事务性内容，学校管理不可能不进行制度设计，但如果校长的领导仅仅局限于具体事务和各项制度之中，学校就不可能逾越已有的高峰，学校发展也难以踏上新的台阶。

美国德鲁克基金会主席弗朗西斯谚·赫塞尔本指出："一切工作都源于使命，并与使命密切相关。""使命之所以如此重要，是因为它表达了我们为什么做我们所从事的工作。"如果一个学校没有使命，那么它只能知道自己在"做什么""何时做"，而不知道"为什么做"，它将永远不能取得应有的绩效，也永远发挥不出组织的最大潜力。

在我的理解中，教育还是一项会呼吸的事业。因为教育是在雕刻生命，生命在教育中成长，教育在生命中润泽。世界上没有哪一种事业比教育更富生命力，因为我们是在呵护人生，健全人生，成全人生，发展人生。我们虽然活在当下，但我们的目光早已射向未来，我们肩负的是民族的希望、祖国的未来。同时，我们作为教育工作者，只有在教育这块土地上才能找到生命的内核、责任，找到生命的起点和终点，也只有在教育中，我们的生命才能找到土壤，保持完整和鲜活。

我觉得世界上没有任何东西比生命更宝贵，没有任何事情比学习更快乐。对于人生，我是存有敬畏和感激之情的。关注人生、尊重人生是教育的第一要义。教育是人生的教育，学校是生命的学校。只有知识传授的教育是残缺的，教育因人的存在而存在。经过教育过程人才能由一个自然人成长为一个社会人。

关怀学生的人生，既包括关怀学生的自然人生，还包括关怀学生的精神生命。随着社会的发展，各种安全问题浮出水面。《海南日报》曾报道说，据统计，因为安全措施不到位，车祸、拥挤造成的踩踏事故、学生斗殴等安全事故呈上升趋势，全国每天消失一个班。

安全是生命教育最基本的保障，如果连生命都没有了，那教育就无从谈起，更何谈生命？

孩子进入小学时是一个自然人，是自然成长的，有无限的发展空间。我们不知道他们将来能够成为什么样的人，他可能成为普通劳动者、科学家、领导者甚至犯罪分子，一切都是未知数，我们无法预测。从学校提出的"习惯良好、身体健康、基础扎实、人格健全，发展全面"的基本目标来讲，基础教育就是要给孩子做一个全面的铺垫。开齐、开足国家的课程，这是孩子最基本的需求。作为校长，作为教育者，我们不能违背教育规律、教育方针去办学。体育、思想品德、语文、数学等，这些都是最基本的知识结构。如果这些基础课缺失，孩子将来人格就不健全，知识就不全面，就不能有效地服务于社会。

第三节　教育家型校长

2003 年教师节，温家宝总理在人民大会堂接见教师代表时说："教育工作要坚持面向现代化，面向世界，面向未来。要办一流的学校，就要有一流的教师队伍，有一批出色的教育家。"温总理的讲话深切指出了当今教育的发展宗旨和前进方向，那么，作为校长应如何深入思考温总理的讲话精神，如何从更高层次为自己设定目标呢？我想，成为教育家，是新时代赋予校长的神圣使命和价值追求。

对教育家的理解，每个人会不尽相同，可谓仁者见仁，智者见智。可能有人会认为教育家高不可攀，成为教育家更是遥不可及的事情。其实，教育家就在我们的身边，魏书生、李希贵、刘彭芝、李烈等一些令人敬佩的教育家就实实在在地生活在我们的教育中。每一位教育家的成长都不是偶然的，都来自于丰富的教育教学实践，来自于普通的一线教师，他们能够坚守对教育的无比热爱，对教育实践坚持执着探索和深入反思。他们用鲜活的教育思想、完整的教育体系、丰富的教育实践让我们深切感受到教育家的魅力与风采，感动于他们对教育的执着与追求。

教育家应形成自己的教育思想。每个人对教育的理解各不相同，教育家必须对教育进行更深层次的思考，做出更为理性、更为系统、更为深刻的分析与论证，从而形成自己的教育思想。比如，魏书生提出的"民主科学"的教育思想，就是他在多年的教育实践中进行深入思考，经过高度提炼所升华成的教育思想。

教育家应有完整的理论体系。在形成自己的教育思想之后，教育家会在办学理念、学校发展、愿景规划、文化建设、课程体制、治校管理等诸多方面形成一整套完备的理论体系，其理论体系会和他的办学思想相互支撑，理论体系也是其教育思想的具体体现。北京实验二小校长李烈提出"以爱育爱"和"双主体"教育思想，都有一整套的理论体系来对其进行丰富的解读和诠释。

教育家应有丰富的教育实践。教育家是诞生在教育实践中的。所有教育家的成长都离不开生动的课堂教学、日常的教育活动和丰富的管理实践，正是这些日积月累升华为对教育的思考，才形成了自身的教育思想。如果没有教育实践的丰厚土壤，所谓的教育思想和理论体系只能是纸上谈兵和空中楼阁。试想，魏书生如果没有担任农村代课教师、班主任、校长、局长的丰富经历，没有激情挥洒的课堂教学，没有出神入化的班级管理，没有民主科学的管理经验，就不会形成他民主科学的教育思想，也不会成为一位伟大的教育家。每一位教育家的成长都是经历了实践检验的。所以，在生动的教育教学实践中形成的教育思想才会有鲜活的生命力，才经得起时代和历史的检验。

教育家应是品德高尚的人。袁振国曾说过，真正的教育家，留给人们的是思想，更是人格。教育家不仅带给人们思想的引领，更带给我们品德的影响和人格的提升。每一位教育家都是"捧着一颗心来，不带半根草去"，都是以倾情教育的奉献精神诠释着教育的真谛，都是以朴实真诚、光明磊落的胸襟演绎着教育的大爱……魏书生就是这样一位具有哲学家的头脑、思想家的理性、改革家的气魄、战略家的眼光、艺术家的风范的我国教育家的杰出代表。

成为教育家，应成为新时期校长的价值追求！时代也呼唤教育家型的校长！

第六章
小学创新教育中教师定位分析

人类创造了文化，文化反过来又在塑造人。文化性是人类的特性之一，人是文化意义上的人。教师文化作为一种亚文化，虽然受社会文化变迁的影响，但也有其自身的独特性。作为一种群体文化的教师文化，其核心部分是它的精神层面。在精神层面上，教师文化有精神性、融合性和可塑性的特征。精神性是就其价值观而言，共同的价值观是教师文化的核心因素所在，因而教师文化具有精神导向。融合性指的是教师文化融合了教师群体的价值观，教师群体中具有共同遵循的价值准则。可塑性指的就是教师文化的可改善性，教师文化不是自然而然产生的，而是在一定的基础上进行引导并在实践中不断丰富和完善的。科学合理的教师文化能够引领教师的发展。

教育从来没有像今天这样受到人们的关注和重视，然而也从来没有像今天这样备受指责。无论人们称赞它还是批评它，都是因为它关乎国家与民族的发展，关乎每个家庭乃至每个人的切身利益。学校教育改革是一个极其复杂的过程，对于这样一个极其复杂的变革，不应该是机械的控制过程，而应该是一个渐进的生态进化过程。教育变革的复杂性决定了任何期望短期内发生奇迹的想法都是非常幼稚的。教育变革的真正发生，在于营造一个宽松的鼓励创造的文化环境与氛围，使教育变革自下而上地发生于教学第一线。真正的教育变革需要改革管理方式，从执迷于控制到鼓励创造。教师在学校文化的建设或重塑中，起着承上启下的主体作用，教师个人价值观是教师个人价值的体现，只有教师个人价值观与学校的办学目标相结合时，教师文化才能发挥最大的合力，教师文化也才能去引导、熏陶学生文化的发展，离开教师，再好的文化理念都得不到落实。由此可见，没有教师文化的深层次支撑，任何教育改革都将流于表面。

一所学校变化首先体现在课堂上，这需要从改善师生关系做起。生动的景观背后是美好的、坚定的教育理念和健康的价值观。而这些美好的、坚定的教育理念和健康的价值观即是一个学校教师文化的具体表现。

教师文化主要包括教师这一职业群体的教育理念、思维方式、价值取向、职业意识、态度倾向和行为方式等。其中，教育理念、思维方式和价值取向属于深层因素，内隐于人的内心，而职业意识态度、倾向和行为方式是表层因素。作为教师文化的核心价值观念，态度倾向与行为方式对教师教育教学活动直接产生影响。

这种文化通常属于"软文化"，是无形的、抽象的，具有内隐性和渗透性，是一个迫切需要解决的问题。因为良好的教师文化不仅能够促进学校发展，创造一个保证总体目标达成的精神氛围，而且可以促进教育教学、科研以及学校管理工作，具有强大的凝聚力、吸引力和战斗力；能较好地调节和激励教师的行为，促进教师的自我约束、自我调整和自我完善；使每一个教师得到更好的发展，培养和激发教师的群体意识和集体精神，使之振奋和升华，形成进取合作的氛围。

教师角色蕴涵着一定的教育思想、教学观念与教育价值判断，是一定的教育思想、教育价值的投射。因此，教师文化建设首先应该从教师角色文化开始。教师角色的重新认识，要以适应学习型学校发展的要求为前提，以建立良好的师生关系为基础，逐步使教师认识到自己首先是一个学习者，其次才是知识的传授者、智慧的启迪者。如此建构新的教师角色的价值取向，推动其行为方式的根本转变，从而推动教育实践的根本改变。

由于教师在课堂教学中可以独立自主地处理教学事务，因而大多数教师一直奉行"专业个人主义"作风，表现在对自己的要求上是独立的成功观，对其他教师的态度是不干涉主义。"关起门来，三尺讲台就是自己的统治领地"。教师不欢迎他人介入自己的课堂教学，也很少求助于同事，如果求助于其他教师，便表明自己的无能。因为把帮助他人视为自以为是或者侵犯他人隐私，对待其他教师，他们不愿意做出实质性的指导和评论。同事之间往往达成默契，恪守"互不干涉"原则。显然，这种封闭性的教师文化潜在地排斥开放与合作，使教师的教学行为陷于彼此孤立的境地。这种思想的存在，也导致课堂教学的僵化和单一等。应让教师在民主平等的师生关系，团结协作的师师关系，尊重信任的领导与教师关系，沟通对话的教师与家长关系等多元开放的交往方式中，塑造成乐于分享、勤于思考而具有开放视野的学习型教师。

教师形象一直受到传统思想的束缚，停留在正统、刻板、威严、师道尊严等层面，这些都束缚着教师的思想和行为，使他们不能适应新的社会要求。在声光色影世界里长大的一代学生，更需要理解他们、和他们做朋友的老师。学校应给教师一个开放的空间，激发教师的创造性，并形成他们丰富多元的个性。

第一节　教师管理需要沟通

在学校管理中，领导方法是一门学问。教育家夏丏尊曾说："教育不能没有感情，没有爱的教育，就如同池塘里没有水一样，不能称其为池塘。没有情感，没有爱，也就没有教育。"换言之，学校管理如果没有情感，没有爱，校园就不可能建立良好的人文氛围；管理需要爱，它体现在尊重、沟通、包容等方面，是学校领导与教师之间的心灵感应。

学校管理的本质特点是尊重人的价值取向，是对人的思想、情感、理想、信念的引导与建树。管理者就是动员他人实现自己想法的人。因此，现代学校的管理必须从人的本质特点去思考，注重构建人与人之间的关系，讲究管理的艺术性，探究心灵沟通的方式，自觉架起学校管理者与教师之间的桥梁，只有校长和教师之间能够敞开心扉，建立起平等、尊重、和谐的关系，才能使管理有效。

校长与教师沟通的前提是尊重和理解。沟通的功能是提供决策所需要的信息，提供情感、情绪表达或释放的机会，提供激发动机，提供调控行为。沟通的方式是倾听和表达。当教师在工作中出现问题时，校长在充分理解的基础上，应给予必要的理解和尊重，但这绝不是盲目的宽容和纵容。校长应当同教师共同分析出现问题的原因，明白问题出在哪，今后要注意什么，应该从什么方向努力等。可以说，校长的理解与宽容不等于纵容教师再犯同样的错误。

尊重是把人所赋予的权利和责任交给人自身。在学校管理中，尊重人的权利很重要，它体现在尊重教师的职业探索权、学习权、自主规划权和自主交往权等。尊重是建立良好人际关系的基础，创设让教师感受到平等、安全的氛围，使教师感受到被接纳，获得自我价值感，只有建立在充分尊重教师自主健康发展权利的基础上，才能提高教师的责任感和使命感。尊重是接纳教师的现状及其价值观、人格和权益，并予以充分关注。根据马斯洛提出的人的需求等级，尊重是第五等级，它是自我实现、激发个人潜能、获得成就的基础。校长在充分尊重教师的前提下，才能进行有效的沟通。管理大师巴顿认为，对于每一个组织来说，进行有效的沟通是最基本的要求，如果没有员工大会、电话、电子邮件和面对面的交流，要想管理好人和项目几乎是不可能的。沟通是共同的，也就是通过分享信息、理念或态度，而与他人建立共识。沟通是信息的传递、思想的传播、价值观的碰撞，是实现自我、丰富自我、跨越自我的捷径，是实现团队协作，增强组织凝聚力的重要法宝。

管理的本质是沟通。只有给予教师充分的尊重、平等、理解，才能让教师感到自身的价值与作用，促使其更好地工作，而不是死看死守或采取铁腕政策，那样会适得其反。应让教师有自主的空间与权利，让他们感到自己是"学校的主人"，这样才能认同校长的管理理念和管理方式，才能对学校的办学愿景和价值目标产生进一步认同。

包容所表达的宽厚、仁慈，更是一种文化的体现，它将会改变人的行为方式和心智结构以及思维方法，因为包容也体现管理的情感。包容就是宽容、大度、审时度势。在学校群体中，教师的思想、情感、意识、价值观不乏多层次、多视角，这就需要学校领导多多包容教师，允许他们在工作中出现差错，可以通过与教师共同研究和探讨来引领其不断改进教学实践，不断提高专业水平，逐渐达到专业成熟。

第二节　教师教学需要激励

领导的作用在于不断引领教师追求新的目标，焕发教师教育工作的激情，让教师成功地做好教育工作，共同构建学校发展的愿景。恰当而有效地运用激励艺术能激发教师最大的工作热情和创造力，所以，我们要认清激励这一成功杠杆的深刻内涵。

激励是满足个人的某种需求，从而使人能够长期保持某种状态的刺激因素。校长作为一所学校的核心，应让每位教师都树立起强烈的团队合作意识，不断激发教师的工作热情，去创造最佳的教育效益。

激励不仅仅是一种行为、一种有效的管理手段，更是一门艺术、一种管理思想。管理者要清楚地了解激励的基础——认知需求，再深入分析教师的个人动机，满足他的最高需求——自我实现的价值。教育家李希贵在其《学生第二》中引用了一个例子：美国化妆品公司老板玛丽·凯使用了一个激励手段，她为公司最优秀的营销员工专门到凯迪拉克定做了粉红色的轿车，而且将这一款式的汽车买断，使行驶在美国的粉红色的凯迪拉克成为她的公司优秀员工的标志，让这些优秀员工体验到成功的喜悦和价值。这一激励手段令人很受启发，当然，我们不能够以这种方式来奖励教师，教师作为一个特殊的知识群体，他们的精神需求甚至高过生命。学校对他们的信任、支持和鼓励，会使他们得到巨大的精神满足，会延长他们的精神生命。

学校可以从制度激励、物质激励和情感激励三个层面来激发教师最大的工作热情与激情。学校必须要形成一个有效的激励机制，使用恰当的物质激励来不断激发教师的工作热情，如在人才培养机制、教师专业发展、奖金分配等方面都要从教师的实际情况出发，满足不同教师的发展需求，从而形成有效的激励机制。我们已初步形成了健康、有效、发展的激励机制，如云环名师、骨干教师、新秀教师的评选就为不同水平的教师搭建了发展的平台，也形成了学校的梯队建设。每学期学校设立的各种奖励项目也对教师在工作中的付出给予适当的鼓励和认可，如突出贡献奖——奖励为学校做出突出贡献的教师，最佳展示奖——奖励在课堂教学中表现精彩的教师，最具风采奖——奖励在文体活动中一展风采的教师，最佳人气奖——鼓励最受学生欢迎的教师等，这些激励在物质上的价值无法和凯迪拉克相提并论，但它带来的精神力量却是无穷的。

激励还体现在情感激励上。校长要真正从情感上尊重教师，让他们有强烈的归属感，感受到学校真的在意他们，而不是虚情假意和作秀。事实上，有时对教师说上一句鼓励的话，表达一次亲切的问候，送上一个和蔼的微笑，进行一次贴心的谈话等，都会给教师以鼓励，他们会被校长的善解人意而感动，会用工作的激情来回报学校。反之，如果你天天绷着脸，总是批评、指责教师，就会使他们心情压抑，自尊心受到挫伤，严重影响工作效率。所以，微笑和鼓励远远胜过惩罚与冷酷。

第三节　教师教学需要信任

在教学过程中和谐融洽的师生关系会发挥特殊而奇妙的作用。它像一根彩带拉近了师生心灵的距离，使学生学习动机由单纯的认知需要上升为情感需要，使教师工作动机由职业需要上升为职责需要。

良好的师生关系并不复杂：一方面是教师对学生的关心和爱护，另一方面是学生对教师的尊敬和信赖。教师热爱学生，主要是受教师的理想、信念、教育观点、职业道德和事业心的支配，富有理智特征。而学生的尊师，则是对教师爱生的回应，往往由个人的主观判断和情绪体验来决定，更富有情绪色彩。因为尊敬和信赖，学生更多地表现出主动参与的激情。

因此，教师和蔼的态度，亲切有神的目光，真诚的信任和鼓励，是学生乐学的动力。由于师生之间不仅仅是教育者与被教育者的关系，同时是领导者与被领导者、成熟者与未成熟者、有知者与无知者、长辈与晚辈等多重角色的关系，这就必然要求教师具有更大的吸引力、影响力和权威性。即要有渊博的学识和良好的教学艺术，有对学生始终如一的关怀和爱护、无私和没有偏见的品格，有庄重的仪表和举止等。只有当你真正成为充满人格魅力的教师，才会有和谐、融洽的师生关系，才会使你担当的教育角色发出耀眼的光彩。

实现师生关系的和谐不仅是发挥教师主导作用和学生主体作用的需要，也为教学过程中教与学之间信息的传递与反馈提供了有利条件。新型的师生关系没有固定的模式，但其重要意义却显而易见。

一、以爱为本，多一点尊重和信任

爱心是和谐师生关系的基础。教师的爱来源于对学生深刻的认识和了解。知之深，才能爱之切。学生年龄虽小，但也有着同成年人一样的情感世界：懂得快乐与痛苦、羞愧与恐惧，有自尊心和荣誉感。教师对学生应多一点耐心，少一点急躁，多一些宽容，少一些指责。尊重和信任是沟通师生情感的桥梁。可以说，尊重是爱的别名。尊重学生，就是尊重学生的人格，允许学生在思想、感情和行为中表现出一定的独立性，给他们提供更大的独立的活动空间。把学生作为与自己平等的人来对待，尊重他们的意愿和情绪，乐于倾听他们的意见和要求。当然，教师的爱绝不是让学生放任自流，一味迁就，而是爱中有严，严而有度。严父型也好，慈母型也好，良师也好，益友也好，都必须以爱为前提。教师的爱是一种责任，因为爱，才会有师生情感的共鸣，才会有教和学的同步，才会有师生角色的互换，才会有师生教学的互补。

二、发扬民主，讲求一点"参与效应"

教育家罗杰斯认为，教师的态度可以决定教学的成败。教师要善于为学生创设一种宽松、安全、愉悦的学习氛围，给学生成功、快乐、友爱的享受。教师要充分发扬教学民主，使学生能自由表达，自由参与，充分意识到自己的存在和价值。人人都有一种参与意识，都希望自己拥有一定的发言权和自主权，如果适时让学生们体会"我长大了"的成人感，重视并满足他们的参与意识，他们就会以积极合作的态度在课堂教学中发挥主体作用。可见，教学的民主是建立和谐的师生关系的活力所在。

三、注重个性，多一点欣赏眼光

一名成功的教师总是带着欣赏的眼光和积极的心态投身于教学活动。教师真诚的期待不仅能诱发学生积极向上的激情，而且深刻地影响着学生智力和个性的发展。如果师生关系中没有真诚的欣赏，任何学生都可能失去自信心。所以，适度的表扬和鼓励，能让学生品尝到成功的喜悦，在被欣赏的愉悦体验中奋发、崛起。不容怀疑，每一个学生都有闪光的东西可以挖掘，关键是怎样挖掘，何时挖掘。对学生而言，被人欣赏特别是被老师欣赏无疑是一种幸福，是一种被点燃的信任。而教师欣赏学生也是一种境界和美德，是一种沙里淘金、发现绿洲的快乐。

第四节　构建教师成长文化

在一所学校，教师的发展直接决定着学校发展，因为教师既是办学理念的实践者，又是学校文化的体现者，更是办学水平的决定者。教师的成长状态直接决定着学生的发展程度和学校的生存质量，所以，没有一流的教师绝不会有一流的学校。著名教育家李希贵写的一本书《学生第二》，用生动的事例阐述了教师是学校发展第一生产力的观点。那么，如何建设教师文化来促进学校的发展就成了校长应深入思考和付诸实践的课题。

教师成长文化研究的是现代教师成长和发展的一般规律。它包括了教师的思想、知识、专业技能等方面，以及学校促进教师成长所体现的理念、环境、模式和方法。它有五个主要特征：

第一，自觉性：教师成长的根本在于教育观念的转变，在于价值观、人生观的逐步成熟，只有唤起教师内心的深度自觉性才能使其真正的成长，从这个意义上说，教师的成长具有自觉性。

第二，整体性：教师的成长是个系统的工程，涉及社会发展、课程改革、学校环境、自身条件等，因此教师的成长应是教师群体与社会需求的主动适应，是教师与教育背景的整体融合，可称之为整体性。

第三，实践性：教师的成长必须扎根于自身教育教学的实践之中，实践是教师成长的土壤，教师在实践中才能得到发展，也只有在实践中才能检验教师的成长质量，体现出实践性。

第四，过程性：教师成长更需要一个日积月累和循序渐进的过程，不是一蹴而就的，这体现出其过程性。

第五，稳定性：教师在成长过程中，通过学校的统一规划、整体约束和教师自主行动，逐渐形成相对稳定的行为特征，可以称之为稳定性。

如何来建构教师成长文化？建构一种能唤醒教师生命追求、激活生命动力、促进教师成长的一种文化是学校工作中的重中之重。在建构中主要有三个重要条件：确定文化理念是有力支撑，尊重、和谐的发展环境是外在动力，激励、灵活的内部机制是内驱力。

第一个条件：确定文化理念是促进教师成长的有力支撑。

在竞争越来越激烈的今天，教师的精神压力大。学校不要让教师把工作当成生活的全部，要为教师减压，让教师享受这份职业的幸福。语文名师于漪曾说，工作着是幸福的，学习着是幸福的，教师是有着"双重幸福"的人，一边教学，一边学习，其乐无穷。因此，确定教师成长文化的核心理念是：提升教师的幸福指数。通过校长寄语"让每位教师愉快地工作、幸福地生活、和谐地发展"来体现学校的追求。因为幸福生活是前提，愉快工作是过程，和谐发展是结果。教师的快乐是教师专业发展的最高境界。只有教师的发展才能推动学校的发展。所以学校要让教师认识到只有全面客观地认识自我，找准自身发展的最佳结合点，为自己设计个人发展目标，并且在工作中不断反思自己、调解自己，才能超越自我、发展自己，并且在发展中体味到成功的快乐。

教育管理者都在关注着教师的专业发展建设，有两点很重要：一是教师的自主发展。教师发自内心的，积极主动地去寻求自身专业发展，这是我们所期望和追求的。二是教师的愉快发展。教育本身就是很阳光、很快乐的事业，为何不让教师心中充满阳光，充满快乐呢？他们的阳光与快乐会给孩子们带来阳光和快乐，会培养出一个个健康快乐、活泼可爱的孩子。因此，教师的快乐更重要。

教师的专业发展建设目标是形成一种"尊重、和谐、奋进、阳光"的教师成长文化。在这样的文化理念指引下，让教师在工作和生活中做到"六个多一点"，即：多一点兴趣爱好，陶冶性情；多一点艺术修养，行为优雅；多一点运动养生，健康体魄；多一点宽以待人，和谐相处；多一点读书论道，博古通今；多一点阳光微笑，潇洒从容。

第二个条件：尊重、和谐的发展环境是教师成长的外在动力。

马斯洛的人生需求理论认为，人有生理、安全、社交、尊重、自我实现五大需求，最高级的需求是尊重和自我实现。在学校管理中，要以教师的心理需求为本，创设和谐的成长环境。

首先要真正尊重教师的意愿，才能保护教师的自尊心，教师才有心理安全感和尊严感，才会实现更高层的心理需求。其次，营造温馨和谐的人文环境，提倡尊重、信任、关心、理解的人际交往，促进健康向上的团队建设，做到"三探望"：一教师和其亲属生病住院一定探望，教师的婚姻大事一定到家探望，教师家中有丧事一定前往探望，让教师感受到"家"的温暖。学校通过举行读书节、艺术节、家长开放日、趣味比赛、郊游踏青、新年联欢、心理辅导、团队游戏等为教师创设一个放松身心的空间。再次，学校要时刻把教师摆在主人翁的地位，坚持民主办校，依靠集体的智慧和力量，做到处处为教师着想，建立民主信任的干群关系，营造"人和"的氛围。例如，每年召开的教代会充分体现了我校民主管理的思想。会前广泛征求教师的意见和建议，代表们积极撰写提案。针对代表们的提案，学校领导班子认真研究，逐条答复，再形成提案处理报告。对于教师提出的高质量、关心学校健康发展的优秀提案，学校还进行奖励，以激发广大教师共同参与学校管理的热情。

当一个人把自己的工作看成自己生命和生活的一部分时，就可以把工作做到优秀！这里举一个例子，我们学校的车蕊老师是青年教师中的佼佼者，她讲课好，演讲好，文艺好，是我们学校各种活动的主持人。最值得我欣赏的还不是这些，而是她对教育工作充满着热情，把教育工作看成了她的生命和生活的一部分。学校积极为她创设空间，搭建平台，令其有机会实现自己的教学理想。如今，她已成为全市颇有名气的骨干教师，并获得了关爱标兵、十佳女教师、师德标兵等多项殊荣，还被省、市推荐参加国家级班主任培训，被评为优秀学员，为其他青年教师树立了榜样。对于这种能力强、主观能动性积极的教师学校要无为而治，宽松管理反而能够出人才。

第三个条件：激励、灵活的内部机制是教师成长的内驱力。

教师所从事的是传承文明、启迪智慧的工作，更是传递人与人之间情感、展开心与心之间沟通的工作。教师除了要遵守职业操守，更要拥有人格魅力。俄国教育家乌申斯基说："在教育工作中，一切都应以教师的人格为依据。因为教育力量只能从人格的活源泉中产生出来，任何规章制度，任何人为的机关，无论设想得如何巧妙，都不能代替教育事业中教师人格的作用。"因此，教师不仅要用丰富的学识教人，还要用自己的人格魅力去影响、启迪和感化学生，更要树立真诚地服务学生、服务家长、服务社会的意识，要关心、尊重、宽容、善待学生，让学生如沐春风，快乐成长。

构建教师文化主要应从以下几个方面做起。

第一，教师文化应从细节抓起。比如做操站队、时间观念、卫生习惯、礼貌礼仪等，要求学生做到的教师自己得首先做到，这些看似简单的事情，其实能够完全做到实在不容易。作为人之师表的教师没有理由不做，也没有理由做不到。

第二，教师文化应强化教师责任。我们的老师经常批评学生没有责任感，并举出很多案例来教育学生。那么，教师要不要责任感？回答当然是肯定的。什么是教师的责任感？我的理解就是把课备好，把知识传授好，把作业批改好，把课题研究好，把学校布置的各项任务完成好。

第三，教师文化需要人文关怀。人们常说，没有爱心的教师不可能成为好教师。所以，我们倡导人文关怀，就是希望教师有一种"大爱"的情怀，把学生当作自己的孩子，把单位当作自己的家，把同志当作自己的兄弟姐妹，把别人的困难当作自己的困难，能够从主观角度寻找自己的不足，能够为学校的发展和同事的成长献计献策。

第四，教师文化应构建学习共同体。教师被称作"文化人"，应不断加强自身学习，应当每天腾出至少 1 个小时的时间学习，学习的形式和内容可以自由选择，但必须学习与自己工作和成长有关的知识，这叫"有效学习"。教师生活在一个团队中，这个团队中的每个成员都是一个知识个体，在这个团队里，大家互相交流，取长补短，实现资源共享，经常性地开展研讨活动，共同研究课题，共同解决工作中的难题，这个学习共同体一旦建立，就能发挥出意想不到的效应，学校提出的所有奋斗目标就一定能够实现。

第五，教师文化崇尚志趣高雅。什么是志趣高雅？我的理解，主要指的是积极参与读书、旅游、锻炼、朗诵、演唱、舞蹈、演奏、收藏、劳动、公益活动等，无不良嗜好，如抽烟、酗酒、赌博、作息时间不固定、生活习惯邋遢等。

在教师的专业发展上，主要从自我规划、专家引领和同伴互助三条渠道来完善一种研训文化。

首先，教师要根据学校的发展方向和发展目标设计自己的发展目标，进行自我规划，充分发挥教师自主成长的能动性。

其次，学校要特别注重借助专家的力量让教师投身于新课程改革，让教师深入理解新课程的研究背景、课程理念、课程标准、实施意见和学科要求等，只有这样才能引发我们对教师专业化成长的重新思考。"请进来"是我们充分抓住专家资源，请到学校让老师享受"精神大餐"。

再次，借助同伴互助的力量来促进专业成长。在一个集体里，团队精神就是这个集体的灵魂。如果没有一个能凝聚人心的团队精神，就等于失去了一个集体的灵魂。我们都曾热烈讨论过"狼"的精神，它蕴含的就是一种合作精神。而受广泛热议的"亮剑"精神，也给予我们深深的启发：无论在任何情况下，我们都必须团结起来，携起手来，共同面对，敢于亮剑，勇于出击！

所谓团队精神就是在共同目标的引领下，全体成员共同努力，长期坚持并形成的一种相对稳定的行为特征和体现出来的一种精神状态。我们认为，在一所学校中最主要的是形成一种合作共赢、和谐奋进的"热熔炉"式的团队精神。学校实行了整体创优工程，打造优秀学年、学科组，就是运用"木桶原理"，在学年、学科组的建设上实施"捆绑式"奖励机制，提出"一人优秀不算优，人人优秀那才行"的口号，力求让最短的木板长起来，有效提高学年、学科组的凝聚力和战斗力，从而激发整体团队意识。

教师之间的互助还体现在专业发展的互助上。

一是课堂教学互助——关注常态课。每一天每一节课是课堂教学最真实的体现，我们要牢牢抓住课堂教学，实行领导分学科、包学年的"常态观课月"，这样的听课会涵盖所有任课教师，按照"上课—观课—议课—评课—改课"的流程处处落到实处。为什么将"听课"改为"观课"？改的不是简简单单的一个字，改的是一种理念、一种听课的目的。因为我们的课堂不仅要看教师的教学流程和教学方法，看教师如何进行有效的教学，要看学生在课堂教学中的表现，要看师生互动的情况，看是否体现学生的主体性等，通过观课才会掌握课堂中最本质的东西。我们的观课会分三个层次：普通课，掌握情况；跟踪课，总结经验；示范课，树立典型。

二是集体教研互助——把脉教材内涵。充分利用集体式教研和分散式教研形式来帮助教师深入把握教材，因为教材是开展教学的第一关。可以从教材体系、教材结构、编写意图、教学重点、教学难点、教学目标、情感目标等多个方面进行研讨。可以采取个人主备、小组合备、领导指导、课后反馈等多种形式挖掘教材内涵。除了整块时间，还抓住零碎时间随时解决教学中出现的各种问题，充分保证了教学的有效性。

三是思想交流互助——教育理念引领。开设不同主题的教师论坛，让教师分享对教育实践的理解和感受。利用学校教师例会的时间，在每次开会前的20分钟请一位教师主讲，或谈自己在教改中的探索和收获，或介绍外出学习的精彩讲座、课例以及思考，或交流教育教学故事、读书心得……不少老师都喜欢教师论坛这种形式，认为既能展示自我，又能互相启迪。

四是读书学习互助——注重底蕴内涵。我一直以这样一句话勉励全校教师：读书学习是一辈子的事。优秀的教师一定是爱读书的。这几年，我们采取了多种方式促进教师读书，有全校共读、自主阅读、轮流诵读、经典诵读和家校共读等形式，开展读书之星、小小读书卡、快乐大阅读、"品读悟道，精彩人生""读好书，做好人""读书伴我成长"等主题读书活动，让师生尽享读书的乐趣。让读书成为习惯，成为学校师生共享的文化大餐。

五是公开展示互助——发挥集体智慧。每当有教师承担公开课，执教教师所在的科组便群策群力、集体研讨，为上公开课的老师"诊课"，体现集体的智慧。正如老师们所言："是学校领导、老师集体的智慧让我获得了成功。"

六是师徒结对互助——促进专业成长。的确，传统的师徒结对是让刚踏上工作岗位的青年教师尽快成长的好方法。对于青年教师来说，课前，可以在师父的帮助下深入钻研教材、设计教学、研究教法；课上，可以观摩师傅的课堂教学，吸收内在精髓；课后，可以反思、议课、评课、改课；由师父在困惑之处给予解释，在疑难之处给予点拨，让青年教师在师父的指导下逐渐成长。

中国历来就有尊师重教的传统美德。求学者一般尊称教育者为"师父"，它的含义是以师为父，还有一种说法是："一日为师终身为父。"苏联教育家苏霍姆林斯基说过："能够迫使每个学生去检点自己，思考自己的行为和管住自己，首先就是教育者的人格，他的思想信念，他的精神生活的丰富性，他的道德面貌的完美性。"由此可见教师在学生心目中的地位是何等崇高。所以，教师的一言一行，甚至举手投足都会列入学生的求知视野，并且深刻地影响着学生的发展，关系到学生的未来。

魏巍在《我的老师》中曾经叙述了这样的影响，说学生对老师的崇敬"甚至连她握笔的姿势也急于模仿"。

在我们的教学中也经常会遇到这种情况，但教师对学生的影响不仅局限在课堂上，事实上教师对学生的教育教学是多方面的、全方位的、长时间的。本书试图从教师的形象、人格力量、以身作则等方面来阐述教师行为对学生发展所起到的重大作用。

一、良好的形象来塑造学生

形象是一个人的性格特征、文化素养、审美观念的外部表现，是美好心灵的表露。学生在开始接触一位教师时，总是从对他的外在美的审视开始。教师一走进课堂，自然成了学生注目的中心。学生首先以审美的态度向教师投以注意的目光，教师整洁大方的服饰衣着、庄重优雅的举手投足、亲切热情或幽默睿智的神情，都能使学生产生愉快感，都会对学生产生一种初始魅力，使学生由爱其师而乐于学。教师的衣着、表情举动、姿态等等不仅直接影响学生的情绪，而且会对学生行为产生潜移默化的作用，教师如果较注重良好形象的塑造，那么培养出来的学生也会温文尔雅、彬彬有礼。教师的外在形象塑造莫过于以下列举的诸方面：

1. 端庄的仪表

在人与人的交往中，第一印象常常是最深刻的，社会心理学称之为"首因效应"，师生交往亦是如此。若要给学生以美好的印象，使学生喜欢你，必须讲究仪表和风度。

教师的服饰在第一印象中占有重要的地位。男教师擦亮皮鞋，身着整挺的衣服，刮干净胡子。女教师略施淡妆，一袭端庄的职业服或是得体的时装、休闲服，佩戴合适的首饰，这些都会使学生心情愉悦，并且能牢牢吸引学生跟着你走，效仿你。应该指出的是，现代社会服装已经成为一种社会地位、工作性质和应负责任的标志，因此，人们的行为模式应与这一标志相匹配。时代在前进，过去的观念也应该有所改变，教师的穿着应该跟上时代，应当体现出"职业美"和"现代美"，穿着是一门学问，也是美的教育的一部分。教师不能不修边幅，不能让学生觉得你太落伍，太随便。

2. 高雅的举止

捷克教育学家夸美纽斯说，教师的职务是用自己的榜样教育学生。"为人师表"是人们形容教师最常用的四个字，为人师表就是要求教师在日常生活中，特别是在学校履行工作职责时严于律己，以身作则，以自己的一举一动去感染学生，教育学生。学生对教师特有的期望和依赖，往往使他们在观察教师时产生一种"放大效应"：教师的一件小小善举，会使他们感到无比的欣喜；教师的一点小小的瑕疵，则会使他们产生莫大的失望。关于教师举止，在此我们仅从教师在实施教学的过程中去讨论。

教师应注意每一个细小的育人环节。上课铃声响了，教师走进教室，看见黑板没有擦，不声不响拿起黑板擦，擦干净了黑板，然后轻轻地提醒道，"以后值日生别忘记在上课前将黑板擦干净"，然后开始上课；教师走进教室，看见地上有几片纸屑，上前弯下身，将纸屑拾起，放进了墙角的纸篓里；教师正在给学生们讲解，突然一名学生的铅笔盒掉在地上，学生们的注意力全被这突如其来的响声吸引了，教师立即走上前帮助那名同学将散落的东西拾起来……学生们的心灵往往是被这不起眼的一举一动所震撼，所净化，这一切要比空洞的说教强百倍。

教师应当有良好的教态。教态就是教学姿态，就是教师在教学中的表情、手势和身姿。教态直接影响学生听讲的情绪，因而也就直接影响教学效果，而且还会对学生思想产生潜移默化的作用。因此，教师必须讲究教态美。讲究教态美，要自然、适度、得体。教态实际上就是一种体态语言，体态语言在表达人的情绪、情感和态度方面，要比言词性语言更明确，更具有感染力。课堂中除了语言之外教师使用最频繁的动作恐怕是手势了。但要注意的是：教师尽量避免使用无意识的手势。例：经常无意识地理头发、摸鼻子、推眼镜、用手指蘸舌头翻书页等属于这一种手势，结果大大转移了学生的注意力，同时使学生有意无意地学会了这些不雅之举。

在举止方面，教师还应该注意讲话的声音不要过大，不要吐沫横飞，不要在公共场合吸烟，不要在学生面前化妆等等。

3. 规范的语言

从职业角度看，教师恐怕是说话最多的职业了。如果按"满堂灌"的教学方式，那么教师在一堂课上说的话足足抵得上普通人一个星期的话。说话不仅是语言技巧，更是一门艺术。教师的语言魅力主要在于要有"激情"。"言为心声"，此话一点不假。教师在课堂上将自己对教育事业的投入、对学生的热爱、对所教专业的精通融入了语言，他的声音必然充满热情，必然富有感染力，必然具有吸引力，必然产生号召力。说话清楚有力，生动风趣，思路清晰，应当是每个教师的基本功，语言的丰富多彩、风趣幽默，言之有度，言而有信实际上体现了教师的才华，体现了教师的学识，体现了教师的智商，更体现了教师的人品。"非礼勿言"是《论语》中的一句话，意思是不合乎礼仪的话不要说，使用规范、正式和文明的语言，应当是每个教师必须具备的素质。

二、以身作则来规范学生

作为教师，职责是培养和教育学生，方式是用自己的言与行诱导、指引、点拨学生。教师几乎天天跟学生在一起，他的一言一行、一举一动都与学生发生直接或间接的联系，对学生的成长与发展起着潜移默化的作用。因此，教师必须以身作则，为人师表，树立良好的形象。

在这方面，作为教师应从以下几点要求自己，完善自己。

第一，品行端正，严于律己。教师应自觉地依据社会的要求、自己的信仰去提醒、告诫自己，克服与之相违背的思想、情感和行为，顺应学校教育的需要，使自己的思想、行为对学生产生正面的积极的影响。

第二，遵纪守法，廉洁无私。自觉遵守国家法律、法令和社会公德，遵守学校规章制度，从不迟到早退，或中途退堂，全面关心学生，对学生一视同仁，从不偏爱或偏恶。

第三，谨言慎行，以礼待人。不随便说挫伤学生自尊心、伤害学生情感的话，不随意反映对学生心理有危害的行为表现。

第四，敬业乐群，永葆青春。忠诚人民的教育事业，满腔热情地投入教育教学工作，视教书育人为乐事。在遭受挫折时，既不会情绪低落，精神恍惚，对工作失去兴趣，对学生漠不关心，也不会把怒火发泄到学生身上，而是处变不惊，一如既往，照常工作。

第五，注意小节，以身垂范。我们应该清醒地认识到，在教育工作中，对教师来说，个人的小节问题，无论是在理论上，还是在实践中，都是十分重要的。因此，我们应该杜绝不良小节。

1. 说话算数，杜绝"言而无信"型小节。在学生面前说过的话、允诺的事、布置的作业，都认真兑现和履行。

2. 平易近人，杜绝"冷漠轻慢"型小节。不摆唯师独尊架子，对学生能以平易和蔼的态度相待，重视学生行为表现，关心学生的热情，对学生的礼貌问候和招呼，予以亲切的回话。

3. 心平气和，杜绝"粗鲁琐碎"型小节。不对学生指指点点、唠唠叨叨、婆婆妈妈，不责难学生，不视学生为"下人"。

4. 注意视听，杜绝"妄言乱语"型小节。不议论私事，不说七道八，不说同事的坏话，不随便开玩笑。

5. 注意仪容，杜绝"松散邋遢"型小节，不在学生面前随意打哈欠、挖耳朵、吐痰等等。

一个人的行为习惯对其学习、工作、生活有非常重要的影响。而良好行为习惯的养成需从小培养，从家庭、从学校、从社会中逐渐培养，但一个人在其人生的长河中，有将近20年的时间是在学校里度过的，是和老师们一起度过的，教师的行为是一本活的教科书，因此，教师必须时刻反省自己。

科学发展观，第一要义是发展，核心是以人为本，基本要求是全面协调可持续，根本方法是统筹兼顾。教师的工作是教学，说具体点就是教书育人，工作对象是学生，学习实践科学发展观，就要把科学发展观渗透到教育教学工作中，也就是在教育教学中要以学生为本，以全体学生为本，以全体学生的发展为本，以全体学生的终身发展为本，使全体学生得到身心协调的终身发展。

我们要认真学习科学发展观，深刻理解科学发展观的内涵和外延，以科学发展的观点统领教学，一切工作都是为了全体学生的发展，为了发展全体学生的一切。为了学生的健康发展，开展品德教育；为了促进学生全面发展，教师必须转变以教师为中心、重知识、轻能力的传统教学观念，培养学生的能力，挖掘个性潜能，教会学生学习，塑造良好的人格，培养学生的创新能力，才能适应时代的要求。

传统教育教学模式是以教师为中心，对学生在教学中的主体地位重视不够，实行"填鸭式"教学，以应试为指挥棒，注意学生的基础知识和应试能力。但忽视了学生的能力和个性的培养，忽视了学生的主观能动性，使学生自身潜能得不到发挥，个性特长得不到发展。要培养高素质人才，我们必须打破传统教育观念的束缚，积极探索符合时代潮流的教学之路。创新是一个民族的灵魂，是一个国家兴旺发达的不竭动力之源，而创新的关键在于科技创新和教育创新，创造能力才是出成果的原动力，对于我国的教育现状，我们应该实事求是，多一点危机感，不认识到这一点，我国教育还将与发达国家拉开更大距离。而在欧美国家实行的启发式教育，注意学生的个性、思维、想象力的发挥，目的是培养创新能力。创新教育追求在德、智、体、美、劳全面发展的基础上激发和培养全体学生的创新精神和创新能力，启发学生创造性地学知识，创造性地运用知识，而不是让学生被动地接受知识，消极地存储知识。

因此，素质教育的今天，教师除具备优秀的品格、过硬的业务水平和扎实的语言基本功外，更要端正教育观念，转化教育思想，正确认识素质教育的核心是培养学生的创新精神和实践能力，才能全面推进素质教育。

创新教育从形式方面来说，要打破传统的教育格局，对传统教育要取其精华，去其糟粕，创造出一种全新的教育模式，以培养学生能力、提高学生综合素质、挖掘人的内在潜能为宗旨，弘扬人的主体精神，尊重学生的主体地位，可以说创新教育是素质教育的核心。从教育内容方面来说，要求教育工作者在施教过程中，注意培养受教育者的创新意识、创新精神，从而形成创新能力。实施创新教育，首先要转变教育观念，其次教师必须有创新能力和创新意识，再次教师本身要有创造性的素质。创造型的教师在教育活动中，往往喜欢使用灵活、更有实践性和创造性的方法，倾向于采取"建设性的行为"来发展学生的创造力，在各学科尤其是实验教学中，教师采取"建设性的行为"如何培养学生的创新思维、创新能力其实施空间很大。如在实验设计的教学中，教师除提出问题，做出适当引导外，主要给学生创设研究问题的情景，使学生亲自去感受、探索、查明问题的关键所在，寻求解决问题的最佳方案。

教师在教学中始终要重视学生的主体地位，要求教育工作者在施教过程中，注意培养受教育者的创新意识、创新精神，从而形成创新的实践能力，应培养学生从想说、想问、想做，发展到敢说、敢问、敢做，最后达到会说、会问、会做。这个过程要求教师采取多种有效途径和方法，激发学生兴趣，引导学生独立思考，培养创新精神，提高实践能力，这样才能不断推动素质教育向纵深发展。

素质教育以全面提高学生的基本素质为目的，它要求学生在各个方面都能得到全面发展。同时，素质教育的性质不是选择性、淘汰性的教育。它面向全体学生，是一种使每个人都得到发展的教育。其根本任务是为每一个学生今后的发展和成长奠定坚实而稳固的基础。然而学生是富有个性的人。教师应树立使每个学生的个性创造潜力都得以发展的观念。尊重学生的个性，在教学工作中做到"目中有人"，高度注意学生的差异性。在传统的教育中，教师和家长的许多做法如只凭一些"主课"成绩给孩子排队，搞得学生压力很大，也使学生在培养兴趣爱好、拓宽知识面、发展个性等方面受到了很大的局限，这样就束缚了能力的发展。现代科学表明，人有巨大潜能，现已开发的只占很小的一部分，这些潜能若全部发挥出来，人类就可达到比现在高得多的水平。因此，教师一定要给学生创设宽松的可表现自我的环境，挖掘出学生在德、智、体、美、劳等各方面的潜能优势。也只有这样，才能充分发挥学生的学习积极性，拉近师生距离，使每个学生特长都能得到发挥，真正体现发挥潜能、全面育人的教育思想。

自学是一个人获取知识的重要途径。培养学生的自学能力，对于提高教学质量，实现教学目标，完成教学任务是十分重要的。另一方面，从培养人才、确立终身教育观、实现可持续发展的战略角度看，自学能力的培养也是十分必要的。

当然，自学不等于放手不管，教师要经常过问学生的自学情况，及时解答疑难问题，提出指导性的意见，使学生的自学有节奏且持之以恒。培养自学能力关键的一环是教给学生学习方法，并使他们能够不断改进学习方法，从而达到不完全依赖教师也能把功课学好的目的。比如设计性、研究性实验的开设。可以让学生自己安排和设计实验，使他们的独立思考能力和实际动手能力都得到很好的训练和提高。

培养学生自学能力，教师要精心构思，让学生自学、实验、观察、思考、研究、讨论，这样经过长期的训练，可以逐步培养自学能力，养成自学的习惯。自学能力的培养对于学生离开学校后独立自觉地吸取知识，具有重要的意义。

良好的意志品质是心理健康的主要标志，是成长的必要前提。唐宋八大家之一的苏东坡在《晁错论》中精辟地指出："古今成大事者，不唯有超世之才，亦必有坚忍不拔之志。"古今中外成才者的事实证明了这点。在很多情况下，学生的学习活动是一种复杂而艰苦的脑力劳动，它往往要求人有坚强的意志，才能真正达成教学目标。同时意志与情感也是联系在一起的。一方面意志在情感激励中产生，高尚的情感是意志行动的推动力。另一方面，意志对情感又有调控作用。意志越坚强，越能使积极的情感持续下去，而使消极的情感得到克制。因此，要成为21世纪全面发展的新型人才，教师一定要不失时机地抓住素材对学生进行意志培养和锻炼，更要以身作则，身先垂范地对学生进行意志训练，如孜孜不倦地求知，科学严谨地治学，持之以恒地耐心辅导与教诲，自始而终的高标准、严要求。要培养学生具备坚韧的学习态度，集中精神投入学习，克服浮躁的情绪，克服不遵守课堂纪律的坏习惯，能面对并克服学习过程中遇到的各种困难，善于听取别人的意见，不因遭受挫折而灰心丧气，认定目标而坚持不懈。这些在行动中克服内心矛盾和外部困难的过程，都属于意志过程，是学生走向成功的关键。加强学生的意志教育，可谓意义深远，教师应切实做好学生的意志教育工作，使其成为促进学生全面发展的重要因素。

教师要以学生为本，教师必须走出多少年来根深蒂固的应试教育的圈套，转变教育观念，面向全体，着眼发展，采用适合学生发展的时新的教学方法、先进的教学手段。只有把科学发展观的新思想与新课标、新理念、新教材进行有机整合，适时适情选用教学方法和教学手段，使全体学生得到全面终身的发展，才能使教育全面协调可持续发展。

第七章
小学创新教育背景下的品德教育与发展

第一节　强化基础德育

德育即对学生进行政治、思想、道德以及心理品质教育。中小学德育工作的基本任务是，培养学生成为热爱社会主义祖国，具有社会公德、文明行为习惯，遵纪守法的公民。在这个基础上，引导他们逐步树立正确的世界观、人生观、价值观，不断提高社会主义思想觉悟，并为使他们成为有理想、有道德、有文化、有纪律的一代新人打下良好的基础。

中小学德育工作以马列主义、毛泽东思想和邓小平理论为指导，遵循学生的身心发展规律和思想品德形成规律，以爱祖国、爱人民、爱劳动、爱科学、爱社会主义教育为基本内容，循序渐进地开展文明行为习惯养成教育，中华民族优秀传统和革命传统教育，道德和民主法制教育，中国近现代史、基本国情和时事、政策教育，正确的世界观、人生观、价值观教育。同时还要对学生进行心理健康教育，培养学生健康的心理素质，帮助学生树立健全的人格。

国家颁布的《中小学德育工作规程》《小学德育纲要》《中学德育大纲》是中小学德育工作的基本依据。明确规定了小学、中学各阶段的德育目标、教育内容和基本要求，以及德育原则、途径和实施办法等，体现了国家对中小学生思想、品德、心理品质和政治素质的基本要求。

学校德育工作是学校教育的重要内容，其主要教育形式和途径包括：小学思想品德课和中学思想政治课及各科课堂教学，学校、班级活动和管理，课外、校外社会实践活动和共青团、少先队和学生会组织工作等多种形式。同时，学校与家庭、社会密切配合，营造良好的社会育人环境，对青少年进行教育和熏陶也是德育工作的一个重要方面。学校还制定了《小学生守则》《中学生守则》《小学生日常行为规范》和《中学生日常行为规范》。这是对中小学生思想品德行为的基本要求，也是每个中小学生必须遵守的行为准则。

此外，通过劳动和劳动技术教育，培养学生正确的劳动观念、良好的劳动习惯以及热爱劳动的态度和生活自理能力，使学生掌握一些生产劳动的基础知识和基本技能。

学校德育工作是学校教育的重要内容

基础德育是指学校实施的最基础的教育活动和理念。它是发挥德育有效功能的坚实基础，也是培养学生基本品行的基础。基础德育应该进行养成教育，因为对于小学教育来说，养成教育是培养良好行为习惯的最好手段。

我们倡导"大德育""小操作"，提出"细节决定成败"这一德育理念。从细节入手，营造良好的德育氛围，让学生每一天都处于德育的氛围当中，每一刻都在接受德育的熏陶。我们提出的养成教育体现在以下几处细节：

养成教育要让学生会说话、会走路、会学习、会健体、明礼仪等。

会说话：当你请求别人帮助时，要用商量的口吻说"请您"，不用命令的口吻喊"喂""快"。当别人感谢你时，要说"别客气""没关系"，不能不理不睬。当人家给你提供了方便或帮助时，要热情地说"谢谢"。当你妨碍了别人或给别人添了麻烦时，要说"对不起""请原谅""麻烦您"。不要以为它是小事，不值一提。路上遇见老师或长辈时，主动打招呼，说"您早""您好"，不要绕开走。在学校和老师说话时姿势端正，双目凝视，认真听讲。不东张西望，不抓头摸耳，不抖腿搁脚。会走路：行走时，步伐稳健、轻盈，抬头，挺胸，目光平视，头不摇，身不晃。会学习：课前准备时，预备铃响起，学生立即进入教室坐好，挺腰板，腿并拢，脚平放，手自然交叉置于课桌。当堂课所用课本、文具放于课桌左上角，思想集中，准备上课。上下课礼仪：教师走进教室时，班长喊"起立"，全体学生站好后老师问："同学们好！"学生齐声答："老师好！"然后老师让学生"请坐下"。下课时，等老师宣布下课，班长喊"起立"，全体学生站齐后老师道："同学们再见！"学生齐声答："老师再见！"等老师走出教室后，学生才出教室。课上要专心听讲，不做小动作，不随便下位。积极思考，踊跃发言，发言做到声音响亮，口齿清楚，说话完整。认真完成课堂作业，做作业时禁止说话，写字做到三个"一"（胸离桌子一拳远，眼离书本一尺远，手离笔尖一寸远）。当上课迟到时，在教室门口先停下，轻声敲门或喊"报告"，教师允许后，才进教室，入座要快，脚步要轻，动作幅度要小。坐下后，立即集中精神注意听讲。课上提问或回答问题时，应先举手。老师点到自己的名字时，站起来答题，站姿正确，表情大方。别人回答问题，仔细倾听，不交头接耳。会健体：下课在指定的区域做文明游戏和活动，不打闹。认真做好课间操，做到每天"阳光运动一小时"。回到家里可以和父母一起锻炼身体。不参加有危险性的体育运动。明礼仪：尊敬老师，尊重同学，听从教师教诲，不无理取闹，有意见在课后向老师或同学提出并妥善处理。当同学的家长或其他老师来校时，要热情问好，不围观，不评头论足。对别人的生理缺陷，要同情和关心。不嘲弄讥笑，不给人家起绰号。对邻居要团结和睦，尊老爱幼，互相帮助。不仗势欺人，不贪小便宜。到别人家里去，进门时要和蔼地询问，不要直进直出，不乱翻乱闹。以往，人们对德育有认识误区，认为德育就是思想品德教育，应该是思想品德的教学任务，和教学没什么关系。随着时代的变化，我们必须改变这种观念，要树立一种大的德育观念，进行"全科德育"，就是将德育渗透到所有学科的教学中，这样才能真正发挥德育功能，而不是使德育处于孤立无援的境地。

提到"教学德育"，顾名思义，就是在各学科的课堂教学中有意识地渗透思想教育，将知育、智育、德育有机融合。我们要充分根据本学科的特点、本节课的教学内容和学生的年龄特点，恰如其分地渗透思想教育，从而达到"润物细无声"的教育效果。比如：

语文课：语文教材的每一篇课文都蕴含着丰富的思想，教师可以在体现语文教学的功能外，充分挖掘教材本身所蕴含的思想、内涵和道德因素，恰如其分地进行思想教育，将语文教学的人文性和思想性完美融合。

数学课：尽管教材内容本身所体现的思想教育并不明显，但可以从"圆周率""算盘"等教学内容对学生进行民族精神教育，并培养学生认真、严谨、科学、实事求是的学习态度。

音乐和美术课：充分利用教材和特殊的学科特点，陶冶学生美好的情操，激发学生美好的情感体验，充分感受艺术的魅力，让学生处处能感受到美，有利于提高学生的审美鉴赏能力。

信息技术课：让学生充分感受到信息技术的飞速发展，感受到信息时代给人们生活带来的巨大变化，适时地对学生进行追求科学、努力进取、刻苦钻研的精神教育。

体育课：让学生在运动中感受到快乐、健美和阳光，同时，对学生进行顽强拼搏、永不服输和意志品质的教育。

英语课：让学生体验西方文化的特点和国情特点，让学生认识到中西方文化的差异，从而感受到祖国传统文化的源远流长，有利于对学生进行民族情感教育。

地方课程：地方课程有着浓郁的地域特点，我们要充分根据地方课程特点，对学生进行爱家乡的教育，感受家乡文化的魅力。

校本课程：充分体现本校特点，有鲜明特色，是对学生进行爱校教育的良好切入点。

活动课程：学校通过开展丰富多彩的读书节、体育节、艺术节、英语节、同学节、科技节等活动，将思想教育有效融入活动之中，从而达到"润物细无声"的教育效果。

综合实践活动课：让学生在课内课外的实践活动中，培养善于观察、科学探究、敢于创新和精益求精的精神。

课堂教学是我们实施德育的主渠道，教学德育是教学与德育的完美融合，因为很多学科的知识结构和教学内容都需要我们在课堂教学中恰如其分地进行知育、智育和德育，将"教学德育"作为我们对学生进行思想道德建设的创新点。

《中共中央关于进一步加强和改进学校德育工作的若干意见》（以下简称《意见》）中指出："学校教育、家庭教育、社会教育要紧密配合。学校要主动同家长及社会各个方面合作，使三方面的教育互为补充，形成合力。"《意见》提出的就是"三结合"教育，是拓展德育功能、完善学校教育的有利渠道。

一、认识学校、家庭、社会协同教育的重要性

学校是少年儿童成长和发展的主要场所。学校承担了过去由家庭完成的大部分教育功能，成为少年儿童社会化的主要场所。一个孩子的重要成长时期基本上都是在学校度过的，孩子从中掌握知识技能，养成道德习惯，形成价值

观念。因此，学校对于成长中的少年儿童尤为重要。

家庭是少年儿童成长和发展的重要场所。一个人生下来最初受到的影响就来自于家庭。家庭的结构特点、伦理道德、生活质量，父母的思想意识、文化修养、教育方式等都会对子女的身心发展产生不同程度的影响，可以说少年儿童发展的差异在很大程度上取决于家庭因素。

人又是社会的产物，一个人出生以后，在生活、学习、工作的各个方面，都要加入到许多社会群体中，就个人的发展而言，加入群体能够满足人的社会交往需要，促进个人的身心发展。

学校、家庭、社会对学生的成长发挥着不同程度的作用，并且它们的作用是相互影响和相互制约的。只要我们不断加强与社区的合作，为学生创造良好的社会生活环境，尽力延伸学生学习和认识社会的空间，尽可能触摸到时代的脉搏；同时努力做好家校结合教育，掌握学生发展变化的第一手材料，关注心理教育，就能促进学生健康成长。

二、充分发挥合力作用，拓展德育技能

1. 突出学校的主导教育功能

由于学校是少年儿童成长和发展的主要场所，在教育合力的形成中起到指向和引导作用，因此，要充分发挥教育的合力作用，首先要搞好学校教育。

2. 完善家庭教育的辅助功能

家庭环境塑造学生的基本性格，只有家庭教育与学校教育达成一致，才能有好的效果。我们应清醒地认识到在家庭教育中存在的一些问题：一是部分家长外出务工，造成学校有近 30% 的学生留守在家，由其他监护人管理；二是家长文化层次不高，教育方法不当，不能有效地对学生实施教育和指导；三是一部分家长不重视子女的学习情况，还有的家长缺乏科学的教育方法，或过于溺爱，或动辄打骂，影响了学生的身心健康发展。针对这一现状，采取如下措施：

（1）建立家长委员会，实现家校共管。应明确家委会成员的权利和义务，对学校的一些重大活动、会议、决策等全程参与，充分行使家长的知情权、监督权、发言权和管理权，突出家长委员会在学校管理中的作用。

（2）办好家长学校，提高家教水平。通过开办家长学校来推广科学的教育方法，提升家长素质。主讲人可以是教育专家、学校领导、家长代表或社会精英，内容包括习惯培养、学习方法指导、心理辅导、教育技巧培训等。

（3）举行"家长开放日"，共同参与管理。请家长到学校听课、参观、参加活动等，亲自感受学校教育的全过程，及时与老师沟通交流，了解学生最近的变化，增强家长参与学校教育的自觉性。

（4）设立"家长接待日"，接受家长监督。向全体家长公布学校电话，设立校长信箱，开通校园博客，设立接待日等，及时解释、解决家长的疑惑和问题。

（5）建立家校联系卡，保证沟通畅通。要求班主任和家长必须持有对方有效的联系电话，每天通过电话、短信或互联网及时交流学生在校在家的表现。有意识地给学生留德育作业，并了解完成情况，如今天学生在家做了哪些家务、和父母谈心了吗、最近在社区里有没有乱扔垃圾等。

（6）建立家访制度，转变教育观念。家访是教师了解学生在学校以外的学习生活条件、环境以及家庭教育最有效的一条途径。学校开展"百名教师进千家"活动，进行阶段性家访，尤其加强对特困生、留守儿、单亲生、特异体质学生以及学困生的家访工作，通过引导、疏通、谈心等方式，共同关注学生的学习、生活和心理健康。

（7）开好家长会，重在沟通鼓励。改变原来家长会时老师"一言堂"或"批斗会"的局面，主要由教师向家长展示学生们的成长变化，与家长沟通确定教育策略，由家长介绍教育子女的经验等。让家长会变成家校共管的展示会、沟通会和交流会。

3.延伸社会教育的补充功能，建立区域教育网络，协同学校开展教育工作

（1）与社区建立定期交流制度。了解学生在社区里的文明表现，学期末请社区为学生表现做出鉴定，评选"新三好"中的好公民。让学生参与社区的爱国卫生月，清理白色垃圾，撕揭非法小广告，为爱心超市捐衣物，资助贫困儿童，参与社区选举等，让学生感受到自己是社会的一分子，明确自身的社会责任。

（2）充分发挥社区辅导员的作用。让部分教师或社区居民担任社区辅导员，负责照顾放学后无人监管的学生，尽到管理职责。

（3）丰富假期教育活动。学生的寒暑假是学校教育的空白期，学校应与社区联系沟通，开展好丰富多彩的活动，完善教育功能。

当然，"三结合"教育还需要我们去建构各自完善的教育体系，这是一个永恒的课题。

第二节　三礼教育

"礼"虽源于古代但已被赋予新时代的内涵。新时代开展"三礼"教育，已不单纯是一种对经典的重复和模仿，更多的是精神的传承和发扬。因此，当前所讲的"三礼"，既可以专指为表示敬意而隆重举行的仪式，也可以泛指社会交往中的礼貌、礼节。"礼"在现代社会演变为礼仪、礼貌、礼节，故将其称为"三礼"。

所谓"礼仪"，从广义上讲，是人们在社会活动中言行规范和待人接物的标志，是人们在社会交往活动中形成的行为规范与准则，是礼貌、礼节、仪表、仪式等的总称。从狭义上讲，礼仪指的是国家、政府机构或人民团体在一种正式活动中和一定环境中采取的行为语言等规范。在各种场合举行的仪式，如颁奖仪式、签字仪式、开幕式等，都属于礼仪的范畴。礼仪的种类很多，主要包括个人礼仪、生活礼仪、家庭礼仪、学校礼仪、社交礼仪、公务礼仪、商务礼仪以及习俗礼仪、民族礼仪、宗教礼仪、涉外礼仪、外国民俗等。

所谓"礼貌"，是指人们在相互交往过程中言语、动作应具有的表示谦虚恭敬、友好得体的气度、风范和行为准则。

所谓"礼节"，是指人们在日常生活中特别是在社会交往过程中表示出的问候、哀悼、慰问等，并给予必要的协助与照料的惯用形式和规范，是礼貌在语言、行为、仪态等方面的具体规定。

"三礼"教育的实质是培养人的教养，教人如何尊重人，如何与他人相处。"三礼"教育以尊重为基础，以诚信为核心，辅以美好的外表，最终造就健全的人格。"三礼"教育的要义大概包括以下四点。

第一，"三礼"教育的基础是尊重。礼仪的行为，实际上就是人们在尊重他人、尊重社会的意识的支配下，在人与人交往中表现出来的礼貌与礼节。它使人们做到遵守、敬人、宽容、平等、真诚与适度，自觉地对交往对象一视同仁，给予礼遇。

第二，"三礼"教育的核心是诚信。"三礼"教育就是要教育学生讲诚信。诚实是全部道德的基础，是人际交往最基本的条件。我国著名教育家陶行知强调"千教万教教人求真，千学万学学做真人"，其实质就是强调一个"诚"字。做人先要做一个真实的人，才能做一个有用的人。在学校开展"三礼"教育时，应首先教育学生要信任家庭、学校和熟悉的人，然后再教育学生与社会上一部分人交往时要善于识别，不能过于信任；而不能先教育学生不要轻信别人，这样学生就会不信任所有的人，同时自己也去学做"不可信任的人"。其实，作为"三礼"教育的"信"，主要还是说要使别人信任自己。

第三，"三礼"教育的外表是美好。世界上美的事物千姿百态，自然美、社会美、科技美，异彩纷呈。美的本质，就是呈现出对人的本质力量的确认与

小学生的礼仪教育

肯定。审美可以陶冶情操，美化人格，约束和规范人的行为。"三礼"的践行并不是审美活动，但它的确又蕴含着审美的因素。比如个人礼仪修养做到举止优雅、服饰得体、仪容整洁、语言礼貌，就体现了对美的追求。语言美、行为美会给人亲切、亲近、自然、美好的感觉。因此，"三礼"本身就是规范美的体现，也是一个人的审美情趣与文化品位的窗口。

第四，"三礼"教育的终极是一种健全人格教育。现代健全人格主要包括独立和合群两方面。团队合作精神就是一种既各自独立又互相合作的精神，就是合群的最高境界。既体现每个人独立自主，又体现每个人为同一目标而与他人融为一体；既能保持个人的个性，又能使个人与团队融为一体。而这种团队精神的核心，就是现代交往伦理或者说"三礼"。因此，培养学生健全的人格，离不开"三礼"的学习和教育。"三礼"教育是培育现代健全人格最合适的养料，而现代健全人格也成为"三礼"精神的最好体现。

"礼"是中国传统文化的核心，也是中华民族传统美德绵延不绝的巨大精神财富。中华民族有"礼仪之邦"之美誉，礼仪教育传统源远流长。中国历代思想家和重要的文化典籍，无不强调"礼"在"树人"以及齐家、治国、平天下中的重要作用。

孔子说："不学礼，无以立。"（《论语·季氏》）强调学礼是一件小到立人、大到立国的大事。他还具体教育他的学生："非礼勿视，非礼勿听，非礼勿言，非礼勿动。"（《论语·颜渊》）从而告诉人们要懂得礼节规范，不合礼节的不能看、不能听、不能说、不能做，至于《礼记·大学》中的"物格而后知至，知至而后意诚，意诚而后心正，心正而后身修，身修而后家齐，家齐而后国治，

国治而后天下平"（修身、齐家、治国、平天下）等，都强调要学"礼"。"人无礼则不生，事无礼则不成，国无礼则不宁。"（《荀子·修身》）荀子的这句话同样很好地诠释了人必须学"礼"的原因。

在现代社会，"三礼"是在长期的社会实践中形成的人与人之间相互关系的一种表现形式，是衡量一个人道德水准高低、有无修养的尺度，也是国民精神素质的一个重要方面，是精神文明的具体体现，在治国安邦、立身处事中具有重要作用。学习"三礼"并不只是个人生活小节或小事，而是一个国家和社会风气的现实反映，是一个民族精神文明的重要标志。

改革开放以来，随着我国经济的快速发展和人民群众生活水平的不断提高，精神文明建设取得了令人瞩目的成就，但也在某些方面出现了停滞乃至倒退现象。我国部分公民在境外旅游活动中表现出来的不文明行为，如大声喧哗、随地吐痰、乱扔杂物、排队加塞、乱刻乱画、衣冠不整等，被海外一些媒体归纳为中国游客的"通病"，损害了中国"礼仪之邦"的形象，引起了海内外舆论的关注和批评。国民的素质与快速发展的经济形成巨大的反差。有的境外旅行社和宾馆甚至因此拒绝接待中国旅游团队。为此，中央文明委曾发出通知，部署在全国实施"提升中国公民旅游文明素质行动"。这也从一个侧面反映了国民素质的提升已经到了刻不容缓的地步。因此，在小学阶段，开展"三礼教育"对于提升小学生的文明素养，进而提升公民的整体素质具有重要的意义。

一、确立原则，规范"三礼"教育

"三礼"教育是"做"的学问，它需要在实践活动中予以体验。在明确认识后，关键是如何把"三礼"教育的要求转化为学生具体的行为习惯和文明素养，所以选择恰当的教育行动策略就成为关键。从小学生的认知特点和心理发展规律出发，确定"三礼"教育要小一点、近一点、实一点。"三礼"教育包括以下四个基本原则。

1. 适切性原则

"三礼"教育是小学生养成教育及思想品德教育的具体化。因此，"三礼"教育目标的确定、教育内容的安排、教育方法的选择和评价的实施都要与小学生的认知特点和心理发展特点相适应，遵循教育过程的规律和思想品德形成的规律，从调查研究入手，从学生生活、学习、与人交往等方面的小事做起，从学会做人的基本方面做起，从学生、家长、社会对学生发展的需要做起，贴近学生生活、学习实际，贴近学生家长的需求。

2. 示范性原则

小学生的模仿能力非常强，而教师和家长是他们最直接的模仿对象。教师和家长的一举一动、言谈举止都在潜移默化地影响着学生。因此，"三礼"教育不应该仅仅是针对学生的，同时应该面向教师、家长。教师的行为要突出"三礼"规范，要起表率作用；家长要成为孩子"三礼"的榜样。

3. 实践性原则

"三礼"作为文明习惯和良好品德的表现，只有在实际生活中，才能为人所体验，也才能同时被人认可。所以，"三礼"教育强调实践性，要在学生实际的学习、生活、交往实践环境中进行培养，可以模拟真实的生活场景进行训练，最后形成学生自觉的行为习惯。要避免单纯说教、脱离实践的简单做法。

4. 协同性原则

学生不但生活在家庭和学校中，而且生活在社会中。学生是社会人，在学生与社会的广泛接触中，形成了一个与周边的人（家庭、社会）互相学习、互相交往的网络。因此，"三礼"教育是一个系统工程，必须做到"三结合"，即课内外相结合、校内外相结合、学校与家庭相结合，这种"三结合"体现的正是协同性。

二、形成策略实践"三礼教育"

教师受"三礼"教育以及学生的影响，工作热情也空前高涨。开展"三礼"教育后，老师的教育方式方法也发生了很大的改变。老师也讲"三礼"了：少了冷漠，多了微笑；少了粗暴，多了耐心和尊重。一位家长这样说："过去，我送孩子到学校上学，孩子和有些老师打招呼，这些老师都是不爱搭理的样子，这对孩子的自尊心是个很大的伤害。现在，学校开展了'三礼'教育，和从前大不一样了，孩子回家说，我们的老师现在对我们可好了，希望这种活动能够继续坚持下去。"在管理方式上，过去对学生的管理主要靠老师，现在，主要是学生自己管理自己的模式，许多班级实行了轮流担任班主任制度、轮流担任班长制度，给每个学生锻炼的机会和自我约束的机会，从而提高了班级管理的整体水平。

第三节　趣味品德教育

当今小学德育课程仍存在很多问题，具体包括以下几个方面。

一、教师教学情况扫描

品德教学说教化、简单化、灌输化、成人化的倾向依然存在。课堂上教师照本宣科现象仍然比比皆是，学生缺乏学习兴趣、乐趣，即便最有魅力的课也不能发挥其应有的学科的作用。

1. 重结论，轻过程

课程标准要求品德课教师在教学过程中应全面地把握目标，使学生在情感、态度、价值观与能力、知识等方面获得整体的发展。但目前教师在教学中却偏重知识、技能的学习，忽略能力、情感、态度、价值观的培养。道德观点的讲解和道德规范的掌握，教师往往都是直接告诉学生该怎样做、不该怎样做，重在得出道德结论。

2. 重主导，轻主体

儿童是学习的主体，学生品德的形成和社会性的发展，是在各种活动中通过自身与外界的相互作用来实现的。但纵观整个教学过程，还存在着较为严重的"满堂灌"现象。课堂成为教师的演讲台，学生只是机械、单纯地回答教师提出的问题，是纯粹的受教育者，是被动的客体。

3. 重说教，轻体验

我们知道儿童需要通过自己的体验，来感受世界和认识世界。但教师往往只注重道德观点的讲解，而不注意帮助学生挖掘他们身边已有的但没有很好体验的事物以强化他们的体验和感受，不注意引导学生通过不同角度的体验学会换位思考来提高他们的道德感受能力。

4. 重认知轻践行

学生的道德人格形成于他们的生活中，在接触社会和与人交往的过程中实现。教师的任务，不是让学生认识课本中的生活与社会。因此，指导学生观察、认识自己周围的环境和生活就变得十分重要。但教师备课、设计活动方案时，往往将主要精力放在课堂40分钟，不太重视对学生课外观察、访问、收集、整理资料等学习活动的指导，似乎觉得作业布置下去学生自然而然就会了。

二、课程实施情况调查

1. 课程价值认识不足

学校领导、教师重智轻德的思想根深蒂固。品德学科是隐性的，在短期内无法显现它的功效，更无法用具体的标准来衡量，从而很多教师就忽视了该课程的教学。学校安排品德与生活课，很少考虑教师的教学、教研能力，大多是以教师工作量的大小、课时负担的轻重来搭配。由于没有专职的品德课教师，要上好品德课也就成了一句空话。

2. 课程性质把握不准

一些教师对品德与生活课程性质的理解还不够全面，对教学目标的把握还不够准确，容易以旧眼光来看这一综合课程教学，既没有遵循知情意行的道德形成规律，也没有在活动过程中与学生积极互动，没有通过教材中出现的一系列"社会事件""现实生活主题""社会生活场景"与儿童的真实生活联系起来，建立起一种相互渗透的通道。因此，就难以有机地融合品德、生活等学习领域的教育要求，难以达成课程目标。

3. 课程实施支持不够

品德课程仍然被很多学校置于"副课"地位，没有进行严格的监督与管理。很多学校不同程度地存在着随意削减课时、频繁更换教师、不重视教学检查与评价等现象，学校没有设立学科教研组，也很少开展教研活动，家长对这门课程的学习也支持不足。需要开展的一些实践活动，出于安全因素考虑和社会联系渠道不畅等原因，常常无法实施。这些现实的外部环境，使得课程的有效实施遇到了很大的困难。

4. 课程资源开发不力

品德与生活综合课程强调联系学生生活和社会实际开展教学，教材的开发空间比较大，在教学中要求教师自主开发和利用各种课程资源。同时，作为新课程，目前配套的课程和教学资源建设还没有完全到位，而教师由于自身精力、能力等主客观原因，不能很好地开发课程资源，也给教学带来了困难。

针对上述情况，需要开展多项活动进行改善。具体包括以下几个方面。

第一，让品德"牵手"童趣。

让品德"牵手"童趣，即童趣化品德与生活课程，是以儿童的生活为基础，以培养品德良好、乐于探究、热爱生活的儿童为目标的活动型综合课程。童趣化小学品德课程体现了"以儿童的生活为基础"的课程理念，关注并利用儿童的生活经验，反映儿童成长的需求。它具有生活性、开放性、活动性的特征，强调让儿童在主体参与中去感悟、探索、发现。在多种活动和情景中，引导儿童用自己的眼睛观察世界，用自己的心灵感受世界，用自己的方式探索世界，用自己的语言表达感受，使品德课充满情趣和"意味"。

"以人为本"作为一种价值取向，其根本所在就是，以人为重，以人为先。当我们将"以人为本"作为教育的价值选择时，教育便具有了创造人的价值的意义。童趣化教学所倡导的课程文化是一种儿童文化，它充满"童趣"和"童乐"。

新课程下的品德与生活课程是一门让儿童学习过有道德的社会生活的课程，是以儿童生活为基础，促进儿童形成品德良好、乐于探究、热爱生活的综合课程。品德课直接面对的是人的成长，关注的是学生品德、品性的养成。它强调道德教育是一种建立在生命间理解基础上的平等交往活动。

品德课程回归儿童经验和生活。在课程理念上，凸现了"以人为本"的价值观；在课程内容上，把学生的生活及其个人知识、直接经验作为课程内容，加强与学生生活以及现代社会和科技发展的联系；在课程实施上，倡导学生主动参与，乐于探究，勤于动手；在课程评价上，重在发展性和多元化，发挥评价促进学生发展、教师提高和改进教学实践的功能；在课程环境上，呈现出多样性和变动性；在课程管理上给教师留有开发、选择的空间，也为学校留出选择和拓展的空间，以满足不同学生学习和发展的需要。

教育是直面生命个体，为提高人的生命质量而进行的社会活动，是以人为本的社会中最能体现生命关怀的一种事业。作为新时代的教师，不仅要尊重学生，要给学生注入无限的爱，还应该具有童心，用儿童的语言与学生交流，用儿童的视角观察世界，用儿童的心灵感受生活，用儿童的方式走近他们。

第二，行进在童趣化道路上的品德课程。

行进在童趣化道路上的品德课程，我们就四个方面进行探究：

首先，品德课程教学内容童趣化探究。只有源于儿童实际生活的教育活动才能激发学生内心的而非表面的道德情感、真实的而非虚假的道德体验和道德认知。童趣化教学要求教师根据学生的实际需要和兴趣爱好，从生活中寻找教学内容，对教材大胆调整、重组。实验中教师充分利用生活中的多种教学资源，让教学更加生活化、地方化、具体化、校本化，真正地走进童心世界。

教材是教学的素材，不是束缚学生思维的枷锁。《新课程标准》明确阐述新课程改革的核心理念是"一切为了学生的发展"，即"基于学生发展，关于学生发展，为了学生发展"。"以人为本"——以人的现实基础为本，以人的生理和心理需求为本，以人的生存和发展需要为本——是世界各国实施现代教育，确立学校课程所遵循的共同理念。基于这一理念，实验老师大胆地抓住学生现实生活中的道德需要、道德困惑、思想难题及学生中的热点问题，如独生子女普遍存在的以自我为中心、生活自理能力差、与小伙伴相处难、沉迷于游戏等问题，大胆地淡化知识教学的痕迹。老师对教材进行适当的增、删、改，使教学内容不再局限于传统意义上的教材，而是把内容扩展到学生的整个生活空间，为"社会"进入课堂奠定基础。

新课程的教材都按主题单元的形式编写，在同一主题单元中，安排了不同的版块。在实际教学中，我们常常根据需要打破版块、课时的界限，实现单元的整合、主题的整合、年段的整合。这种组合式的教学，受到了学生的欢迎，既满足了学生探究的欲望，又留有更多的时间、空间让学生去体验，去实践。

其次，品德课程教学过程童趣化探究。对儿童来说，他们的受教育历程本身就是生活。要让儿童过好他们的教育生活，我们的教学过程应当充满"童趣"和"童乐"。在研究和实践中，我们积极探索，建构一种有意义的快乐、积极的品德教学，促使儿童在这种生活中发展，在发展中生活，并从这种生活中得到全方位的满足、快乐、喜悦的享受。

哲学家狄尔泰说："生活表达在体验中，人们生活在体验中，并通过体验而生活。"所以，追求有童趣的、有道德的生活必须注重让学生在大量的感性行动中进行道德体验，使道德真正融入生命，成为生命的自觉。

再次，小学品德与生活教学评价的童趣化探究。课程评价作为重要的教育手段，是整个教学活动的重要组成部分。它涉及课程实施的全面评价。本课题组侧重探索学生学习及成长过程的评价。在实验中我们改变原有的课堂评价方式，以新的课堂评价理念去关注学生在课堂中的表现，既用发展的眼光去评价学生的阶段性学习成果，又着眼于学生的学习风格和特长，使评价不仅促进学生知识的积累，也关注学生人格的发展和快乐的程度。

无数事例证明，走向事业辉煌、开创成功人生的关键，是高尚的情操、持之以恒的毅力、克服困难的勇气、乐观幽默的性格，是关心社会、尊重他人、善待自己的修养，是善于相处、善于合作、善于把握自己与他人情感的能力。由此，发展性评价内容应着眼于学生的未来，不仅要关注学生学业成绩，也要关注学生良好的道德品质、心理素质、人际交往能力、学习兴趣、积极情感体验等方面的发展，注重评价内容的丰富性、多元性与全面性，让学生在愉悦的氛围中体验学习的乐趣和成就感，促使学生全面和谐成长，个性健康发展。

学生既是评价对象，也是评价主体。新课程下课堂评价必须提倡多种主体，包括教师评价、学生自评互评、学生与教师互动评价等。我们把小组互评与对小组每个人的评价结合起来，把学校评价、社会评价和家长评价结合起来，采用多种方式培养学生的自我评价意识，发展自我评价能力。让学生来评价学生，有助于培养学生的团结合作精神，同时在自然、平和的氛围中积极体验评价的乐趣，学会欣赏和接纳他人。

遵循"以学生发展为本"的原则，改变以书面考试定等级的唯一评价形式。我们设置教师、家长、学生交流卡，如教师"激励赏识卡"、学生"明镜卡"、家长"信息反馈卡"。"激励赏识卡"主要记录老师对学生激励的语言，对学生亮点的称赞和赏识；"明镜卡"是学生自我认识的亮相台，它主要记录学生对自己的综合评价；"信息反馈卡"记录家长对学生进步表现的肯定以及期望的语言。"三卡"促使老师、家长和学生相互交流，有助于学生健康发展。童趣化的评价方式可以满足学生对评价的需要，使他们以一种积极进取的态度对待学习，参与学习，体验学习的快乐。

最后，小学品德与生活教学管理的童趣化探究。教师对课程实施过程及结果的管理，涉及课程管理中的诸多要素。本课题的课程管理研究侧重于对教师的教育行为、教学组织的管理及课程资源的开发利用管理等方面，使品德课程从学生全面和谐发展的需要出发，肩负起帮助学生端正品行、陶冶情操、美化心灵的责任。

教育行为是教师受一定思想支配，把知识技能和道理传授给教育对象的过程。自开展研究以来，老师们通过不断的学习、实践、反思，从根本上改变了教育理念、教育行为，力图在行为上、语言上体现童趣化。

作业批改采取浅显易懂、情感化的新颖趣味符号。如：作业质量好，本子上就绽开一张笑脸；作业潦草，后面就会有一张哭脸；作业进步，就竖起大拇指符号；完成又快又好的就奖给一个闪电符号；作业拖拉的画一个"呼噜"；作业粗心的送他一只"大眼睛"提醒他……喜欢新鲜事物是儿童的天性，充满天真趣味的笑脸、闪电等符号比五角星符号容易让学生产生喜悦感，一次次的愉悦感能不断强化学生上进的内部动力，而"呼噜""大眼睛"等符号让学生了解自己的缺点，明确努力的方向。

关注儿童精神生活，采取孩子气的奖罚方式，却不失老师丰富的情感。如学生进步大了，请他当小老师来督促其他同学；学生犯了错误，请个"医生"咨询，让学生自己给自己开张药方；集到10个奖章可以在"超级变变变"

墙报上贴上自己的"卡通化身形象"。这些有趣的奖罚方式颇让孩子兴致盎然，同时触动了他们行为的内部、外部动机。

"童趣化"教育的成效是显而易见的。面对天真烂漫的学生，教师不妨放下"师道尊严"的架子，改变一本正经的面孔，走进孩子的心灵，做一个天真的大孩子。多一点童趣，少一点说教，学生自然会"亲其师"，从而达到"信其道"的效果。

捉迷藏、跳皮筋、呵痒痒……教师似乎也像个顽皮的大孩子，稚气未脱，和学生逗趣。小学生对老师有强烈的心理依赖感，希望得到老师的肯定，这是多数学生的强烈心理需求。教师与学生童趣化的交往行为会让学生产生强烈的认同感，让他们倍感轻松亲切，有利于愉快学习。

在学生精神紧张时，不妨朝学生做个鬼脸；在学生犯错时，试试朝他俏皮地眨眨眼；在学生低头难为情时给学生亲切的微笑、信任的眼神……教师采取不同的表情，能达到不同的教育效果。

用孩子们熟悉和喜爱的卡通人物名字称呼学生，表示教师对他的赞美、欣赏、喜爱之情，能极大地鼓舞学生。观察仔细、爱动脑的叫他小柯南，爱提问、爱科学的叫他小蓝猫，把安全委员称为"黑猫警长"……听到这样的称呼，学生无不欢欣雀跃。教师还可称呼学生的小名，让学生在学校中感受家庭式的温馨，使师生情感更融洽，集体更有向心力。

第四节　创新品德教育

广义的德育指所有有目的、有计划地对社会成员在政治、思想与道德等方面施加影响的活动，包括社会德育、社区德育、学校德育和家庭德育等方面。

狭义的德育专指学校德育。学校德育是指教育者按照一定的社会或阶级要求，有目的、有计划、有系统地对受教育者施加思想、政治和道德等方面的影响，并通过受教育者积极的认识、体验与践行，形成一定社会与阶级所需要的品德的教育活动，即教育者有目的地培养受教育者品德的活动。

德育是各个社会共有的教育现象，具有社会性，与人类社会共始终。德育随着社会发展变化而发展变化，具有历史性。德育在阶级和民族存在的社会具有阶级性和民族性。在德育历史发展过程中其原理、原则和内容、方法等存在一定的共同性，因此德育具有继承性。德育是对学生进行思想、政治、道德和心理品质的教育。思想教育是形成学生一定的世界观、人生观的教育，政治教育是形成学生一定的政治观念、信念和政治信仰的教育，道德教育即促进学生道德发展的教育。可以说我国德育是一种涵盖整个社会意识形态的"大德育"。然而品德的发展，世界观、人生观的形成，政治觉悟的提高，各属于不同层面的问题，其过程机制相差甚大，不能以一样的手段、方法通过一样的途径遵循一样的原则来实施政治教育、思想教育和道德教育。

德育是社会主义现代化建设的重要条件和保证，是学生健康生长的条件和保证，是实现我国德育目标的基础和保障，是培养具有道德发展性的人的条件和保证。

德育目标是通过德育活动在受教育者品德形成发展上所要达到的总体规格要求，亦即德育活动所要达到的预期目的或结果的质量标准。德育目标是德育工作的出发点，它不仅决定了德育的内容、形式和方法，而且制约着德育工作的基本过程。德育依据包括：第一，青少年思想品德形成、发展的规律及心理特征。第二，国家的教育方针和教育目的。第三，民族文化及道德传统。第四，时代与社会的发展需要。

德育原则是教师对学生进行德育必须遵循的基本要求，它反映了德育过程的规律性，是对德育实践经验的概括和总结。中小学的德育原则主要有：第一，道德认知与道德实践并重，又称理论和实践相结合的原则、知行统一的原则。第二，严格要求与尊重信任。严格要求是指严格按照教育方针和德育任务对学生进行教育，尊重信任是指在民主平等的基础上关心学生的成长，尊重学生的人格，信任学生能在教师的指导下自主发展。第三，统一要求与个性发展相结合。保证所有学生的发展同社会发展的总方向一致，又要针对学生的个别差异有的放矢地进行教育。第四，集体教育与个别教育并举。通过集体来教育个人，又要通过个别教育来加强和影响学生集体。第五，学校教育和社会影响相统一。既要重视学校教育在青少年品德形成过程中的主导作用，又要重视社会各方面的影响相互配合协调一致。

主体德育模式是一种侧重道德认知的德育模式。学生是道德教育的主体，德育应充分发挥师生的积极性、主动性和创造性，尤其要承认和尊重学生的主体地位和主体人格，培养学生成为具有自主性、能动性等"主体道德素质"的社会主体。

活动德育模式是一种侧重道德行为锻炼的德育模式。理论假设道德就是现实的人的活动，个体的自主活动既是德育的目的又是德育的手段。

情感德育模式是一种以情感为核心的德育模式。该模式认为，关心是一种以情感为核心的知情行的整体结构且具有丰富的层次性。"学会关心"的教育价值在于引导学生从原始的、自发的"关心"感情提升到理性的、自觉的"关心"感情，形成出自责任的"关心"品质，进而为整个德行的发展奠基。

"三大步"育人模式一般称三大步励志教育，是迄今为止国内操作性最强、效果最明显的德育新模式。三大步励志教育在实践中整体构建了学校的德育体系，主要有学生励志体系、班级课程体系、导师育人体系和学校评价体系等。主要特点是一天内实现德育的认知、情感和行动。学生励志每日三大步：第一步（认知）集体朗读励志信，第二步（反省）填写成长记录，第三步（行动）自我评价。另外，三大步励志教育是应试教育背景下素质教育的有效途径，学生的学习成绩提高的幅度较大。

德育的内容包括：爱国主义教育，理想教育，集体主义教育，劳动教育，人道主义与社会公德教育，自觉纪律教育，民主与法制观念的教育，科学世界观和人生观教育，国防教育与国家总体安全观教育，民族精神与尚武精神教育。

德育方法是指用来提高学生思想认识、培养他们品德的方法。第一，说服。说服是通过摆事实、讲道理使学生提高认识、形成正确观点的方法。要求学生遵守道德规范，养成道德行为，首先要提高认识，启发自觉，调动他们的积极性。这就需要运用说服的方法来讲清道理，使学生明白只有认识提高了，认识到道德的必要性，才能自觉去履行。我们学校是社会主义的学校，要把学生培养成为自觉的建设者尤其要注重说服教育。说服教育的应用很广，无论运用哪种德育方法都离不开提高学生的认识，都需要结合运用说服教育的方法，但是仅仅强调或运用说服教育的方法是不行的。说服教育包括讲解、谈话、报告、讨论、参观等形式。运用说服教育要注意以下几点要求：明确目的性，富有知识性、趣味性，注意时机，以诚待人。第二，榜样。榜样是以他人的高尚思想、模范行为和卓越成就来影响学生品德的方法。榜样包括典范、示范、评优。运用榜样要注意以下几点要求：选好学习的榜样，激起学生对榜样的敬慕之情，引导学生用榜样来调节行为提高修养。第三，锻炼。锻炼是有目的地组织学生进行一定的实际活动以培养他们的良好品德的方法。锻炼包括练习、委托任务和组织活动。运用锻炼要注意以下几点要求：坚持严格要求，调动学生的主动性，注意检查和坚持。第四，修养。修养是在教师引导下学生经过自觉学习、自我反思和自我行为调节使自身品德不断完善的一种重要方法。学生品德的提高是一个能动的发展过程，它的成效同学生个人能否自觉主动进行道德修养紧密相关。学生的年龄愈大，他们个人进行的道德修养在自身品德发展中的作用也愈大。所以，德育不得不重视学生的道德修养和提高他们的修养能力，如果没有道德修养，个人的进步就是不可能的。修养包括学习、座右铭、立志、自我批评、慎独等。指导修养时要注意：培养学生自我修养的兴趣与自觉性，指导学生掌握修养的标准，引导学生积极参加社会实践。

陶冶是通过创设良好的情境潜移默化地培养学生品德的方法。陶冶包括人格感化、环境陶冶和艺术陶冶等。运用陶冶时要注意：创设良好的情境，与启发说服相结合，引导学生参与情境的创设，表扬、奖励与批评、处分相结合。

德育的各种方法各有特点与作用，每一种方法都是进行德育所不可缺少的，但又不是万能的，它们之间相互补充、配合构成了德育方法的完整系统。青少年学生品德的培养不可能通过个别方法来实现，必定是科学地综合运用全部德育方法的结果。所以教师要熟悉全部德育方法，善于创造性地运用。

小学低年级1～2年级开设品德与生活课，小学中高年级3～6年级开设品德与社会课，德育课程的目标可以分为每门课程的总目标和情感态度价值观、能力、知识等方面的分目标，并随学段不同而有区别。现行德育课程目标突出体现以下特点：全面性、基础性、序列性。

现行德育课程内容的主要特点是：首先，生活化。遵循不同阶段学生生活的逻辑，以学生的现实生活为主要源泉，以密切联系学生生活的主题活动为载体。其次，综合化。每一学段课程内容力求体现多重价值，整合多种学科内容。品德与生活课包含了品德教育、科学教育、社会文化教育等多方面的内容。再次，生本性。课程内容主张从学生成长、发展与生活实际出发，从学生思想品德发展的现状、问题和需要出发，尊重学生已有的生活经验。最后，开放性。面向学生逐步扩展整个生活世界，从封闭的教科书扩展到所有对学生有意义、有兴趣的题材。课程实施是实现预期课程理想的手段，现行德育课程为增强德育的针对性、主动性和实效性在实施中改变原有以灌输为主的教育方式，力图在以下几个方面做出改革：强调德育的实践性、活动性。学生的思想品德是在生活中通过实践活动逐步形成的，课程目标主要是通过教师指导下的各种教学活动来实现的，活动构成了教师教和学生学的共同中介。强调学生的主动性、参与性。活动是形成思想品德的主要途径，其本质特点在于活动能够激发学生的兴趣，引发学生主动参与。强调学生的情感性、体验性。道德情感具有感染、弥散、激励和动力等功能，而学生道德情感的获得是通过参与活动完成的。课程评价对课程实施起着导向和质量监督作用。现行德育课程在评价方面呈现出评价目的的发展性、评价内容的全面性、评价主体的多元性、评价方法的多样性等特点。

德育是随着社会的发展而变化的，在阶级社会中有鲜明的阶级性。历代的统治阶级为培养忠于自己的人才都十分重视德育。在中国奴隶社会和封建社会的学校中德育居于首要的地位。西周学校教育的内容"六艺"（礼、乐、射、御、书、数）中"礼"教是居首位的。当时的所谓"三德""三行"之教完全是为维护西周的奴隶制服务的德育。儒家主张"德治"和"礼治"。孔丘强调"以德教民"，认为"道（导）之以政，齐之以刑，民免而无耻；道（导）之以德，齐之以礼，有耻且格"（《论语·为政》）。孟轲明确提出："设为庠序学校以教之。……夏曰校，殷曰序，周曰庠，学则三代共之，皆所以明人伦也。"（《孟子滕文公上》）他把伦理教育视为中国古代学校的教育目的。这是中国封建社会教育的一个特点，在漫长的中国封建社会把维护封建等级制度的道德教条"三纲"（君为臣纲，父为子纲，夫为妻纲）"五常"（仁、义、礼、智、信）作为德育的主要内容。

在中国封建社会的思想品德教育中也有一些好的传统具有合理的因素。如重视政治思想教育同道德教育的统一，进德同修业的统一，在德育实施上重视以身作则、言行一致、因材施教、尚志履行躬践等。

在西方古希腊也很重视德育。苏格拉底主张"知识即美德"，认为一个人只要知道什么是善良和正确就一定会去实践它，美德是可以通过教育培养的。这种思想与"美德是通过贵族的血统代代相传"的保守观点相比显然是一个进步。亚里士多德认为，培养美德必须实践，并通过"理性"的教育形成道德习惯。他还认为，音乐在德育中有特殊的地位。古希腊哲学家提倡的德育是为维护奴隶制服务的。在欧洲长期的封建社会中宗教教条成了德育的主要内容。

在欧美资本主义发展时期许多哲学家和教育家还提出了一些新的德育思想，为巩固资产阶级的统治服务。17 世纪英国教育家洛克 J. 强调通过"理性"培养年轻绅士的风度和道德品质，要求"能克制自己的欲望"，"服从理性所认为最好的指导"。18 世纪法国启蒙思想家卢梭的德育思想具有强烈的反宗教倾向。他尊重儿童的天性，强调自然发展的法则。他主张德育要注意儿童成熟过程的阶段和年龄特点。19 世纪德国教育家赫尔巴特 J.F. 十分重视德育。他认为观念是行动之父，知识意味着真正的力量。知识和行为、道德和理智不应分裂开来。德育主要是形成儿童正确的道德观念，建立道德观念的统觉群。德育的任务侧重道德观念的培养。他是所谓"主智说"的代表人物。

20 世纪初美国实用主义教育家杜威 J. 为了适应当时美国垄断资产阶级的需要，认为德育应以"民主社会"的理想为出发点。他说："儿童将为其中一员的社会是美国。""离开了社会生活，学校就没有道德的目的，也没有什么目的。"他主张通过学校的"典型的社会生活"培养"有利于社会秩序"的道德习惯。德育任务侧重训练行为习惯，故属于"主行说"。

社会主义学校德育的意义和任务。共产主义的德育是全面发展教育的重要组成部分。列宁在十月社会主义革命胜利初期就号召青年要学习"共产主义"，并明确指出，应该使培养教育和训练现代青年的全部事业成为培养青年的共产主义道德的事业。德育要渗透于学校全部教育教学活动中。毛泽东在中国新民主主义革命时期指出，青年应把坚定正确的政治方向放在第一位，他说学校一切工作都是为了转变学生的思想，政治教育是中心的一环。在社会主义时期更强调指出，没有正确的政治观点就等于没有灵魂。

我国进入了社会主义现代化建设新的历史时期之后，中国共产党十分强调建设以共产主义思想为核心的社会主义精神文明，认为思想建设决定精神文明的社会主义性质。它的主要内容是工人阶级的，马克思主义的世界观和科学理论是共产主义的理想，信念和道德是同社会主义公有制相适应的，主人翁思想和集体主义思想是同社会主义政治制度相适应的，权利义务观念和组织纪律

爱国主义教育

观念，是为人民服务的献身精神和共产主义劳动态度，社会主义的爱国主义和国际主义、和谐社会的理念等。其中最重要的是革命的理想道德和纪律。这也就是我国学校德育的主要内容即社会内容。它是由我国的社会主义经济政治制度决定的。

为了把德育的社会内容有效地转化为学生个体内在的思想品德，必然要通过学生积极的心理活动。我国学校德育的基本任务是促进学生共产主义思想品德的形成与发展。

在个性心理发展中情感意志和行为习惯等方面是相互联系相互促进的，心理结构整体发展是整体性的发展。因此，学校的德育任务既反对侧重培养道德观念的主智说，又反对侧重训练行为习惯的主行说。

德育的功能主要包括三个方面：社会性功能、个体性功能与教育性功能。社会性功能，指学校德育能够在何种程度上对社会发挥何种性质的作用，学校德育对社会政治、经济、文化发生影响的政治功能、经济功能和文化功能。个体性功能，可以描述为德育对个体生存、发展、享用三个方面发生的影响，其中享用功能是本质体现和最高境界。德育的核心任务是要赋予每一个个体科学的价值观、道德原则和行为规范。教育性功能，德育的教育性功能有两大含义，一是德育的"教育"或价值属性，二是德育作为教育子系统对平行系统的作用，德育对智、体、美、劳的促进功能。就其共性来看主要有三点：动机作用，方向作用，习惯和方法上的支持。

道德与德育有着一定的区别。道德是以善恶评价为标准依靠社会舆论、传统习惯和内心信念的力量来调整人与人、人与社会、人与国家之间关系的意识形态和行为规范。道德属于社会范畴。

道德是维持人类社会正常生活的基本的行为规范。人类生活可以分为私人生活、社会生活、职业生活三个基本领域，调节这三个生活领域的道德规范分别是私德、公德和职业道德。私德是私人生活中的道德规范，指个人品德、修养、作风、习惯以及个人生活中处理爱情、家庭及邻里关系的道德规范。公德是国家及社会生活中的道德规范，也叫国民公德，与社会公德、职业道德是职业生活中的道德规范。

从德育类型划分的角度来说，德育包括私德、公德和职业道德教育。私德教育即培养学生的私人生活的道德意识及行为习惯，如相互尊重、相互体谅、相互关心、诚实、忠诚、敬老爱幼等，公德教育即培养学生国家与社会生活的道德意识和符合社会公德的行为习惯，如遵守社会公共秩序、注意公共卫生、爱护公共财物、保护环境、见义勇为、维护民族尊严和民族团结等。职业道德教育即培养学生职业生活的道德意识及合乎道德规范的行为习惯，如忠于职守、勤恳工作、廉洁奉公、团结合作等。

公德、私德、职业道德均含三个层次的道德要求。即道德理想、道德原则、道德规则。德育包含理想、原则、规则层次的道德教育。

道德理想教育即运用道德倡议形式激励学生的高尚行为。道德理想是一种难以完全达到的境界，却给学生树立一个不断追求的终极目的，激励着学生努力践行道德行为。

道德原则教育即运用道德指令或道德倡议指导学生的正确行为。道德原则是学校认为学生可以而且应当达到的要求，但在实施中具有一定的灵活性。它是指导学生行为的基本准则。道德规则教育即运用道德禁令或道德指令形式约束学生的不良行为。这是因为道德规则是不可违反的最低限度要求，是必须执行的。其中肯定性规则起指导作用，否定性规则起约束作用。

品德是一定的道德规范在个人思想和行为中表现出来的较为稳定的特点和倾向，是道德认知、道德情感、道德行为等构成的综合体，品德属于个体范畴。

道德认知是个体道德品质形成的基础，道德情感在道德品质形成过程中起着激发、选择和调控的作用，道德行为是在一定的道德意识、道德动机支配下所表现出来的行为举止，是衡量个体道德品质的重要依据。

从道德任务的角度说，德育包括发展学生的道德认识、陶冶学生的道德情感、培养学生的道德行为等三个相互联系的方面。

德育的任务是把全体学生培养成为爱国的具有社会公德的、文明行为习惯的遵纪守法的公民。在这个基础上引导他们逐步确立科学的人生观、世界观并不断提高社会觉悟，使他们中的优秀分子将来能够成为坚定的共产主义者。没有正确的政治观点就等于没有灵魂。中小学德育应教育学生树立坚定正确的政治方向，坚持社会主义道路，坚持党的领导，热爱祖国热爱人民，立志为社会主义现代化建设事业努力奋斗。中小学德育应教育学生正确地认识与处理个人、集体和国家的关系，正确认识人生价值，树立全心全意为人民服务的思想和科学的人生观，还要培养学生勇于实践、实事求是的作风，养成尊重科学的态度，提高辨别是非的能力，形成辩证唯物主义和历史唯物主义的世界观。青少年时期是道德品质形成的关键时期。道德品质是一定社会的道德原则和规范在个人的思想、行为中的体现。中小学德育在人的成长中起着重要作用，要提高学生的道德认知水平，陶冶道德情操，锻炼道德意志，培养道德行为习惯。

现如今在应试教育的压制下，家庭、学校教育几乎清一色地重才智而轻德育，以至于无数人感慨当今的青少年是垮掉的一代，是不堪重任的一代。而德与才的孰重孰轻，坊间一度流传着这样几句话：有德有才是正品，有德无才是次品，无德无才是废品，有才无德是危险品。对此早在北宋时期司马光就曾给出最为精辟的论断：才者，德之资也；德者，才之帅也；自古以来，国之乱臣，家之败子，才有余而德不足也。从未成年人犯罪率可知，更多的家长、教师忽略了德育的培养，使学生在身心即将成熟的最佳施教年龄段，过早地品味到了生命的苦涩，甚至身陷囹圄。在自身承受着失足痛苦的同时，给家人、社会造成了极大的伤害。由此可见，青少年德育教育的好坏，不仅关系到个体的未来成长，更间接影响到整个民族素质的高低，乃至国家整体文明的优劣。因此，无论过去还是现在，德育始终是教育中最重要的内容。那么如何加强对学生的德育教育，我觉得首先必须要让学生有个健康的心态，学生的心理健康教育尤为重要。

目前，我们基础教育正逐步从注重学生的应试能力转移到注重学生的创新意识和实践能力上。许多学科都在开展创新教育研究，探索培养创新人才的途径。对于道德教育来说，则不乏空洞而流于形式的说教。虽然我们提出"德育为先"，但在培养创新型人才的过程中，我们的德育却缺乏"创新"。其实，德育教育作为塑造学生美好心灵的教育，其教育形式更需要不落俗套的方法和手段，更需要创新。我认为可以从以下几个方面去创新：

一、德育工作需要师生之间的情感交流

作为教师或许应该多俯身倾听孩子的心声，走进他们的世界，不妨多了解他们的最爱与最讨厌的事等等，与学生平等相处，像朋友一样与他们沟通，站在学生的立场去理解他们的所作所为。让学生觉得老师是他们的良师益友，从而使学生由喜爱自己的老师到愿意接受老师的感化。

二、德育工作的形式需要创新

在日常德育工作开展的过程中，教师往往过多地依赖于说教，常常告诉学生应该做什么，不应该做什么，但学生由于缺乏感性认识，缺乏内心的感触，也就无法产生共鸣，收效甚微。体验式教育是否比简单的说教更管用？或许我们可以让学生在情境中潜移默化地受到教育，从而达到"润物细无声"的效果。

三、德育工作的内容需要"真"

就德育工作而言，要产生良好效果，必须在内容上求"真"。因为只有真实的东西才令人信服，使人产生真情实感。作为教师，要善于捕捉"真"，积累"真"，利用"真"。在进行说服教育时，要用真实的事例、材料和数据向学生讲述观点，阐明道理；在进行榜样教育时，所确立或选取的典型应真实可信，让学生感到可亲可敬，激励和引导他们向榜样学习，培养良好的道德品质；在进行理想教育时，应从学生发展的实际需求出发，引导他们树立正确的理想，并自觉为实现自己的理想而努力。

创新教育呼唤德育创新，尤其是德育方法的创新，社会在不断进步与发展，学校德育工作应与时代同步发展。我们应该继承那些已有的行之有效的德育方法和手段，同时借鉴先进理念，为德育补充新的营养。"德育创新"的着眼点在于为国家培养心理健康、人格健全、道德高尚的人才，为此，我们也要以创新精神来对待今天的德育。

第八章
小学教育创新背景下的教学模式探究

第一节　基础教学

　　基础教育，就是人们在成长中为了获取更多学问而在先期要进行的知识教育。就如同盖房子要先打地基一样，要想学好一门语言就要从认字开始。基础教育，作为造就人才和提高国民素质的奠基工程，在面向 21 世纪的教育改革中占有重要地位。中国的基础教育包括幼儿教育、小学教育、普通中等教育。

　　基础教育是一个动态的概念。目前我国事实上的基础教育，是指初中（含初中）以前的所有教育形式，狭义上讲指九年义务教育，广义上讲还应该包括家庭教育和必要的社会生活知识教育等。有人也把高中阶段的教育归入基础教育范畴，但是目前我国还没有普及高中阶段的教育，所以，事实上高中阶段的教育还不是基础教育。随着我国教育发展水平的提高，预计到 2020 年，我国会基本普及高中阶段教育。

　　1977 年，联合国教科文组织在肯尼亚首都内罗毕召开的高级教育计划官员讨论会上，对基础教育进行了广泛而深入的讨论，认为"基础教育是向每个人提供的最低限度的知识、观点、社会准则和经验"的教育。"它的目的是使每一个人能够发挥自己的潜力、创造性和批判精神，以实现自己的抱负和获得幸福，并成为一个有益的公民和生产者，对所属的社会发展贡献力量"。基础教育是整个教育体系的关键部分。正如万丈高楼平地起一样，没有良好的基础教育，不可能有优秀的高等教育。

　　1949 年以前，我国的基础教育十分薄弱，教育发展最好年份 1946 年，全国只有幼儿园 1 300 所，小学 28.9 万所，中学 4 266 所。1949 年中华人民共和国成立后，中央和地方各级政府非常重视发展基础教育，投入大量的人力和财力普及教育。特别是 1978 年改革开放以来，我国的基础教育事业进入了一个新的发展时期。1985 年中共中央发布的《关于教育体制改革的决定》中提出了"实行基础教育由地方负责，分级管理的原则"，从而极大地调动了地方各级政府，尤其是县、乡两级政府办学的积极性。1986 年全国人民代表大会颁布《中华人民共和国义务教育法》，使我国的基础教育走上了法制的轨道。1993 年中共中央、国务院发布《中国教育改革和发展纲要》，明确了到 20 世纪末我国基础教育的发展方向和基本方针。1999 年初国务院批转了教育部制定的《面向 21 世纪教育振兴行动计划》，这一计划是教育战线落实"科教兴国"伟大战略的具体举措，是在落实《中华人民共和国教育法》及《中国教育改革和发展纲要》基础上提出的跨世纪教育改革和发展的施工蓝图。6 月，中共中央、国务院发布了《关于深化教育改革，全面推进素质教育的决定》，为构建21 世纪充满生机活力的具有中国特色的社会主义教育体系指明了方向。

新中国成立 50 年来，中国的基础教育事业取得了巨大成绩。截止到 1998 年底，全国已有幼儿园 18.14 万所，在园幼儿 2 403.03 万人；有小学 60.96 万所，在校学生 13 953.80 万人；普通初级中学 63 940 所，在校生 5 363.03 万人；普通高级中学 1.39 万所，在校生 938 万人；有特殊教育学校 1 535 所，在校生 35.84 万人（其中在普通学校附设特殊教育班及随班就读学生 22.55 万人）。

进入 20 世纪 90 年代，基础教育的作用和意义非同以往，基础教育受到高度的重视。主要原因在于，一系列日益严重的社会问题，如人口膨胀、环境恶化、贫困加剧、种族冲突等，已经成为制约全球社会发展的主要障碍。而世界各国长期追求的发展模式受到质疑，认为单纯依靠经济发展所带动的社会发展和进步从根本上讲是脆弱的，如果继续这种发展政策，存在于国家、地区乃至个人之间的差距将进一步扩大。从更长远的需求和利益出发，转变发展观念，将人的发展置于全部发展行动的中心，扩大经济发展和社会发展的基础，已成为解决全球面临的社会问题的必然选择。

新的发展观念使教育的作用更加突出。1990 年 3 月，在泰国宗滴恩举行的世界全民教育大会最重要的议题就是在全球范围内提出"全民教育"的新概念。在这一新的概念下，此次会议对 20 世纪 90 年代世界各国基础教育改革提出了新的要求，这就是满足全民的基本学习需求，仅靠加强现存的基础教育是不够的，它需要一种"扩大的设想"。这种"扩大的设想"要求世界各国在现行基础教育服务范围，除了加强正规学校教育渠道外，提倡有效利用各种非正规教育渠道，以保障每一个个体的基本权利。同时，它也强调世界各国必须注重基础教育的质量，即学习者所获得的实际学习结果和所具有的相关性。20世纪 90 年代以来，无论发达国家还是发展中国家，基础教育均被提到各国的重要议事日程上，普及和提高基础教育成为各国面临的两大艰巨任务。

联合国教科文组织在 1998 年的《统计年鉴》中，对世界基础教育近年来的新进展作了总结，其中包括：学前教育正在发展中国家取得明显进步，第一级和第二级教育的毛入学率继续上升，教育机会进一步扩大。但是，教育机会在国家、地区及男女之间存在的差异依然明显，发达国家与发展中国家特别是与最不发达国家在第二级教育上的差异相当大。以 1996 年为例，三种类型国家第二级教育的平均毛入学率分别是 100.3%，50.4% 和 18.8%。从根本上说，教育上的差异反映着发达国家与发展中国家在知识和人口整体素质上的差距。

义务教育年限逐渐延长已经成为世界基础教育的普遍事实。联合国教科文组织 1991 年《世界教育报告》显示，在有数据可查的 169 个国家中，义务教育中值年限为 7 ~ 8 年，一般是从非洲的 6 年到北美、欧洲和苏联的 10 年，其中义务教育延长至第二级教育第一阶段（初中）的国家比义务教育只包括第一级教育的国家更多。1998 年的《世界教育报告》则显示：在有数据可查的 171 个国家中，义务教育的平均年限为 8 年，非洲的平均年限已达 7.2 年，北美、欧洲主要发达国家的平均年限为 10 ~ 12 年。

经济与合作发展组织 1998 年出版的《教育概鉴——经合组织指标》一书指出，在绝大多数经合组织国家中，所有年轻人实际上已经享有至少 11 年的基础教育，只是参与的模式不尽相同。多数国家开始义务教育的年龄为 5 ~ 6 岁，完成年龄在 14 ~ 18 岁之间。由于失业危机的增加，以及不具有充分教育准备的青年难以顺利就业，那些 16 岁完成义务教育的国家越来越倾向于将学生继续留在学校，直到他们完成高中教育，即离校年龄逐步趋于 17 岁或 18 岁。

世纪之交，全球处在激烈的社会、政治、经济、文化与技术的变革和发展潮流中，教育为此面临巨大的挑战，而课程结构的调整将直接关系到教育能否适应新的时代要求。发达国家首先起步，从维护本国长远利益出发，积极进行课程的改革。

强化科学教育首先受到重视。一个典型的例子就是 1989 年美国促进科学协会提出的《普及科学——美国 2061 计划》。该《计划》的扉页上对科学教育的重要性做了这样的阐述："在下一个人类历史发展阶段，人类的生存环境和生存条件将发生迅速的变化。科学、数学和技术是变化的中心，它们引起变化，塑造变化，并对变化做出反应。所以，科学、数学和技术将成为教育今日儿童面对明日世界的基础。"

加强人文社会科学课程也是一个主要的趋向。20世纪90年代以来，许多国家认识到，在追求技术文明的同时，继承和弘扬人类传统美德和优秀价值观念同样重要。因此，许多国家在调整课程结构的改革中，再次注重对未来社会公民道德、情操和品行的培养，通过伦理、哲学、文学、历史等学科，强调认识和汲取民族的传统文化精华，以民族的、健康向上的文学、音乐、传统文化丰富和充实现代学校课程，以陶冶情操，弘扬爱国主义精神。

另一趋向是围绕世界各国共同面临的社会问题开设实用性和知识性课程。随着信息技术日益深入人们的日常生活，欧美发达国家率先开设以科学、技术和社会为主题的相关课程，不仅将计算机技术作为辅助手段融合到教育教学活动中去，而且，通过计算机网络教会学生了解更新、更广阔的知识世界。同时，许多国家针对当前日益严重的全球环境恶化问题，相继开设环境教育、生态保护等课程。

联合国教科文组织1998年《世界教育报告》的中心内容就是"教师和变革世界中的教学工作"，呼吁在新技术革命不断深入社会生活各个领域的现实面前，重视教师培训和教师社会、经济地位的提高。教科文组织总干事马约尔先生在《报告》的前言中高度评价教师的社会作用。他指出："在即将跨越21世纪的门槛时，青年一代的教育从来没有像现在这样更迫切地需要我们的承诺和资源；我们的教师从来没有像现在这样对我们共同的未来举足轻重。"事实上，20世纪80年代以来许多国家已经采取了诸多切实可行的措施来努力提高中小学教师的质量。其中包括：要求教师不仅能够传授知识，更应该具有创新意识，掌握现代教学技术，在教会学生知识的同时教会他们掌握发现知识、学会学习的本领；制定基础教育教师资格审定制度；加强中小学教师在职培训；改善基础教育教师工资待遇。

改革师范教育，在培养体制上有定向、非定向和联合培养等形式；课程结构逐步改变长期以来过分专业化和适应性不强的弊端，由分科教学向综合化教学的方向发展，多专业、多学科交叉授课，以扩大师范院校毕业生的知识面和信息量。

所谓基础教育的独立价值，指的是基础教育在整个教育系统内部，具有它自己独立的、不依附于其他类型和层次教育的价值。确立关于基础教育的这样一种价值观，是促进基础教育由"应试教育"向"素质教育"转变的非常重要的观念基础。目前，"应试教育"之所以如此顽强地存在于学校之中，重点学校之所以愈炒愈热，重要原因之一便是没有充分认识到基础教育的独立价值，而只是将基础教育的价值依附于更高一级的教育，以能否为高一级教育或学校提供更多更好的生源作为衡量其价值的标准。这实际上也就是放弃基础教育的独立价值。因而也就是否定了基础教育最根本的意义。那么，什么是基础教育的独立价值呢？对此，《中华人民共和国义务教育法》是这样规定的："义务教育必须贯彻国家的教育方针，努力提高教育质量，使儿童、少年在品德、智力、体质等方面全面发展，为提高全民族的素质，培养有理想、有道德、有文化、有纪律的社会主义建设人才奠定基础。"《中国教育改革与发展纲要》则是更明确地指出："基础教育是提高民族素质的奠基工程。"这就清楚地告诉我们，基础教育的价值主要表现在两个方面：第一，基础教育的基本目标在于提高整个中华民族的素质，它的对象和着眼点是全体人民，而不是一部分人，更不是少数人；第二，基础教育的功能是为提高全民族的素质奠定基础，它强调的是基本素质的培养，而不是专业或某些专门人才的培养。因此，基础教育的教学内容课程体系，教育教学观念与思想，教学方法以及评估等，都必须服从这样一个基本的价值目标。

这里有两点是必须说明的。首先，强调基础教育的这种独立价值，并不否定基础教育也担负着为高一级教育和学校提供和输送合格生源的任务。这也是基础教育的重要功能之一。但是，它并不能替代基础教育的最根本的价值，或者说，它是以提高整个民族素质的根本价值为基础和前提的。从这个意义上说，基础教育主要应该是育人，而不是选拔。其次，基础教育与高等教育的价值也是有区别的。根据《纲要》的规定，高等教育"担负着培养高级专门人才，发展科学技术文化和促进现代化建设的重大任务"。它与面向整个民族，并注重基本素质培养的基础教育显然是不一样的。而单纯以为高等教育服务来衡量基础教育的发展，实际上也就是以高等教育的价值取代基础教育的价值。

基础教育的这种独立的价值观，与基础教育的效益观是联系在一起的。正是由于基础教育的对象是全体人民，是提高整个民族的素质，因而，我们可以在基础教育的实施上形成两个基本认识：第一，能够平等地接受基础教育，是每个人都具有的基本权利；第二，这种权利不能依靠个人的行为或其他资源获得，不是通过"交换"而获得的，它必须是通过政府的行为来实现的。这也正是基础教育中教育机会均等原则的特点。这种权利的实现是保证每一个人在社会中发挥积极性的重要前提。相反，如果人们得不到这种应有的权利，或者说得不到这种应有的同等的权利，必然影响其积极性。这是基础教育效益观的基本特点。从这个角度说，强调基础教育的机会均等，其社会效益与经济效益并不是矛盾的，它们是一致的，并且不可分离。我们可以认为：目前基础教育改革，以及从"应试教育"向"素质教育"转变过程中存在的一些问题，在一定程度上与这种对基础教育的价值认识的误区有关。在深化基础教育改革的过程中，充分认识基础教育的这种独立价值，是非常重要的，甚至可以说是深化基础教育改革的先导。

基础教育实行在国家宏观指导下主要由地方负责、分级管理的体制。国家基础教育部负责制定有关基础教育的法规、方针、政策及总体发展规划和基本学制，设立用于补助贫困地区、民族地区、师范教育的专项基金，对地方教育部门工作进行监督指导等。省级政府负责本地区基础教育的实施工作，包括制定本地区基础教育发展规划和中小学教学计划，组织对本地区义务教育的评估和验收，建立用于补助贫困地区、少数民族地区的专项基金，对教育事业费有困难的地区给予补助等。

县（市、区）级政府在组织义务教育的实施方面负有主要责任，包括统筹管理教育经费，调配和管理中小学校长、教师，指导中小学教育教学工作等。乡级政府负责本辖区义务教育的落实工作。

国家鼓励社会各界共同参与中小学（幼儿园）的办学及管理，逐步形成以政府办学为主体、社会各界共同参与、公办学校和民办学校共同发展的办学体制。倡导中小学校（幼儿园）同附近的企事业单位、街道或村民委员会建立社区教育组织，吸引社会各界关心、支持学校建设。

我国的中小学分小学、初级中学、高级中学三个阶段，共 12 年。小学有 5 年制和 6 年制两种，前者约占小学总数的 35%，后者约占 65%。初中多数为 3 年制，极少数为 4 年制（约有 98% 的初中生在 3 年制学校）。小学和初中一共 9 年，属义务教育阶段。普通高中学制 3 年。1986 年《中华人民共和国义务教育法》颁布以来，各级政府依法实施九年义务教育并取得了显著的成绩。据统计，1998 年全国小学适龄儿童入学率已达 98.9%，小学毕业生升入初中阶段（含普通初中和职业初中）的比例已达 94.3%，初中阶段入学率达 87.3%。全国 90% 的人口地区普及了初等义务教育，73% 的人口地区普及了初中阶段义务教育，大城市市区和沿海经济发展较快地区已开始普及高中阶段教育。

我国政府非常重视农村、贫困地区、民族地区普及义务教育工作。1987年，原国家教委和财政部颁发了《关于农村基础教育管理体制改革的若干问题的意见》。目前我国农村普遍推行"县、乡、村三级办学，县、乡两级管理，以县为主"的体制，把发展教育、提高劳动者素质同发展地区经济，加强精神文明建设、提高人民生活水平结合起来，促进了农村教育和当地经济的发展。目前，全国有95.2%以上的小学、87.6%以上的初中、71.5%以上的高中设置在县镇和农村。1995年至2000年，教育部、财政部实施了"国家贫困地区义务教育工程"。其中中央拨专款39亿元，加上地方政府配套资金共100亿元，用于改善贫困地区义务教育办学条件。

基础教育教学工作中小学每个学年分为两个学期。小学全年教学时间为38周，机动时间1周，节假日13周；初中全年教学时间为39周，机动时间1周，节假日12周；高中全年教学时间40周，机动时间1～2周，节假日10～11周。中小学实行一周5天授课制。1993年秋季开始，初中和小学实行《九年义务教育全日制小学、初级中学课程方案（试行）》，这个方案包括课程计划和各科教学大纲。这一方案将课程分为国家安排课程和地方安排课程，地方安排课程由各省、自治区、直辖市根据实际情况和需要确定课程内容。

现行普通高中课程由学科课程和活动两部分组成。学科课程采取必修课和选修课两种形式，活动包括课外活动和实践活动。1999年，教育部开始组织、设计面向21世纪的基础教育新课程体系。

凡年满6周岁的儿童均可就近入小学学习，条件不具备的地区可推迟到7周岁入学；已基本普及初中义务教育的地方，小学毕业生可免试就近升入初中学习。初中毕业生升高中阶段学习，要经过地方教育行政部门组织的统一考试，成绩合格，方可升入高中阶段学习。义务教育阶段的学期、学年考试和毕业生的终结性考试、考查是对学生的学业水平的考核。小学毕业考核，语文、数学为考试科目，其他为考查科目。初中毕业考核，在国家统一规定的毕业年级文化学科范围内由各省（自治区、直辖市）确定考试学科，其他科目则实行结业考试或考查方式。

1949年中华人民共和国成立后，国家十分重视中小学教材建设。1950年，教育部拟订了小学课程标准。其后，在1956年、1963年、1978年、1986年相继制定4套小学、中学各科教学大纲，根据这些大纲，人民教育出版社先后编写出8套小学、中学全国通用教科书。

1992年，原国家教育委员会组织制定了九年义务教育全日制小学、初中各科教学大纲，用以指导九年义务教育阶段小学、初中的教学和教材编写工作。与九年义务教育相衔接的普通高中新教材目前正在山西、江西、天津两省一市试教。

我国幅员辽阔，各地社会、经济发展不平衡，各学校办学条件差异很大，需要有不同层次、不同风格、不同特色的教材。为此，原国家教育委员会于1986年确定在统一基本要求的前提下实行教材多样化的原则，鼓励有条件的地区、单位和专家、学者、教师个人按九年义务教育教学大纲的基本要求编写小学、初中各学科教材，鼓励各套教材在质量上的竞争。这样改变了过去全国只通用一种教材的状况，促进了教材事业的繁荣发展。到1998年，供全国各地教育部门根据各自实际情况选用的中小学教科书达2 000余册，还有大量的与教科书配套的教学参考书、教学图册、教学挂图、幻灯片及音像教学材料、计算机教学软件等。此外，国家教育委员会还针对特殊教育的发展需要，组织编写了特殊教育教材，各地区根据本地经济、文化发展需要，编写出大量地方乡土教材。

为了保证教材的质量，我国建立了中小学教材审查制度，国家规定的必修课教材（劳动、劳技教材除外），都要由全国中小学教材审定委员会从思想性、科学性、教学适应性等方面进行审查。审查通过后，才能供各地教育部门选用。地方教材由省级中小学教材审查委员会负责审查，审查通过后在本省范围内选用。

由此，加强小学基础教育至关重要，具体可采取以下方法。

1. 继续扩大基础教育的手段和范围，进一步普及基础教育

随着世界经济和社会的发展越来越依靠知识、技术、技能和能力，人力资源将成为国家在全球市场生存中的决定因素。在这种新的社会历史条件下，所有儿童、青年和成人的基本学习需要真正得到满足，是世界各国旨在缩小差别、促进社会全面进步的一个必要手段。

近两三年来，以联合国教科文组织为首的世界各国教育组织，十分强调触及那些还没有被触及的处境不佳群体的特殊教育需要。这些还没有被触及的人群包括在种族和宗教上占少数的群体、游牧部落、遥远岛屿或山区的人口、移民、难民、流浪儿童及童工，也包括大量的贫困儿童或特殊儿童。已有的经验表明，仅仅扩大现有的教育系统，采用常规的教育方式，并不适合他们的生活模式、理想和需要。扩大教育手段，实现教育多样化，特别是设计新的教学模式，切合被服务群体的特殊教育需要，将是基础教育真正实现普及的必由之路。

从广义上说，满足不同群体的特殊教育需要，也是新世纪基础教育的一个基本方向。即使是那些基础教育已经接近完全普及的工业化国家，当前青年

和成人中功能文盲的存在，仍然说明他们受到的教育是不充分和不完整的。教育以促进人的发展为核心，基础教育是人人有能力掌握自身命运的基础，是人人走向生活的"通行证"，因此"量体裁衣"般的教育计划将能最大限度地发挥学习者的学习潜能和日后贡献于社会的能力。

2. 继续提高基础教育质量，尤其重视教育的相关性

在新的世纪里，世界各国仍将继续关注那些已经证明有利于提高基础教育质量的核心部分的改革，但是，必须树立新的质量观念，即不应仅仅重视正规学校教育的质量，其他教育形式，如各种非正规教育形式的教学质量也必须得到保证。同时，衡量质量的标准不应仅仅局限在学习成绩上，它应扩大到学校或其他教育形式所提供的教育是否切合学习者的需要，是否能够保证学有所用，是否具有相关性与针对性。

在新的世纪里，教育的效益将比效率更为重要。这意味着，教育体制的改革和教学内容的改革将发生根本性的变化，教育中长期存在的与社会发展特别是与地方需求不相适应的痼疾将有效得到解决，学生毕业找不到工作或在毕业之后无法为本社区服务的教育浪费现象将逐渐减少。在教育体制改革中，地方或社区及家长积极参与，学校办学的自主权将普遍受到重视；教育内容将打破传统的学科划分形式，更趋向开放、综合与针对性兼顾，知识与生活技能并重。在那些已经开始重新审视本国教育体制的国家中，重视基层参与和学校办学自主权，已被认为是改革成功的关键。即使那些长期以来实施地方分权的国家，如美国、英国，尽管 20 世纪 80 年代以来逐步加强中央政府对教育的管理与控制，但同时注意给予学校更多的自主权和扩大家长参与教育、选择学校的权力。当前在美、英两国正在兴起的"特许学校"和"自治的直接拨款学校"就是在实践中运行良好的例子。

3. 继续深化课程结构和教学内容的改革

基础教育课程结构和内容的改革依然是当前和未来世界基础教育改革的重头戏。其动力和需求来自两个方面：一是知识的快速增长，知识的更新和新知识的传播成为必然；二是教育与社会经济发展的关系越来越紧密，教育有责任培养适应社会需求的各类人才，尤其是教会学生探索知识，判断知识的价值，而课程就是媒介。

摆在课程改革方面的中心问题包括：第一，在不增加课程负担的前提下，如何保证课程内容的全面性和相关性；第二，在不损失课程传播人类优秀文化和价值观的长远目标的前提下，如何使课程对当前新的社会问题，如人口、环

境、健康，作出积极反应；第三，在保证内容连贯性和重点突出的前提下，如何满足不同学习者的多样化的兴趣需要；第四，在科学技术日益成为文化的一部分的现实环境里，如何定义核心课程，如何保证所定义的那些基本能力能够切实有效地运用于日后的生活。

这些问题是各级教育课程改革面临的共同挑战，而基础教育课程改革还应注意如下问题。第一，重视基础知识的学习。尽管科学技术日新月异，但是基础知识从来都是一个人进一步学习的基础和工具，因此，它在课程结构中应该具有相当重要的地位并保持相对稳定性。第二，把握未来课程结构的建构原则。课程结构应依据一个国家的社会、民族、文化与教育的历史传统，从本国实际出发，力求最适合本国需要与发展的最佳选择。因此，概括地说来，面对未来纷繁复杂的知识信息，如何使课程在结构上达到最优化，这样几个原则应该给予足够的重视：恰当处理必修课和选修课的关系；注意科学课程和人文学科的有机结合；针对新世纪科学技术和社会发展的变化调整课程内容；重视给予学生多元化因素和国际理解教育。课程结构的调整和改变，从根本上说，是为人才培养模式的转变服务。

4. 继续改进和完善评估与考核办法

建立促进学生全面发展的评价体系是面向 21 世纪提高教育质量的重要任务之一。20 世纪最后二三十年来，在基础教育阶段的考核评定工作中，大致有两种截然不同的趋势。一种是欧美主要发达国家逐渐改变淡化中小学教育教学质量考核评估的传统做法，转而重视对学生进行严格的学业成绩考核和评价。如英国自 1998 年《教育改革法》颁布后，不仅在全国实施统一课程，而且同时对 7 岁、11 岁、14 岁和 16 岁这四个所谓义务教育关键阶段的学生进行全国统一的考试与评价。美国自《2000 年目标：美国教育战略》颁布实施后，也提出全美教育目标及在州一级的范围内统一教育标准和统一考试制度。然而，在俄罗斯、中国及亚太地区一些国家，由于长期以来实行严格的考试制度，分数已经成为衡量学生学业成绩乃至整个学校教育质量的唯一标准。这种过分强调分数的做法已经日渐显露其弊端，学生、教师全部围绕分数转，从而消磨了学生的学习兴趣和热情，扼杀了学生的学习主动性和创造能力。如何确立有效、合理和科学的考核评估体系，使评价成为提高教育质量、促进学生健康发展的必要手段，是世界各国正在积极探索的一项重要任务。

20 世纪 80 年代中期，苏联创建的合作教育学理论中，教育学家、心理学家阿莫纳什维利提出的对学生学习进行实质性评价可以说是对传统考查评价方法的一种挑战。在长期的教育实验中，阿莫纳什维利对小学低年级采取了实质性评价（无分数评价），实质性评价重在激励学生的内部学习动机，使学生增强信心，找到进一步学习和提高的目标。目前在俄罗斯大部分小学1～4年级中多采用评语方法考查学生。总的来说，在面向21世纪的教育中，如何使学生在教育、教学活动中获得最大成功，是建立评估和考核制度应该首先关注的问题。

5.作为终身学习的起点——基础教育的一些新重点

当前，随着知识和信息日益渗透人们日常生活的各个方面，终身学习已从理想变为现实，世界各国因发展阶段不同正在以不同的脚步迈向学习化社会，学习已经成为关系未来进步的重要因素。

作为满足终身学习的一个必要手段——基础教育，由此又有了新的蕴意和使命。从整个终身学习过程来说，基础教育又被当前国际教育界称为"初始教育"，即终身学习的起点。来自国际21世纪教育委员会的观点认为："良好的初始教育是开始终身学习的关键。这种教育应该覆盖儿童认知和情感两方面的发展，应该保证所有青少年掌握坚实的基础知识和技能，同时使他们养成学习新知识的态度和能力——学会学习。"

国际21世纪教育委员会在其向联合国教科文组织提交的报告《教育——财富蕴藏其中》中，更是针对未来信息化社会提出了教育的"四个支柱"，并认为这是每一个人一生中的知识支柱，即学会认知、学会做事、学会共同生活和学会生存。学会认知历来受到各国教育的重视，但是，在知识膨胀的信息社会里，选择知识、利用知识将变得更为重要。长期负责联合国教科文组织基础教育的高级官员奥德内斯总结了基础教育在面向未来学习化社会应该注意的一个问题。他说："全球范围内的教育系统在传授知识和计算技能方面已经取得了进步，但是，它们在第三个主要领域即生活技能、社会技能和价值观念的传授方面却没有太多的成绩。虽然20世纪造就了一代在计算机和知识开发领域里的专家，但这些专家在价值观念、生活技能、对多样化持宽容尊重态度方面却不那么完美。可以说，这个世纪教育的失败不是在科学、语言和数学教学上的失败，而是在倡导人类之间和平共处上的失败，是在为了充分平等的发展而发掘个人和社会潜能上的失败。"这说明，如何学会学习和道德教育是世界基础教育应该重视的问题。

第二节　教学与培训

作为一名合格的人民教师，必须有过硬的教学基本功、丰富的科学文化知识，另外，还应具备优良的师德师风，作为一名合格的人民教师，还应坚持党的教育政策和方针，坚持四项基本原则，拥护党的基本路线，全心全意为党和人民的教育事业贡献自己毕生的光和热，让祖国的教育事业更加灿烂和辉煌。

一、规范细节要到位

要求学生做到的老师首先做到。古人说天地君师亲，可见身为教师是备受尊崇的。之所以如此，就是因为教师有极好的人品。因为"教育的最终目的为明辨善恶与真伪，并使人倾向于真与善，排斥恶与伪"。所以教师有"教给学生怎样做人"的重大责任。打铁还需自身硬，教师的人格魅力无时不在影响着他的学生，所谓"身教重于言教"亦出于此。师德不但可以感染学生，也能为教师树立起自己的教学形象，进一步增强课堂教学效果。"安其学而亲其师，乐其友而信其道。"

加强师德师风建设，也是这次举办培训的一项重要措施。大家都心知肚明，为人师表，教书育人，是作为教师的重要任务和职责，可没有优良的师德师风，谈何教育，从何教育？古往今来，"德"是我们中华民族的优良传统，如果老师们"缺德"了，那还怎么教育？那不是误人子弟吗？总而言之，我们作为一名教师，必须具备优良的师德师风，教师只有具备了良好的道德品质，才能有资格为人师表，才能培养出有素质、有修养、有文化的新一代接班人。

因此，教师首先要严于律己，公平，公正，言行一致，坚持原则，有错就改，心胸豁达，庄重热情，同时还要有一颗爱心。要"严"字把关，"爱"字当头，这样，他才能赢得学生。如果说过去的教育是以单纯的知识传授为主的应试教育，那么现代教育越来越以人的本身发展为教育目的。然而即使这样，热爱学生仍然是教育的一个永恒的命题，古往今来的优秀教师无不热爱自己的学生。教师是爱的职业，从事的是爱的教育。这是世界上最博大、最深广的爱，这样的爱能容下一切，能融化顽石，能点石成金。都说母爱无私，其实最无私的应该是师爱。在现代教育中，热爱学生自然具有了时代的特征。有人说过："如果说教师的人格力量是一种无穷的榜样力量，那么教师的爱心是成功的原动力。"可以说，教师的爱心能使学生更健康地成长。爱学生就要公平地对待学生，爱学生就要尊重学生的人格和创造精神。将学生放在平等的地位，信任他们，尊重他们，视学生为自己的朋友和共同探求的伙伴，在传授知识的同时教会他们如何做人。陶行知先生说得好，"捧着一颗心来，不带半根草去"，这正是教师无私奉献爱心的典范。

二、耐住寂寞，抵住诱惑，提高素质，尝试创新

进入新世纪，人们的价值观、人生观改变的同时，教师所面临的一些老问题变成了新问题，而更多的新问题则层出不穷。面对信息技术给人们的学习方式、交往方式所带来的深刻变革，面对金钱至上物欲横流的社会不良风气，教师要能抵御诱惑，守得住寂寞，要有一颗冷静平常心。不要只看腰缠万贯、风流潇洒的，也要看到身败名裂、银铛入狱，甚至丢了小命的。他有他的幸福，我有我的快乐，教师就要志存高远，回避庸俗，"不戚戚于贫贱，不汲汲于富贵"，洁身守志，独立于世。这正是教师这一职业的特殊性决定的。做不好人也教不好学。因此，做一个好老师，崇高的师德是第一位的，要一身正气，为人师表。

新的世纪、新的形势向我们提出了更新更高的要求，所以作为教师应做好充分准备，转变理念，迎接挑战。我们已经进入了知识经济时代、网络时代，今天的知识就是明天的经济。这就给培养人才的教师提出了新的要求，教育要进一步注重对学生创新和实践能力的培养，要进一步接受以人为本的理念，进一步从"以教师为中心"向"以学生为中心，以教育为中心，以学习为中心"的方面转变，尤其要注重自身素质的不断提高。并做到两个转变：一是由经验型向科研型转变，二是由技能型向艺术型转变。在"和谐、互动、探索、创新"的基本教学模式中不断钻研摸索，逐步形成自己独特的教学风格，迎接"课改"。过去有句形象的话，要给学生一杯水，教师必须有一桶水。而在今天仅有一桶水是不够的，要有一缸水，一江水，常新的水。教师除了在自己所教专业方面要"知得深"外，还要对其他学科和领域的知识"知得广"。大家都知道，21世纪是一个信息化的时代，我们的学生要学会学习。而我们，再也不能只以教育者的身份出现，而应教学相长，在学会工作的同时，也要学会学习，加强自己各方面的素质，不断给自己增添燃料，储备能量，使自己不断完善，充实自我，必须形成终身教育的观念，只有这样，才能自信地面对学生。叶圣陶说过，他并不称赞某老师讲课时有怎样的最高艺术，最要紧的是看

学生，而不是光看老师讲课。一堂课究竟怎么上？传统教学中教师是课堂的中心，教师牵着学生走，学生围绕教师转。长此以往，学生习惯被动地学习，学习的主动性渐渐丧失。显然，这种以教师"讲"为中心的教学，是不利于学生的潜能开发和身心发展的。比如常见的语文阅读教学，教师过多的讲解、分析和说明常使学生感到枯燥乏味，从而丧失了学习的积极性。这种现象产生的原因，从教学观念上来看，教师仍然把自己作为教学的中心，担心学生读不懂课文，于是就包办代替，结果适得其反。在21世纪的教学过程中，教给学生科学的思考方法将比简单的知识传授更重要，方法可以使学生受用终身，也可以使学生在某种程度上超过教师。在21世纪，传统的师生关系将发生变化。教师将更多地在思维方式与知识的导向性上给学生以指点。教育不能再像以往那样，只会之乎者也，再也不是灌输，不是表演，是以学生发展为本，让学生学会学习，学会创造，学会共同生活，学会审美，形成可持续发展的教育。

"海阔凭鱼跃，天高任鸟飞"，机会总是给那些有准备的头脑。总之，今天要做一位合格的老师，必须学习，学习，再学习，不断进取，不断攀登，与时俱进，才能去迎接一个新的挑战。

三、增加知识面广度

一个知识面不广的教师很难真正给学生以人格上的感召。因此，我们平时要抓住一切机会学习，充电，不急功近利，不心浮气躁，从错误中学习，在合作中学习，在探究中学习，做一个踏实的学习者。尽力使自己的课堂教学贴近有效教学，引起学生学习的意向，即教师首先要激发学生的学习动机，教学是在学生想学的心理基础上展开的。

要经常了解所教年龄段的孩子，他们的生活环境、范围及他们的生活习惯。他们喜欢什么？讨厌什么？他们最愿意接受哪种课堂教学的呈现形式，不断地与孩子们谈，与孩子们交流，了解孩子们在学习过程中的困惑，与他们一起体验成功的快乐。走进孩子们的心灵，洞察孩子们的心理反应，然后根据教材特点去设计、实施自己的课堂教学。指明学生所要达到的目标和所学的内容。就是让学生知道学到什么程度以及学什么，学生只有知道了自己学什么或学到什么程度，才会有意识地主动参与。因此我们在备课时，要心中装着教学目标，站在孩子们的角度，眼睛盯着社会的发展、生活的需要，让学生体会到教学来源于生活，应用于生活。采用易于学生理解的方式授课，我们有时把一些抽象的概念性的文字变成学生易于理解的声音信息，学生借助听觉加强理解，获得了良好的收获。做一些让孩子们感兴趣的、喜闻乐见的教具，通过教具的演示，把一些抽象的理性化的难理解的知识变得具体化，形象化，带学生一起感受知识的来龙去脉。关注学生的进步发展。首先我们在课堂教学的过程中，不唱独角戏，不过高地估计自己学科的价值，而且也不把学科价值定位在一个学科上，而是尽力地定位在对一个完整的人的发展上。

新课程使我们走到一起，大家合作，研究交流，提出发现的问题，与同行们共同分析讨论，提出改进措施。最后得到的方案为大家共享。这是共同提升理论与教学水平的好办法。研究的过程是有很多困难的，可能要占用我们休息的时间。但是用研究的眼光去对待我们的工作，去证明我们的价值，在研究中体验快乐，在研究中得到成长，占用一点时间，又何妨呢？当我们对教育科研产生了兴趣，在集体科研中找到了乐趣，不再把工作当成负担，我们的价值就体现出来了，我们的幸福感就找到了。不断学习，课改对教师提出了极大的挑战，如果我们仍抱着吃老本的心理来组织教学，那无异于"旧瓶装新酒"，根本无法适应新的教学模式。只有不断学习，不断更新知识，我们才能"天光云影清如许"，在教学中才能游刃有余，才能创造出更为新颖的课型和更为科学人性化的教学方式，从而为学生提供更为优质的服务。因此，学习，学习，再学习，不断向书本学习，向学生学习；创新，创新，再创新，大胆改革大胆实验，不被传统束缚，不断总结成败得失，将成为我们教师毕生的课题。

当前国内外教育发展形势使得人才资源成为最重要的战略资源，一个国家、一个地方、一所学校加快发展的关键因素在于人才。美国前总统奥巴马认为，教育改变了他的一生！奥巴马曾在竞选中表示："现在是最终履行为每一个孩子提供世界一流的教育的道德责任的时候了，因为全球经济竞争不允许我们有丝毫的懈怠。米歇尔和我之所以今晚站在这里，唯一的原因是我们获得了教育的机会。"教学技能是教师最基本的职业技能，它是教师在教学活动中，运用教与学的有关知识和经验，为促进学生的学习、实现目标而采取的教学行为方式，是教师把掌握的教学理论转向教学实践的中介，这一环节的有效实施，对于提高教师教学质量、完成教学工作任务、增强自己的教学能力有着十分重要的意义。

教学技能和性质决定了教学技能的特点，这些特点表现在教学技能的习得与养成的过程中，成为教师掌握教学技能应当遵循的通则。

教学技能获得的情境性：教学技能的学习应当镶嵌于教学情境中，借助案例研究、行动参与等方式才有效。教学技能表现的默会性：英国著名科学家、哲学家波兰尼曾把人类的知识分为"显性知识"和"默会知识"。除了那些能用符号明确表述的"显性知识"外，教师拥有一种独特的知识，那就是凝结在经验里的、只可意会而难以言传的"默会知识"。美国学者舍恩称之为"行动中的知识"，日本教育学家佐腾学称之为"实践性知识"。教学技能是教师实践取向的"默会知识"中最主要的组成部分，在实际的教学活动中，教学技能往往是在技能理念知识没有成"焦点意识"的情况下，按照"教育实践的逻辑"很顺畅而自然地加以应用的。教学技能构成的复合性：教学活动是一个系统结构，具有整体性特征，在实际的教学活动中任何一种行为方式或具体操作，都是由教学活动的整体决定和支配的，这也就使得各种教学行为方式存在相互联系、相互渗透、相互作用的关系。

通过教师教学技能的特点和教学技能的分类，我们明白了教学设计是一种用以开发学习经验和学习环境的技术，这些学习经验和环境有利于学生获得特定的知识技能。学习环境的功能是为学习者完成学习行为提供资源、工具和人际方面的支持。人际关系是指学生之间和学生与教师之间的人际交往。学习环境是学习者产生学习行为的容器，是对学习行为的支持。教育情境是对教育效果产生直接影响的由特定要素构成的有一定教育意义的氛围与环境。促进师生的交往。在学习环境中积极的人际环境最为重要，能使学生成为学习活动主体，主要包括"应答型学习"环境或"参与型教学"环境、"对话型教学"环境。这样的环境应当是：充分的交往互动，平等的对话沟通，活跃的相互作用，和谐的心理气氛，共同的合作参与。提供学习的"支架"："帮助学习者把经验组织起来，形成解决问题的适宜结构，使学习者在形成科学理解的最近发展区上得到及时的支撑"。作为一名教师，教学技能的应用与教学活动是一体的，并在教学活动中形成发展，从表现上看，板书、多媒体课件、演示和实验等都是教学技能；同时它又是借助于教师语言在头脑中进行的智慧活动方式，如思考、判断等。但有一些技能如教师写的教学教导，是由教师个人完成的，只凭教师自己的操作就可实现，这和在课堂教学中教师与学生相互作用的教学行为不一样，所以相对来说是封闭式的教学技能。

当今社会，人才缺乏，教育大业，人才为本；科教兴国，关键在人，振兴中华繁荣发展在于教育，而振兴教育的辉煌却在于教师，所以，教师是人类的灵魂工程师，这是一份神圣的使命，肩负着教育大业的重任。当前国内教育发展形式非常严峻，人才资源已成为最重要的战略资源，一个国家、一个地方，甚至一所学校加快发展的重要因素在于人才。作为教师，我们肩负着培养下一代人才队伍的重要使命，我们应不负众望，加快步伐，提高自身的素质和教学水平。这一次培训的不仅是我们本身的教学技能水平，另外，还培养我们优良的师德师风、道德品质，将我们培养成为一支综合素质高、业务水平高的教师队伍，努力提高教育创新精神，努力提高教育教学水平。

知识是教师的重要源泉，也是教育教学的唯一手段，我们不能固执己见，应该敞开心扉面向所有的老师，向他们虚心请教，这样才能学到更多、更好、更丰富的教育教学文化知识，不断地给自己补充能量，从而提高自身的业务水平和教学水平。一个人只有不断地去学习、去吸取、去交流和创新，才能获得更加丰富的知识源泉，才会有能力与别人竞争，才不会被社会淘汰，也不会被同行看扁了。现今的教育教学形势非常严峻，我们只有不断地加强学习，及时地补充能量，培养终身学习的好习惯，活到老，学到老。

作为一名老师，每天从事着教学实践活动，应具备多方面的教学技能，不断提高自己的整体素质，自觉地训练和总结经验，不断地得到发展。

第三节　教学与研究

一、提高课堂教学的有效性

1. 知识结构与认知结构如何相互促进？

知识结构与认知结构是教育心理学的两个基本概念，也是建构有效课堂教学的两个重要因素。一门学科的概念、原理和规律是有内在联系的，这种内在的本质联系就构成了这门学科的知识结构。而认知结构是个体在感知和理解客观现实的基础上，在头脑中形成的一种心理结构，它由个体过去积累的知识和经验组成。在认知过程中，个体新的感知与已形成的认知结构发生相互作用，从而影响对当前事物的认识。现代认知心理学派认为，学习是认知结构的组织与重新组织。他们既强调已有认知结构和经验的作用，也强调学习材料本身内在的逻辑结构，即知识结构。在学习过程中，两者以相辅相成、相互促进的方式活动着。

解决问题的能力是衡量一个人能力的重要标准，那么人们解决问题的能力依赖于什么？学生学科学习的知识结构与学生建构成的认知结构有什么关系？每个学生的认知结构与其解决问题的能力又有什么关系？实验研究表明，学生学习数学的不同知识结构确实会影响学生的认知结构，而学生不同的认知结构又直接影响到有关问题的解决以及在解决问题过程中所使用的策略。

学校教育要体现以培养"充分的、和谐的、全面的、可持续发展的人"为目标。那么，作为实施素质教育主渠道的课堂，又该如何有效地达到这个目标呢？

思考一：教师、学生和教材是构成课堂教学的三个主要因素。教材的结构，对学生来说，就是学习的知识结构。教材主要是根据该学科的结构、学习者的认知水平和特点以及时代对教育的要求，用文字的形式来表达的一种知识结构。教材的知识结构会直接影响到每个学生的认知结构，而学生的认知结构又影响到问题的解决及问题解决中策略的使用。因此，每个学科建构一套结构良好的教材是非常必要的。例如，目前新课改中语文教材的模块式结构、数学教材中的主题图，教材内容更贴近学生生活实际和不同学生的需求等，均是为了达到面对有差异的发展的目的。

思考二：知识结构会直接影响学生的认知结构，而认知结构又直接影响学生对问题的解决。那么，我们的课堂教学该如何促进每个学生建构良好的认知结构呢？良好认知结构的标准是什么？美国教育心理学家奥苏伯尔提出，良好的认知结构要满足这样三个维度：一是概括性高，二是巩固度好，三是对比度清晰。我认为，这三个维度也应该是编写教材时所考虑的原则之一。

思考三：学生在课堂中与教师平等对话、互动生成的教学模式中，教师作为课堂的引领者、组织者和合作者其主要作用应该是促使学生更好地主动建构。教师的教学设计也可以被看作一种外在的知识结构。教材是一种文本，教师不仅要尊重教材，钻研教材，更要根据学生原有的知识和经验设计出更适合学生的教学设计，这也能体现教师创造性地"教"。以数学教材中"平均数、中位数和众数的使用"一节为例，有位教师通过对学生的了解认为，在具体的现实问题中，这三个统计量并不总有实际意义，也不总是能够很好地反映研究对象的面貌，因此应该把本节课的重点放在使学生了解这三个统计量各自的适用范围，并能够在解决具体问题时加以合理选用。于是他的课堂设计提供了三种不同情境下的数据，促使学生在互相讨论中不仅学习了这三种统计数的知识，而且体验到不同数据统计要求选用合适的统计方法，即具体情况要具体分析。对"通过3位学生的5次数学成绩比较哪位学生成绩最好"的统计，用平均数比较合适；而对"10名销售员去年完成的销售额情况"表格，用中位数比较合适；对"童鞋店各种尺码童鞋的销售量"，通过讨论，学生一致认为鞋店老板最关心的应该是众数，因为哪种尺码销售得多，下次进货时就应多进这种尺码的鞋子。这种教学设计不仅让学生明白了分析问题时应实事求是，而且带着学生"从生活中来，向生活中去"，较好地体现了从关注学与教到关注人的发展的转变。

科学的教材知识结构是促进学生建构良好认知结构的基础。教材结构的科学性首先要符合学科本身的认知结构；其次一定要考虑学习者的认知水平和认知发展特点；再次要思考教材结构如何有利于学生主动建构，有利于强化探索性学习；最后要关注教材结构如何体现教学的过程性特点，并关注思想方法和人文素养的自然渗透等因素。

课堂教学的有效性依赖于教师对教材内容的编码。教材的知识结构要更好地转化为学生良好的认知结构，对教师的备课就提出了更高的要求。教师不仅在备教材时要关注新知识和原有知识的关系，更要关注学生，即要备学生原有的知识水平、原有经验及学习中可能碰到的困难，以及学生的情感状态（对新知的需要度）。一位教师在备"圆的半径和直径"这一内容时，就思考了这样三个问题：一是成人头脑中建构的"半径"和"直径"的概念是什么，对教学有什么启示。他调查、访谈了 34 位成年人，并做了适当统计分析。二是学生现在在哪里，学生应走向哪里，即站在学生的角度来思考。三是传统教学设计的特点是什么，教学时有哪些不足。

教师要关注对学生学习策略的指导。学习策略是指个人在学习过程中用以提高学习效率的一切活动，如利用记忆提高记忆效率的活动，利用记笔记、摘要控制自己注意的活动，尤其是利用编结构提纲把握课文层次结构并加深理解的活动，等等。从建构良好的认知结构角度来看，教师对学生要重视"厚—薄—厚"的学习策略培养。第一个"厚"指各学科的基本概念要掌握得扎实。从"厚"转入"薄"是指要使学生善于把知识结构化，使得认知结构的概括化程度高、可利用度大。根据学科知识内容可以采用梯级结构，也可以采用网络结构，也可以把两种结构混合应用。这样，遇到问题时，学生就能既正确又迅速地提取相关的知识，这体现在行为上，就是学生解决问题又快又好，解决问题的能力强。第三步是由"薄"再转入"厚"。这里的"厚"，一是指学生能把知识应用到实践中去，二是指学生能把学科知识综合起来，在这个过程中提高综合解决问题的能力和达到学知识长智慧的目的。

最后，教师还要十分重视课堂例题的精选，重视课堂中对学生基础生成资源的选择和升华，重视教师有思考性、有针对性的课堂提问设计以及学生练习题的层次性设计。学生掌握知识的过程，实际上就是把人类的各学科知识结构转化为他们的认知结构。因此，学生对各科认知结构的建构，绝不可能脱离各学科的知识结构而凭空形成。构建合理的知识结构能够使学生形成良好的认知结构，使学生变得更加聪明，更加能干。

2. 在课堂教学中如何做到有效沟通？

沟通是人与人之间的信息交流过程，也是人与人之间发生相互联系的最主要形式。课堂教学活动也应该是教师与学生、学生与学生之间的一种特定沟通。师生之间、生生之间的有效沟通应该是有效课堂教学的保证。在课堂教学中师生之间、生生之间如何才能有效地沟通呢？

从沟通过程的要素来思考沟通的有效性。整个沟通过程由七个要素组成，即信息源、信息、通道、信息接收人、反馈、障碍和背景。信息源是具有信息并试图进行沟通的人，他们始发沟通过程，决定以谁为沟通对象，并决定沟通的目的。在课堂教学中，信息源可以是教师，也可以是学生，可以对个体，也可以对群体。作为信息发出者非常重要的是要考虑自己发出的信息如何使信息接受者接受，这也就是教师在上课前为什么不仅要认真地备教材，更要备课的原因之一。

沟通过程的第二个要素是信息。从沟通意向的角度来说，信息是沟通者试图传达给别人的观念和情感。在课堂上，教师传达给学生的不仅是知识和技能，还有过程和方法，情感、态度和价值观，要达到三位一体的教学目标。语词是传达中很重要的符号系统，语词可以是声音信号，也可以是形象（文字）符号和人们的体态语言。语词沟通过程是以共同的语言经验为基础的。所以，教师在备课时一定要备学生的经验，教材中的抽象概念要尽可能从学生原有的经验切入，这样才能保证沟通的畅通。这也要求教师一定要读懂学生这本书，读懂市场经济下学生们的所思、所想和学生们的实际需要。

沟通过程的第三个要素是通道。通道指的是沟通信息所传达的方式。我们的五种感觉器官都可以接收信息。一般来说，大量的信息是通过视觉、听觉途径获得的，但如果能从多种渠道获得，则更好，尤其是对年幼的学生。在信息社会的今天，沟通的方式不局限于面对面的沟通，还有以各种不同媒体为中介的沟通。但对成长中的学生来说，师生之间面对面的沟通形式影响力还是最大的，因为人与人之间面对面的沟通可以发生情绪的相互感染。如语文老师的备课一定要备对课文的情感，这样才能在课堂上产生作者、教师和学生情感上的共鸣。

沟通过程的第四个要素是指接受信息的人。信息接受者要通过一系列注意、知觉、记忆、储存等心理过程，一系列心理过程中教与学的有效策略的使用非常重要。

沟通过程的第五个要素是反馈。反馈是使沟通成为一个交互的过程。在课堂教学中，师生之间的反馈要有一定的清晰度。

沟通过程的第六个要素是障碍。例如，有些课堂上教师的预先设计不能很好地在课堂上实施，其中很重要的原因就是教师不了解学生是如何学习的。沟通中足够的共同经验是沟通得以实现的必要前提。沟通过程的最后一个要素则是沟通过程中的背景，即沟通发生的情境。

从沟通的特点来思考沟通的有效性。沟通可以通过语词，也可以通过非语词（如姿势、动作、表情等）。沟通可以分为口语沟通和书面沟通，还可以分为有意沟通和无意沟通、正式沟通和非正式沟通、个人内沟通和人际沟通、群体沟通和大众沟通（通过广播、电视、报纸等大众媒介实现的信息交流）。不论哪一类沟通，沟通均有以下几方面的共同点：

沟通发生的自然性，即它不是以人的意志为转移的。因为人际的沟通除了语词沟通之外，还有很大一部分是通过非语词的途径来实现的。例如，你的表情、姿态以及不同于平时的变化已经向别人透露了你的状态。所以，教师一方面要十分重视自己的身体语言，另一方面更应该非常仔细地观察并发现每个学生身上细微的变化，以便及时解决问题。沟通信息必须内容与关系相统一。沟通者之间的关系也就是在特定场合下的角色关系。例如，同一沟通目的，如果沟通者之间不同，就应用不同的语词或体态语词来表达。也就是说，你处在什么角色，就应选择相应的沟通方式，以便沟通顺畅。

沟通的过程性。从沟通对个人的影响角度来说，沟通是一个循环往复、没有结尾的动态过程。师生之间、生生之间的每一个沟通行为，都会成为人的发展的一个新的起点，因为沟通所获得的信息总要对人产生各种性质不同的影响。

沟通的整体性。每个人沟通中的语词或体态语词的表达，都是在每个人的个性背景下做出的，是整个人格的反映。例如，教师参加一些研究课，认为课堂中的这位老师语词或体态语词（如握手、拍拍学生的肩等）特别能增强师生之间的亲和感。但如果回到自己的班上简单地模仿该教师的沟通行为，效果并不好。原因就在于沟通中的任何一个行为均是本人在人格上的体现，而不是简单的外表模仿。所以学习一位优秀教师，首先要学习优秀教师人格上的魅力。

从沟通的背景来思考沟通的有效性。沟通总是在一定的背景下发生的，任何形式的沟通都要受到各种环境因素的影响。沟通背景，一般来说，有以下四个方面：

心理背景。心理背景一方面是指沟通者的一般心境状态，另一方面是指沟通者双方相互接纳的状态。因此，在课堂教学中，一位热爱教师工作、爱每一个学生、爱所教学科的教师，往往教学效果也比较好，因为他和学生在课堂上沟通时彼此的心理距离比较近。加之，教师爱的情感也会迁移给学生。

物理背景。物理背景是指沟通发生的场所，以及沟通者双方的物理距离。如目前小班化教学改变学生的座位形式，改变的目的就是防止由于座位固定可能使某些学生处境不利。师生之间的物理距离近了，学生会有一种安全感。

社会背景。社会背景一方面指沟通者之间的社会角色关系，另一方面是指沟通场合下其他人的影响。所以，对沟通者非常重要的是要认识到不同场合下自己的角色，并能选择适当的沟通方式，这样才能进行有效的沟通。

文化背景。文化背景是沟通者自小长期文化经验的积累。这往往已经成了一种沟通的行为习惯。

从非语言（体态语言）在课堂师生沟通中的作用来思考沟通的有效性。有关研究表明，55% 以上的信息交流是通过无声的身体语言来实现的。身体语言指非语词性的身体信号，包括目光与面部表情、身体运动与触摸、身体姿势与外表、身体之间的空间距离等。身体语言在人际沟通中有着口头语言所不能替代的作用。在课堂教学中，教师的目光与表情对学生的学习和心理均有很大的作用，尤其是师生之间的目光接触。人们常说的"眼睛是心灵的窗户""眼睛会说话"是很有道理的。有一位平时不被老师关注的中等生，在她的周记上写着："老师，哪怕您对我的一个微笑，对我来说，也是一种莫大的安慰和幸福。"正是无声胜有声，无声的语言更美呀！

教师要十分重视班级的文化营造。良好的班级文化是课堂教学中人际沟通的积极背景。班级文化也是校园文化建设的一个重要组成部分。优秀班级文化的创建，要注重从身边的小事入手，不以善小而不为。班级文化是一种无声的教育，润物细无声，因而也是最美的教育。

教师要把有声语言和无声语言自然地、和谐地结合起来，以促使课堂师生、生生之间的沟通达到较佳状态。要关注沟通者之间的心理背景，尤其是沟通者之间心理交往中人与人之间的吸引。科学地应用人际交往中的一些心理效应，如首因效应、近因效应、晕轮效应、刻板效应、定势效应、投射效应等。

教师要十分重视自身健全人格的建构，十分重视自我教育，因为沟通者之间沟通的行为表现是一个人内在世界的一种外部展示。

二、教学认真负责，加强理论学习

加强理论学习，更新教学观念，把握教育规律。教师作为新课程实施的重要主体，在实施中的表现将直接影响整个新课程改革的效果。因此，更新学科教师的教学理念，就成为教研工作的首要任务。

要上好本学科的每一节课，着眼小问题。教学实践是开展教学研究的平台和土壤。许多科研课题往往来自教学中的一得，许多卓有科研成效的老师也多得益于教学实际的锻炼。事实上，对于一个普通老师来说，上好一节课，就是一次教研。

要勤学教学理论，博览课外书，注重平时的反思和积累。随着课程改革的深入，教学内容也越来越开放，需要教师具有广博的文化知识。博览课外书籍，广泛吸收养分，补充最新知识，是教师增加和更新知识积累，提高教研水平不可或缺的途径。教研写作需要教师有厚重的文化积淀，因而应注意平时资料的收集。同时，坚持写好教学后记，也有利于积累教学经验和教研素材，为科研提供有力的例证。教师在积累的同时，还要多反思自己。教师每天都在从事教育教学工作，新鲜感和好奇心可能会逐渐消退，难以怦然心动。这就需要我们不断反思，去开辟新的思维空间，去探索新的奥妙。教学反思的目的是提高教师自我的教育教学专业水平。

要懂得一些进行教研活动的形式和方法。有些教师片面地把教研活动理解为听课、评课和写文章，这是一种很狭隘的看法。教研活动的形式和方法多种多样。比如，反思是教研活动中最普遍、最基本的形式。教师在当前的课程改革中就应学会如何在教学前、教学中、教学后进行自我反思。又比如，教研活动很强调集体研究，教师就要学会如何参加集体研究，如何在集体研究的氛围中学会将大家的智慧集于一身。再比如，要进行课题研究，教师就必须学会如何选题、如何控制实验过程、如何结题等等。一句话，就是教师绝不能只凭个人意志、自我感觉、工作习惯或几分热情去搞教研活动，一定要以科学的态度和方法去搞教研活动。

三、教学研究的意义和作用

教学研究是一种有目的、有计划、主动探索教学实践过程中的规律、原则、方法及有关教学中亟待解决的问题的科学研究活动。教研论文能从一个侧面反映出一个教师的基本表达能力和教学水平，进而反映其教研水平。通过教学研究，可以架起课程理念和教育理论转化为教学行为的桥梁，促进先进教学经验的提炼和传播，促进教师的专业发展和改进教学；教学研究可以促使教师的角色由传授型向研究型转变；教师在教学研究过程中也可以体现自身的价值，体验成功的乐趣。一个教师如果不重视研究，或许他可以成为一个经验型的教师，但一定难以成为学者型、专家型的教师。当然，影响教师专业化发展的因素有很多，其中教学研究是不可或缺的方面。因此教学研究是现代教师的一项基本功。

新一轮基础教育课程改革，是一次教学观念与教学方法的大变革，对教师提出了更新和更高的要求。要求教师除了具有高尚的职业道德、良好的心理素质、扎实的专业知识和较强的动手能力外，还应具有从事本学科教育、教学研究，运用确切的语言、文字表述自己教学经验、研究成果的能力。特别是随着课程改革的实施，各级教育行政部门越来越重视教师的专业发展与个人成长，于是针对教师的各种荣誉称号，如教学新秀、教学能手、学科带头人、名教师等的评比接踵而至，评定职称要求在某一层次的刊物上发表几篇论文，这对提高教师的学科教学素养无疑起到了积极的促进作用。

有效教学的研究有助于教学观念的更新。课堂教学是在社会文化的情境制约之下的多维活动：探究、理解教材含义的认知形成与发展的认知活动；在同他人的交往中发现多元见解、感受，学习沟通方式和社会交际的社交活动；面向自身的自我启发、自我发展的内心活动。

有效教学的研究有助于促进课堂教学的转型。从"教的课堂"转型为"学的课堂"。所谓的"知识"并不是靠教师传递的，而是学习者自身建构的。就是说，学习是一种能动的活动，绝不是教师片面灌输的被动的活动。

有效教学研究有助于教师角色的转变。教师要实现由"控制者"向"主导者"的转变。一味强调教师的控制作用，学生唯命是从、言听计从，是难以培养学生的主体性和个性的。而主导包括发动、组织、指导、调控、点拨 5 项，其中的指导集中体现了主导的特性。指导就是引领，这样，如何引领学生自主解决问题去替代教师发号施令，成为促进教师教学行为转变的关键。传统的教师角色以"能讲"为主要特征，新理念的教师角色以"善导"为主要特征。有效教学研究有助于拓展教师文化的新境界。从根本上来说有效教学依靠的不是每一个教师，而是整个教师团队；不是每一间教室，而是整个学校。它是一个超越了学科、超越了教室、超越了学校的，同整个社会、整个世界息息相通的

"教师研究共同体"。所以有效教学环境蕴含着三个"整合"：谋求种种教学活动的整合；谋求整个学校的合作；谋求学校活动与社区目标和价值的整合。

在传统教学设计中，教学目标是高于一切的，它既是教学过程的出发点，又是教学过程的归宿。通过教学目标分析可以确定所需的教学内容和教学内容的安排次序，教学目标还是检查最终教学效果和进行教学评估的依据。但是在以学为中心的教学设计中，由于强调学生是认知主体，是意义的主动建构者，所以把学生对知识的意义建构作为整个学习过程的最终目的。在这样的教学设计中通常不是从分析教学目标开始，而是从如何创设有利于学生意义建构的情境开始，整个教学设计过程紧紧围绕"意义建构"这个中心而展开，不论是学生的独立探索、协作学习还是教师辅导，总之，学习过程中的一切活动都要从属于这一中心，都要有利于完成和深化对所学知识的意义建构。在学习过程中强调对知识的意义建构，这一点无疑是正确的。但是，在当前以学为中心的教学设计中，往往存在一种偏向，即看不到教学目标分析这类字眼，"教学目标"被"意义建构"所取代，似乎在建构主义学习环境下完全没有必要进行教学目标分析。我们认为这种看法是片面的，不应该把二者对立起来。因为"意义建构"是指对当前所学知识的意义进行建构，而"当前所学知识"这一概念是含糊的、笼统的。某一节课文内容显然是当前所要学习的知识，但是一节课总是由若干知识单元（知识点）组成的，而各个知识单元的重要性是不相同的：有的属于基本概念、基本原理（是教学目标要求必须"掌握"的内容）；有的则属于一般的事实性知识或当前学习阶段只需要知道还无须掌握的知识（对这类知识，教学目标只要求"了解"）。可见，对当前所学内容不加区分一律要求对其完成"意义建构"（即达到较深刻的理解与掌握）是不适当的。正确的做法应该是：在进行教学目标分析的基础上选出当前所学知识中的基本概念、基本原理、基本方法和基本过程作为当前所学知识的"主题"（或曰"基本内容"），然后再围绕这个主题进行意义建构。这样建构的"意义"才是真正有意义的，才是符合教学要求的。

有效教学研究有助于改变教学的无效和低效。长期以来，大多数课堂存在着无效和低效现象。造成这种现状的原因很多，一是大学教学论的空泛与脱离实际，二是师范毕业生对教学论的无意识，三是课堂教学规范的无秩序等。尤其是课堂教学规范问题，在中小学教学管理领域基本上处于自在阶段。人人自在，校校自在。虽然也有公开课、观摩课、优质课等教研活动，但大都是课后面貌依旧。有效教学理念的提出，为我们研究课堂教学效益提供了一个有效途径。课堂教学的有效性不是自然而然生发的，是有意识创建的。虽然我们很难打造出公认的最好课堂来，但每个人都可以在自己所处的环境中努力打造出相对有效的课堂来。

教育研究是教师健康的生活方式。课程改革为教师的专业发展带来了机遇，同时带来了新的挑战。教师的职业本身决定了这一职业的挑战性：来自家长、社会和学校的升学压力；来自课堂教学的压力，包括学生成长和教师自身业务提高问题；来自教师自身职称评定和升级的压力；来自家庭生活的压力，包括生活保障和子女升学、就业问题，等等。

许多校长反映，目前教师的负担问题非常突出。他们没有时间学习，没有时间钻研教材，没有时间去关心社会上发生的事情。教师活得太累，负荷太重，而造成这一问题的根源就在于教师的心理失衡。教师承受着来自多方面的心理和生理上的压力。如何将压力变为动力？如何达到师生之间的相互沟通和理解？如何解决教师在教育教学生活中所遇到的这样那样的令人头痛的问题？如何将教师从每天身心透支的亚健康或职业枯竭中解放出来？如何让教师在繁忙的职业生活中得到快乐与幸福、愉悦与满足？答案只有一个：教师自己解放自己，走教育研究之路，在教育研究中学会健康生活，学会享受生活。教师要把教育研究作为自己生活的重要组成部分，并乐此不疲。要学会思考，学会反思，学会探究，学会规划，学会行动，学会管理时间经营时间，学会管理生命经营生命。要勤于动手，勤于写作，随手记下所谓琐事，记下思想上的灵感与火花，为日后的"大手笔"作好资料的收集与铺垫。教学是一种艺术，一种艺术就需要我们先做学徒，去体验，去创造，去创新；教育是科学，科学就需要研究；教育是事业，事业就需要有敬业精神、献身精神。三者合而为一，你就能成为名师，成为专家，最终实现专业成长。

教师专业成长的四项指标是：明确的人生发展目标和先进的教育教学理念；坚实的专业基础知识和娴熟的专业运用能力；基本的教育教学理论和有效的教育教学方法；敏锐的教育研究意识和较高的教育研究能力。作为一个发展中的个体，我们要做好人生的规划，把握好自己的生命价值。我们要不断更新自己的教育教学理念，不断提高语言应用能力。同时，我们还要积极参与教育研究这一重要的社会实践。教师要成为教育研究者，让社会听到教师的声音，这是国际教育研究发展的重要趋势。一位教师，当他对教育的意义、对自己所授学科的教育意义、对自己正在教授的内容在整个知识体系中的位置与联系及其教育意义、对怎样使这样的教育意义在自己的学生身上得到实现都有着清醒的认识的时候，他对教育、教学的实践就注入了研究的态度甚至是这种行为。教师成为研究者，就是要研究怎样使自己的教学活动有教育的意义，在自己的学生身上实现教育的意义。教育研究是教师专业成长的重要途径，是沟通教育教学实践和教育教学理论的桥梁，可以拓宽教师的视野，创新知识，增长才干，提升教师的教育智慧。

学校是人类传承先进文化的重要场所，学校文化建设关系着一个学校的生存和发展。教师的教育观念、教学方式、教育研究、行为风范和文化生活等构成了教师文化，是教师在教育教学实践中逐渐形成的对教师职业、学生、教育教学等一系列问题的价值观和行为方式，是主流文化、理性文化、高雅文化，是教师精神力量的核心。教育研究本身是教师文化的组成部分，也是学校文化的重要组成部分。不仅如此，由于教育研究是教师专业成长之路和健康生活方式，教育研究对教师文化建设和学校文化建设都具有重要的意义。校本教育研究以学校的改革和发展、学生的全面发展、教师的专业成长实践中出现的问题为研究对象，对学校的理念文化、行为文化、制度文化和物态文化建设有着不可或缺的作用。从学校文化建设层面认识和审视教育研究，更加凸显出教育研究对全面构建学校文化，整体提升办学品位的促进与支撑功能。

广义的教学是指师生教和学的活动，狭义的教学指教师的教，即教师引起、维持和促进学生学习的活动。本文根据对教学的狭义理解，将有效教学界定为教师通过教学过程的合规律性，成功引起、维持和促进学生的学习，相对有效地达到了预期教学效果。有效教学研究在对国内外关于有效教学的理论研究和实证研究述评的基础上，提出有效教学研究的意义、思路和方法，论述有效教学的理论，阐述有效教学思想的发展，分析中小学教师有效教学的现状，探讨有效教学的策略。有效教学研究不仅可以丰富我国的教学理论，还可以为学校成为有效学校或优秀学校提供参考，为我国学校提高教学质量提供参考，使教师提高对有效教学的认识，并为有效教学提供指导。有效教学是对国内外有效教学理论研究和实证研究的继承和深化，坚持理论研究和实证研究相结合，具体运用了文献法、历史法、逻辑思维方法、发生学方法、系统科学方法、问卷调查法和统计分析等研究方法。有效教学的含义有四：有效教学是合规律性的，优化了教师、学生、教学环境、教学内容等教学要素，保证了教学内容、教学活动组织、教学方法等的合理性；有效教学是有效果的，促进了学生的学习，特别是促进了学生的进步和发展；有效教学是有效益的，学生的进步和发展符合社会和学生个人的教育需求；有效教学是有效率的，相对于教师的教学投入，学生的进步和发展是尽可能大的、理想的。违背教学规律、无效果、负效果、低效率的教学不是有效教学。有效教学具有突出的特征，有效教学的特征指有效教学区别于无效、负效、低效教学的独特征象或标志，包括：正确的目标，指向学生的进步和发展，且指向知情行的全面进步和发展；充分的准备，以对学生和教学内容深入研究为基础而形成囊括教学目标和要求、教学活动组织、教学方式和教学策略选择以及教学效果评估等的适当教学计划；科学的组织，教学实施保证了教学内容、活动、策略、秩序等的合理性、科学性；清晰明了，清楚地教学了教学内容，促进了学生正确理解、牢固掌握和顺利应用或迁移；充满热情，运用多样化手段显示对学生、学科和教学的热爱，感染和影响学生；促进学生的学习，关注和满足学生的学习需要，围绕学生组织教学，促使学生学习好、爱学习、会学习；以融洽的师生关系为基础，建立了融洽的师生关系；高效利用时间，在单位教学时间内产生了尽可能大和好的教学效果；激励学生，引起学生的兴趣，调动他们的学习积极性，促进他们主动、全身心地参与学习。有效教学受到一些因素的影响，有效教学的影响因素指影响教学活动进行并促成教学达到预期教学效果的因素。虽然教师、学生、教学环境、教学内容等因素都影响教学效果，但如果学生、教学环境、教学内容相对稳定，且由于教师在教学中起主导作用，那么有效教学的影响因素即是教师的教。教师的教学观念、知识、责任意识、效能感、能力和机智等是影响有效教学的因素。教师的教学观念是其对教学要追求什么样的理想目标和为什么要追求这样目标的认识，对有效教学起导向作用；教育知识是教师在教学实践中获得的认识和经验的总和，由学科专业知识、一般教育学知识和教学法等内容构成，是教师有效教学的基础；教学责任意识是教师对应做好教学工作的认知和觉察，它构成教师有效教学的动力；教学效能感是教师对自己能够完成教学任务的信心，是对其能做好教学工作和实现教学目标的信念，是对其能影响学生学习行为和学习成绩的能力的知觉，它激励教师有效教学；教学能力是教师顺利从事教学活动并保证达到预期教学效果所需要的一种心理特征，它通过有效地认知教学、进行教学实践和监控教学活动而影响有效教学；教学机制是教师面临复杂教学情境时准确而快速地认知、判断和反应的技巧，直接左右有效教学。有效教学虽有突出的共同特征，但具有多样性。有效教学的多样性是指有效教学表现出多种形式及其在多种形式上表现出差异性，既指有效教学和有效教学教师的特征是多样的，而非单一的，又指有效教学和有效教学教师的特征是有差异的，而非完全相同的。有效教学的多样性是客观存在的，表现出多种形式。教学的复杂性和动态变化性，教师身心发展的个别差异，对教学的感知、体验和经历以及教学的内隐理论是有效教学多样性的存在基础。实现个性化有效教学，成为有个人特色的有效教学教师，是有效教学多样性对教师自我成长和学校把他们培养为有效教学教师所提供的重要启示。有效教学不仅具有多样性，而且表现为发展性。有效教学的发展性是指有效教学是发展的，教师可以从低效甚至无效教学的教师发展成长为有效教学的教师，这既从发展理论中找到了科学依据，又被教育研究所证实，还由教育实践所证明。发展的条件有：教师发展生理机能和心理能力、掌握教育知识、参加教学实践、进行教学反思以及开展教学研究；发展表现为不平衡性，这是由教师身心发展的不平衡性和有效教学的多样性决定的；发展是分阶段的，教学图式发展和教学专长发展的阶段理论可用来说明有效教学的发展阶段；有效教学的发展性提示通过自身努力和学校培养教师可发展成为有效教学的教师。

第九章
小学创新教育特色课程设置

第一节　小学生创新性人格培养课程

　　人类社会的发展，有所创新，才能有所前进。目前，世界教育改革潮流的走向基本线索是"学习是训练，是联结""学习是顿悟，是获得""学习是发现，是构建"。而构建知识最能培养人的创造性。世界各国都很重视教育的创新问题。近几年来，我国对创新教育的研究可以说很热门，尤其是党和国家领导人提倡培养学生的创新精神和实践能力以后，教育界对创新教育的研究更是如火如荼。然而，正如中央教科所所长、教授阎立钦所说："创新教育的重点不仅是在操作层面上搞小发明、小制作，或在学科教学中培养发散思维能力就可以了，除了这些操作层面上的问题外，更要考虑适宜创新人才成长的'土壤'、良好的环境。'土壤'、环境、氛围更加重要。现在旧的教育观念、教育思想是实施创新教育的极大障碍。如果还是旧的一套，还是传统习惯在支配我们的行动，那你仅仅搞小发明、小制作，能从根本上解决问题吗？你仅仅在学科教学中搞发散性思维能力训练又能解决多大问题？没有宽松的环境，创造性人才能成长起来吗？"专家认为，创造型人才都具有一些共同的人格特征，即人格特征群，在人格上只有具有这些人格特征群的人才有可能发挥出自己的最大创新潜能。目前在创新教育中最常见的问题之一就是重视在学科教学中搞发散性思维能力训练，而忽略对学生进行创新型人格的培养，或者不是很系统地对学生进行一些所谓的"创新意识""创新精神"的培养，所以我们认为很有必要加强对学生进行创新型人格的培养研究。

　　对创新型人格目标的具体阐述如下：

坚持力：包括完成任务的坚强毅力和不屈不挠的精神，信念坚定不移，愿意尝试困难工作。自信：不胆怯，不自卑，不过分地自我批评，对做事的信念坚定不移。独立性：爱自行学习，在学习和社会环境中寻求个人独立性，不盲从，具有强烈的好奇心。批判精神：不盲从，敢于怀疑自己认为是错误的东西，不迷信权威。追求独特：不从众，敢于、乐于与众不同，有自己独特的见解，能自我观察，有高度的独特反应。勤奋主动：有主体意识，做任何事有一定的主动性，自觉、勤奋。变通性：做事、学习方法灵活，不刻板，富于想象。

走进 21 世纪，我国正处在全方位推动素质教育，大力培养创新型人才时期。创新型人才的突出特点就是具有独立人格，也就是有独立思考能力、独立工作能力，具有勇于探索真理、坚持真理的高尚品格。

素质教育是全面教育。它要求教育工作者对被教育者全面负责，而不仅仅是传授知识和技能。在构成人的诸多要素中，人格是第一要素。人之所以为人，就是因为人在自身的发展中不懈地更新自己，完善自己，提升自己，从而创造了人类的文明，远离了野蛮。人格，就是人类文明的结晶。建立高度文明的社会，必须造就高度文明的人；而高度文明人的重要标志就是要有较高的人格素质，人的思想道德水平的高低和社会价值的大小，决定了人格的不同层次。因此，人格教育应该是一切教育之本。

少年时期是人生的"起步"阶段，其思想意识、人格素养正处于形成的过程。他们思想单纯，思维敏捷，好奇好胜好探索，这些特点为他们人格的建构提供了良好条件。但由于年龄和阅历的限制，他们身上也存在着情绪易于波动、意志较为脆弱、认知易于"扭曲"、内心常存冲突、思想易于消沉等人格弱点。如果缺乏具有针对性的人格教育，这些人格弱点就会逐步"放大"，甚至导致错误的人生定向。人格失落是当前我国学生中一个应当引起重视的现象。改革开放把我国的社会生活推向了崭新的时代，但急剧变革的时代步伐带来了中西文化的碰撞和新旧观念的交锋，许多资产阶级的价值观念、人生态度也伴随着科技文化进入我国校园，使得我国青少年的思想和行为陷入了冲突、困扰中，甚至一度出现混乱状态，心理状态的倾斜与失衡现象普遍，人格"低落""缺失""变态"等现象呈现增长势头。这是很令人忧虑的事情。从这个意义上讲，重视青少年人格教育，实质上是一项具有战略意义的新的"希望工程"。从更广的视野来思考人格教育的价值，它还具有推动、升华社会文明的巨大作用，是构建当代民族精神的重要方面。学校人格教育，正是着眼于对青少年一代进行优秀人格的塑造和构建中华民族的新文明。因而意义是重大和深远的。

20世纪20年代以来，"人格"已成为西方学术界最引人注目的课题之一，人格教育成为当今世界教育的新潮流。

日本提出21世纪的教育目标是：宽阔的胸怀，健壮的体魄，丰富的创造力，自由、自律的精神。

新加坡历来以重视智商指数教育而著称于世。但近年来学生自杀现象频繁。据对自杀未遂者调查显示，因学校原因而企图自杀者占多数。为此1996年吴作栋总理呼吁全民，从重视智商教育中摆脱出来，重视品格教育。他要求新加坡建立一个关心他人、思想崇高的社会。

美国面对日益严重的社会问题，也开始把品格教育作为刻不容缓的教育大计。克林顿总统在他第一任期内的教育计划中就提出："要培养有责任感的一代。"并把品格教育作为教育的重要一环。

德国最近出版的《德国教育面临挑战》一书告诉我们："德国教育改革一个重要范畴是，学校不仅要传播知识，而且要关心学生品德、性格的培养。"综上所述，实际上是一个人格教育问题，即通过教育培养学生健全的人格。人类文明发展到今天，人格问题已经成了全球性的问题，世界许多国家的教育研究重心已从历来的智力开发，转向"人格培养"。

我国从上世纪80年代初开始，也兴起了"人格"研究热。不同学科的专家、学者，如心理学家、哲学家、伦理学家、人类文化学家等，都对人格问题进行了广泛而深入的探讨，出版了许多论述人格问题的专著和研究报告，也相应地形成了众多观点各异、学派纷呈的人格理论或人格范型。近些年来，我国人格研究已不再局限于道德人格的层面上，而是逐渐深入到人格的深层，开始在文化和民族特性意义上探索人格内涵，分析人格构成，考察人格现象，规范人格行为。从某种角度讲，只有从传统文化的高度，才能揭示出人格的历史继承性，也只有将传统观念与现实发展相结合，才能找到塑造健全人格的有效途径。处在变革与发展，机遇与挑战共存的时代，传统的人格，落后、愚昧的心态必将受到冲突，一些固有的人格模式也必然发生裂变和重塑。因此，结合时代特点和社会发展要求，积极开展人格结构、要素、外在表现的研究，重视健康、文明的行为方式、人格取向的探讨，将个体意识与集体观念、传统的理想人格与权利义务统一的现代人格引向既符合时代标准又具有个性差异的健全人格，这对于学校德育工作的深化、拓展无疑具有积极的意义和作用。

人格教育是指有目的有计划地发展个体良好人格的教育活动。

在《现代汉语词典》中，"人格"词条标出了三种意义：一是指人的性格、气质、能力等特征的总和，二是指人的道德品质，三是指人的能力作为权利、义务的主体资格。也就是说中文"人格"是在与以上三种意义相对应的心理人格、道德人格、法律人格等多重意义上使用的，即以性格、气质、能力为特征的"心理人格"（psychological characteristic），与个人的气节操守、道德品质、人格情操相关的"道德人格"（moral standing 或 moral quality），和法律主体不可分离的"法律人格"（legal capacity 或 personal right）。近现代西方所使用的"人格"（personality），来自于拉丁文"persona"（面具 mask），其字义为"剧中角色"。从词源意义上讲，"personality"（人格）是用面具进行的角色表演，是指人从自身中筛选出来的公布于众的某些侧面，即向外展现的特质。

丰子恺先生曾做过形象的比喻，他把人格看作一只鼎。而支撑这只鼎的三足就是人的思想—真、品德—美、情感—善。这三者和谐的统一就是完满健全的人格。

人格不是天赋的，它是在先天生理结构基础上，在后天环境和教育相互作用下形成的，先天素质只是为人格形成提供一般可能性，教育和社会实践对人格的形成更有赖于人格教育的教化作用。

人格教育的目标是为了培养学生健全、优良的人格，主要包括价值观、人性、基本人际态度、情感、承受挫折能力、民族文化意识等。围绕上述目标小学人格教育的内容应具体表现为以下七个方面：

第一，感激：是每一个弱小的个体生命由于他人关爱而自然萌发的最早的情感体现，在生命的成长过程中应该自觉地不断地巩固扩大。第二，学会同情：人是讲感情的自然的人、群体的人、社会的人，社会、自然我们全部的生存环境因此而让人留恋。第三，学会尊重：尊重别人就是尊重自己，对别人的贬损永远无助于自身成长。第四，学会坚强：人生总有不如意，总有坎坷、困难，面对挫折，坚韧才能强大。好比长跑，最难受的时候一定要坚持，挺过去就有坦途顺境。第五，学会节制：人的物质欲望一旦任由膨胀是无法满足的，人的各种活动一旦任其泛滥只能适得其反，包括嬉戏游乐都必须有节制，你得对自己、对他人、对家庭、对社会负责任。第六，学会大度：宽厚善让的人最受欢迎，幽默乐观的人最受喜爱，不要鼠肚鸡肠，心胸狭隘的人只会自寻烦恼，做什么事成功率、满足感都差。第七，学会审美：注意外表美、服饰美是无可厚非的，但更重要的是气质美、风度美、品格美，要明白美是有层次、有品位的。以上的设计集中针对学生情商与德商的培养，情商培养比智商培养重要，德商培养尤重于前两者。应该使学生明白这样的道理：一个人应该是有知识与智力的人，还应该是有优良情感与气度的人，更应该是有优越品格和德行的人。

整体优化：学校教育工作是由多种因素构成的复杂系统。整体优化就是要从教育和外部社会各方面的联系入手，从教育内部各个部分之间的联系入手，把各种教育因素、途径、力量组成有机的整体去施加影响，发挥教育系统的整体功能。同时，讲求效率，以最少的支出，获得尽可能高的效率，使学生的人格得到最优发展。

主体参与：学生既是教育的客体，又是教育的根本；既是教育的对象，又是具有主观能动性的发展着的个体。教育的效果很大程度上取决于学生的主动性、积极性和创造性的发挥程度。在实验过程中，要充分发挥学生的主体作用，让他们积极参与有关教育和发展过程的决策，成为自我教育和发展的主人，积极地进行自我教育和自我评价，学会学习，成为学习的主人，积极地参与各种实践，在实践中增长知识和才干。

基础性与发展性相结合：人格教育的目的在于促进学生人格全面和谐地发展，这里所说的"发展"并不仅仅局限于智力的发展，它是以教育方针为原则，以全面提高学生素质为前提，包括知识、技能、能力、智力以及情感、意志等心理品质的整体、和谐发展。同时，学生人格发展不是空中楼阁，而是建立在一定基础之上的，这个基础便是我们常说的"双基"（基础知识和基本技能），以及学生学习、生活、做人、审美、劳动等方面的最基本的素质。因此，要在扎实搞好基础训练过程中，促进学生人格的全面、充分、自由发展。

总体和单科单项相结合：人格教育实验一方面是整体综合性实验，另一方面根据实验的需要、实验班学生的实际情况以及学校和师资条件，开展单科单项实验教育活动。

"教育是人与人心灵上最微妙的相互接触"。对教师来说，观念更新，知识丰富固然重要，但是，它无法取代人格的力量。正如孔子所说："其身正，不令而行，其身不正，虽令不行。"这里的"身"不仅指教师以身作则，也包括追求至善的人格。著名科学家爱因斯坦说过"学生对教师尊敬的唯一源泉在于教师的德与才"，"学博为师，德高为范"，教师的完美人格是"任何教科书，任何道德箴言，任何惩罚和奖励制度都不能代替的一种教育力量"，它对学生成长起着耳濡目染、潜移默化的作用。

努力提高教育工作者自身的人格素质。对于受教育者而言，教育者的人格示范是其最直接的"榜样"，一个自身人格已"失度"的人去做别人思想政治工作，必然造成"台上你讲，台下讲你"的局面，不但起不到预期的作用，反而使双方的人格向更加"失度"方向演变。因此，需要教育工作者自身不断地学习、实践、修养、养性，努力提高自身的人格层次和水平，真正做到为人师表，用真理的力量和自身人格的力量去教育、感召我们的工作对象。

EQ 是什么？它的全称是"情绪智力商数"（Emotional Intelligence Quotient）。其创始者是美国耶鲁大学彼得·塞拉维（Peter Salovey）和新罕布付尔大学的约翰.梅耶。他们早在 1990 年就创造了"情绪智力"这个概念，而普及它则是在 1996 年哈佛大学教授、《纽约时报》记者、曾任过《今日心理学》的编辑丹尼尔.戈尔曼写作并出版科普著作《情绪智力》开始的。这个理论很快就风靡世界。

从成功学和心理学角度，中国的心理学者把 EQ 归纳成自我控制、自我激励、情绪控制和挫折承受等几个部分。

情商理论认为，情感、人格和道德是一个三合一的关系。从基本的情绪、情感能力开始，着力于培养健全人格的现代人，进而使国民具备基本的道德素养。那些高尚的情感，如爱国主义、美感、责任心、利他主义等，其实也就是由基本的情绪、情感能力构成的。一个难以控制和驾驭自己情绪或难以揣摩他人情绪的人，很难设想他能够具备高尚的情操。那就要培养每个公民的情绪能力，培养他们的情绪、情感能力。

面对竞争日益激烈的现代生活，心理素质与心理健康问题已成为世人关注的重点，培养"健康的心理素质"已被确定为德育的目标之一，"心理健康教育"已列为德育的重要内容，心理健康教育在各级学校得到了一定的发展。但当前青少年心理健康水平不能令人满意，心理有问题的青少年有逐年增多的趋势。在认识上和政策上都还没有真正到位，大力开展心理健康教育和咨询工作是当前德育及人格教育的重要任务。心理健康教育的水平很大程度上决定了人格教育的水平，普及心理健康知识、发展个性心理品质、培养心理调适能力、预防心理障碍、矫治行为偏差等都需要心理健康教育和心理咨询来完成，这样才有可能促使青少年人格健康发展。

第一，强化情境陶冶与行为训练。一般认为，良好的人格品质是知、情、意、行等要素的和谐发展与统一。重视认知的教育无疑是正确的，这是良好人格形成的前提。但不能指望仅靠认知教育就能顺利产生良好行为，只有实行知行统一，才能形成良好的人格品质。换句话说，忽视了情感、意志这些把知转化为行的中间环节的培养，往往会造成知行矛盾的恶果，这也正是当前我国德育工作和人格教育普遍存在的问题。在青少年人格教育中要注意尊重情感、意志等因素在人格品质形成中的特殊地位和功能，要强化情境的陶冶以及行为的训练。具体来说就是要加强校园文化、社区文化、家庭文化的建设，丰富青少年的生活，培养青少年取得成功的体验和耐挫力；要搞好学生的班集体建设，提高教育者人格感染力，引导学生建立良好的人际关系，学会解决冲突的技能；要净化、美化生活环境，发挥环境育人的功能；要加强艺术教育功能，发挥艺术熏陶作用，培养良好的审美观念；要大力开展社会实践活动，积极接触社会生活，学会认识社会，适应社会；要努力创设专门的情感与行为训练活动，培养青少年判断和选择的能力及行为习惯。在现实生活和特定情境中获知、育情、炼意、导行，实现知情意行和谐、均衡、健康的发展，达到身心的统一，人与社会的协调。

第二，积极开展健康人格咨询工作。所谓健康人格咨询，就是从人的完整的存在状态出发给对象以帮助、劝导和启发，使之在某一方面或某几方面改变原先的状态，从整体上提高人格的健康水平。健康人格咨询从范围上看，涉及对象为在社会生活中遇到的种种问题。从总体上看，健康人格咨询包括心理咨询。从内容上看，健康人格咨询包括两个方面的工作：第一为心理障碍咨询，如智能障碍、家庭关系障碍等的咨询；第二为积极人格态度咨询，这是健康人格咨询的高级形式，在这一点上，它有别于心理咨询。对学生进行积极人生态度咨询，就是要设法使其人格的各要素都处在朝气蓬勃的状态，积极地投入到学习、工作、生活中。

在小学的各学科中，思品课在小学生人格的培养和塑造方面担当着重要而特殊的任务，具有其他学科不能替代的功能。

加强渗透，寓教于乐，丰富课内外和社会实践活动。优化育人环境，协调家庭、学校、社会教育，形成人格教育的合力。

健全学生人格，培养创新型人才。在研究中，我们对当前学生人格状况、创造力、意志力和情绪稳定性状况进行了调查分析，检验个性化教育和创新教育是当今世界教育现代化的主旋律，其实质是在当代科学技术高度发展的背景下，强调学生全面、和谐和可持续发展的教育。它不仅注意促进学生认知的发展，即教给学生知识与技能，发展学生的智力，而且注重培养学生的情感、意志、态度、信念、价值观、创造力等。这意味着现代教育不仅要有认知教育，而且要有情感教育，不能仅着眼于知识传授和智能开发，还必须注重人格的全面发展和创造力的培养。

而人格的缺陷和创造力的不足是当前我国青少年中一个应当重视的现象。改革开放将我国的社会生活推向了一个崭新的时代，但急剧变革的时代步伐带来了中西文化的碰撞和新旧观念的交锋，许多资产阶级的价值观念、人生态度也伴随着科技文化进入我国校园，使得我国青少年的思想和行为陷入了冲突、困扰中，甚至一度出现混乱状态，心理状态的倾斜与失衡较为普遍，人格"低落""缺失""扭曲""变态"等现象呈现出增长势头。而人们对教育功利性的追求使教育侧重于应试，这是当前为人们所普遍认同的。为了挤过高考这条独木桥，学生都得忍受长年累月埋头苦学，放弃休闲娱乐，购买各种复习资料，挤时间参加各种奥赛班、辅导班、培训班，掌握知识成了唯一的目标。这个后果，显而易见，就是我们今天所说的思维僵化、个性湮灭、天性丧失、高分低能、责任缺失等等。据有关资料显示：目前，我国未成年人犯罪比例逐年上升，未成年人初始犯罪年龄越来越低。青少年犯罪总数已经占到了全国刑事犯罪总数的 50% 以上，其中十五六岁少年犯罪案件又占到了青少年犯罪案件总数的 70% 以上。青少年特别是未成年人违法犯罪中以盗窃、抢劫、伤害、强奸、杀人等侵财、暴力犯罪突出，而且呈逐年上升趋势。这些浮出水面的青少年犯罪问题已日益引起人们的重视，但一些隐性的问题却还未引起人们的重视，如学生心理疾病、伦理道德观念的退化、诚信缺失、性开放、缺少孝道、团队精神缺乏、自私自利、没有生命价值观念、没有爱心、没有公共价值观和责任感、严重信仰缺失等。

　　在激烈的国家竞争中，一个民族的创新能力处于竞争的最前沿。一些发达国家注重国家智力中的创新因素，不仅表现在竞争场上的出奇制胜，而且表现在通过教育活动、科技活动培育有利于创新的条件和基础，这与我国的情况形成了发人深思的对照。其一，我国教育在培养学生创造能力方面亟待提高和加强。在"全国青少年创造能力培养社会调查"活动中，据抽取的 12000 余名中学生样本研究表明，我国有七成多的青少年不知如何"创造"，亲身体验过科学探究和技术创新全过程的低于 29% 和 26%。在衡量青少年科技创造力的 7 个项目上，我国学生只在创造性问题解决方面（即通常说的解题）强于英国青少年，而创造性物体应用、创造性问题提出能力、产品改进能力、创造性想象力、实验活动设计能力、创造性技术产品设计能力等 6 项，都明显弱于英国青少年。其二，我国目前仍是国际科技创新活动的"弱势群体"。美国平均每 10 万居民中持有的有效专利为 422 项，而中国只有两项。我国每年发明专利授权量仅是日本、美国的 1/30，韩国的 1/25，而其中青少年创造力严重不足的现象尤为突出。

中共中央、国务院《关于深化教育改革，全面推进素质教育的决定》中指出：实施素质教育，就是全面贯彻党的教育方针，以提高国民素质为根本宗旨，以培养学生的创新精神和实践能力为重点，造就"有理想、有道德、有文化、有纪律"的德智体美等全面发展的社会主义事业的建设者和接班人。从事长期的基础教育，我们深切地感受到，知识的传授已经不是困扰教育的最大问题，健全学生人格和培养创新精神才是我们当前最紧迫的任务。青少年人格问题和创新能力是关系国家命运和民族前途的大事。当前校园和社会中暴露出来的青少年道德问题、心理问题和我国创新人才缺失的问题，已经让我们意识到必须立即投入到完成这一任务的工作中去。

创新人才的培养与健全人格密切相关。所谓人格，又可称个性，简单地说，每个人的心理、行为都有一些特征，这些特征的总和就是人格。《简明不列颠百科全书》中解释为：人格即"每个人所特有的心理、生理特性（或特征）的有机结合，人格使一个人区别于他人，包括遗传和后天获得的成分，并可通过他与环境和社会群体的关系表现出来。"关于人格的定义多种多样，据美国心理学家澳尔波特1937年统计，人格定义已达50多种。人格结构是多层次、多侧面的，涉及性格、气质、能力、兴趣、情感、意志等众多心理品质，同时涉及日常生活、学习活动、社会交往等许多领域，是由复杂的心理特征独特结合构成的整体。所谓健全人格或健康人格，美国人本主义心理学家罗杰斯认为，具有健康人格的人有五个特征：情感和态度上是无拘无束的、开放性的，没有任何东西需要防备；对新的经验有很强的适应性，能够自由地分享这些经验；信任自己的感觉；有自由感；具有高度的创造力。精神分析心理学家弗洛姆认为，具有健康人格的人是创造性的人，健康人格的人将以创造性的、生产性的方式来满足自己的心理需要。从各学者对健全人格的解释就已体现了人格与创造性的密切关系。可以说，在创新人才培养方面，创新能力来源于独立健全的人格，人格教育是创新人才培养的关键。有人曾把世界上320名诺贝尔奖获得者所具有的共同素质归纳为以下六个方面：高瞻远瞩，善于把握时机；选准目标，坚持不懈；勤奋努力，注重实践；富于幻想，大胆探索；排除干扰，勇往直前；兴趣浓厚，好奇心强。这六个方面的素质中，人格因素在他们成功的道路上起了决定性的作用。从心理学意义上讲，人人都具有创造潜能。创新是指能为人类社会的文明与进步创造出有价值的、前所未有的全新物质产品或精神产品。创新人才是指具有创新精神的创造型人才，也就是具有创新意识、创新个性（人格）、创造性思维和创新能力的人才。创新人才的领域主要有两个方面：一是心理、精神层面的创新，包括智力领域的创新（如创造型思维和创造型智力运作能力等）、情感领域的创新（如敢于、善于、乐于创新的情感、心态和精神等）、意志领域的创新（如坚强的、迎难而上的、百折不挠的创新意志和毅力等）；二是实际操作、动手能力的创新，这包括物质生产领域、精神生产领域、社会活动领域的创新，含科技、艺术、日常生活等人类活动无所不及的所有大、小环节上的创新。

人格既有"人格特质"，又有"人格状态"，人格特质相对来讲是固定而持久的，与气质因素有较大联系，而人格状态是波动的，并且与个体的心境，与个体体验自己和他人的方式有关。即人格既是相对稳定的，又是可以塑造和调控的。学生处在生长发育时期，也是人格形成的关键时期，塑造学生健全人格是可行和必要的。

人格就是有思想、有智慧的一种东西，它有理性，能反省，并且能在异时异地认识自己，是同一的能思维的。人格可以通过自身的不断反省和认识来控制自己的行为，或是完善自身。

埃里克森的人格发展理论。他认为，人的自我意识发展持续一生，他把自我意识的形成和发展过程划分为八个阶段，这八个阶段的顺序是由遗传决定的，但是每一阶段能否顺利度过却是由环境决定的，所以这个理论可称为"心理社会"阶段理论。每一个阶段都是不可忽视的。而中学生处于第五阶段青春期（12～18岁）：自我同一性和角色混乱的冲突期。这一阶段青少年一方面本能冲动的高涨会带来问题，另一方面是面临新的社会要求和社会冲突而感到困扰和混乱。所以，青少年期的主要任务是建立一个新的同一感或自己在别人眼中的形象，以及他在社会集体中所占的情感位置。这一阶段的危机是角色混乱。

斯坦伯格的创造力的投资理论。斯坦伯格认为，人的创造就像市场上的投资一样，是将人的能力和精力投入到新的、高质量的思想上面。投资讲究花最小的代价创造最高的利润，创造则是用现有的知识、才能等创造出更多更好的有价值的知识和产品。斯坦伯格认为创造力是六种因素相互作用的结果，它们很难同时出现又恰到好处地相互作用，这六种因素分别是智力、知识、思维风格、人格、动机和环境。有的人之所以创造力不明显，是受到自身或环境等方面的因素的限制。吉尔福特的创造力理论，即从创造人格的角度、创造过程的角度和创造产品的角度来解释创造行为。

关于健全人格的培养，西方已取得了非常突出的成就，20世纪20年代以来，不同学者从不同学科立场出发，广泛深入讨论了人格问题，形成了观点各异的人格理论。对健康人格的标准和培养途径也提出了不同的设想和建议。他们都是以人格心理学为主体，影响最大的都是心理学家。目前西方最具代表性的人格学派有以弗洛伊德、荣格为代表的精神分析派，以阿德勒、埃里克林为代表的社会文化学派，以奥尔波特、卡特尔为代表的特质论派，以斯金纳、米勒为代表的学习论派，以罗杰斯、马斯诺为代表的人本主义学派等等。在这些研究健康人格的学者中，马斯诺是研究最深入、最系统的一位，他提出了心理健康10条标准：有充分的自我安全，能充分地了解自己，并能对自己的能力做出高度评价；生活理想切合实际；不脱离周围实际环境；能保持人格的完整与和谐；善于从经验中学习；能保持良好的人际关系；能适度地发泄情绪和控制情绪；在符合集体要求的前提下，能有限度地发挥个性；在不违背社会规范前提下，能恰当地满足个人的基本要求。我国在人格的研究和健全人格的培养方面也取得了一定的成绩，如对独生子女人格研究、单亲家庭子女的人格研究等等。以上研究，为人格研究提供了丰富的思想资料和心理学上的理论依据。首先，由于健全人格的社会性、历史性特征和西方学者受其价值观、世界观的影响，对健全人格的标准确定不是非常完整，也不完全适用于我国的国情。其次，由于世界观的限制，西方学者很难抓住健全人格的本质特征，也不可能找到培养健全人格发展的正确道路。归根到底，是他们忽视了人格的社会性和实践性，片面强调精神的主观力量的作用。马克思主义关于人的本质、人的全面发展理论为我们研究人格问题指出了一条根本的、唯一的正确途径。马克思主义认为人的根本属性是社会实践性。我国学者在马克思主义指导下，对人格培养的研究虽有一定成就，但受传统思想和历史局限性的影响，对社会主义市场经济下的健全人格标准未能正确论述，同时培养方法上也缺乏系统性。因此，在中国特色社会主义建设中，需要什么样的健全人格以及怎样培养仍需讨论和完善。另外，在人格培养研究上多以心理学家为主。对中学阶段学生健康人格的培养途径还缺乏现实性、指导性和操作性。基于以上原因，我们要在马克思主义基本原理指导下，对符合我国时代要求的中学生健全人格标准，进行进一步研究，在健全人格培养方法上探索出一条新路子。

近几年，随着改革开放、商品经济的深入发展，中学生中出现了一些消极的人格因素，如思维异常、情绪异常、性格异常等，如偏执人格、反社会人格等，这些消极人格因素如不及时加以矫正和排除，是不利于中学生德智体美劳全面发展的。因此，系统地对中学生健全人格进行研究，加强对中学生健全人格的培养已迫在眉睫、刻不容缓。健全人格的培养是对人的基本素质的要求，也是时代、社会发展的需要。由于世界观、价值观的差异，西方学者的人格研究虽有可借鉴之处但又有其局限性，而我国学者的研究系统性不强，针对性、可操作性还有待进一步提高。

苏联教育家苏霍姆林斯基认为："人的人格，是一种由体力、精神力量、思想、情感、意志、性格、情绪等因素组成的极复杂的合金。"我国心理学家朱智贤认为"人格是作为个体在社会实践中形成的带有倾向性的本质和比较稳定的心理特征的总和，它包括人格心理倾向性和人格心理特征两个方面。"我国教育论专家胡克英认为："教育上所说的人格发展，指的是积极意义的人格。人格主要是指个体心理的属性。人格是区别他人的、独有的、稳定的心理特征的有机组合，是个体全部心理机能的独特的整体性。从发生学上看，人格主要是后天形成的，是个体在特定社会关系和教育关系等外部生活条件影响下形成的心理特征。但是任何主体，都不是被动地受外部影响。主体最初就具有的心理和机体的反应能力，作用于外部条件，同时作用于主体自身，由这些形成人格。

从以上论述中我们可以认识到，人格主要有三个方面的内容：一是社会性，包括道德、品质、世界观、价值观、人生观等；二是心理品质，包括认知、情绪、意志、兴趣、动机、气质、性格等；三是生理发育，包括体质、精力等。其各方面与具体内容之间是彼此关联、相互制约、相互渗透的综合体。从教育的角度思考，人格应被看作个体在一定的生理和心理素质上，在一定的社会历史条件下，通过社会实践活动形成和发展起来的。所谓人格，就是个体在社会实践中所持的态度和行为的综合特征，它具有独特性、主体性、整体性和社会倾向性。因此为了适应 21 世纪政治、经济、社会发展的需要，为了祖国的繁荣富强，为了民族的未来与希望，学校教育所着眼的健全人格，是指自己的理想不仅高尚，而且认识情感、价值观、道德、审美等各方面要素整体良好，且自我与环境能和谐发展并充分发挥自己的潜能，从而培养出大批具有创新意识和创新能力的社会主义事业的建设者和接班人。

在学校的教育教学活动中，课程是处于中心位置的，它是实现培养目标的载体，而课程标准又是课程改革的核心任务之一，是国家对课程的基本规范和质量要求，它是编写教材、教学、评估和考试命题的依据，也是国家管理和评价课程的基础。在体育与健康课程标准上，将原有的"体育"改成"体育与健康"，把健康放在最重要的位置上，而且将"健康第一"的思想作为最基本理念，它反映的是世界学校体育改革的趋势。

随着国家计划生育政策的实施，独生子女数量的急剧增加，独生子女教育问题成了社会普遍关注的问题。他们在多位长辈（父母、爷爷、奶奶、姥爷、姥姥）的重重呵护和"无微不至"的关怀下，很多孩子成了"温室里的花朵"，养尊处优，一帆风顺，禁不住风吹雨打。长此以往，他们很少懂得去关心别人、尊重别人。而这些不足，如果不好好地加以改进、弥补，对他们今后的发展非常不利。

在长期的实践中，我们更清醒地认识到，学校作为孩子学习成长的地方，更有责任自觉地担负起教育教学改革的重任。为了孩子幸福、快乐地成长，去探索开创一门新的课程——"现代儿童"。

学校可以组织领导班子成员及全体教职员工认真学习教育部相关文件精神，并对学生出现的问题进行理性的思考。在此基础上对学生进行心理测试与发展水平前测，进一步了解学生的发展水平和需求，并以此作为校本教材编写的出发点和主要依据。同时针对学生和教师反映上来的问题，搜集相关资料，静心思考，共同探讨，深入研究儿童的心理、生理特点及成长规律，寻求解决存在的问题的方法。

在教育教学过程中，我们深深地体会到：孩子是个独立的人，在他们很小的时候，就有很强烈的"自己的事情自己做"的愿望，我们应充分尊重孩子的需要，给孩子必要的体验、引导、尝试和选择的机会，帮助孩子走向成功。

同时我们发现，每个人先天的遗传基因、后天的生活经历和学习水平，无不深刻地影响着每个人的思维方式和行为风格。孩子今天的生活状态正是他出生以来各种学习经验的积淀。在看到孩子问题的时候，我们应认真地反思自己的教育言行，反思我们对孩子的引领够不够，有没有就一些对孩子发展不利的言行进行调整，更重要的是我们能不能担负起自己的责任？

小学阶段是孩子品德、智力、生活能力等形成和发展的重要时期，正确的生活态度、良好的道德和科学素质是孩子未来发展的基础，努力构建出符合儿童身心发展特点的思想品德课程是我们建设校本课程的重要方面。

生活在课堂中的教师和学生都是活生生的人，他们的品质、认识、情感、意志、行为等相互联系与配合，构成我们富有活力的课堂教学。这就需要教师把课堂变为学生顺利成长与发展的土壤，使课堂充满学生情感、智慧和人格成长所需的阳光雨露，最终让课堂成为师生生命的绿洲。这就需要教师在课堂上创造平等、和谐的气氛，以自己的精神力量为示范，以生命激情为引领，以对未来美好生活的渴望为最大的期待，鼓励和唤醒学生内心深处的潜能，让课堂真正成为自由之路的起点，让我们看到从课堂走出来的是和谐健康富有个性的人。反思我们的教育行为，课堂上是否关注学生的生命存在？教学作为人与人之间活动的交往手段，学生是否在参与课堂活动中获得多方面的满足？

我们的课堂需要的是师生人格完全平等的富有爱心的交流，课堂是人与人之间精神的配合，是相互尊重与创造，是个性彰显的过程，是师生间在和谐的氛围中畅所欲言，学生处于最佳的学习状态，用师生的才智共同创造一个和谐的生态课堂。课堂教学过程不仅仅是学生的自我实现，也是教师的自我实现，师生双方共同在课堂中实现自我的超越，让课堂成为师生潜能释放与升华的地方。这样，我们才能实现我们的教育目标，真正为师生的生命发展负责。

课堂不是教师的表演场，而是师生之间交往、互动的场所；课堂不是对学生进行训练的场所，而是引导学生发展的场所。因此，我们认为课堂是一个生态系统，它是教师、学生在课堂环境中相互作用、分享智慧、共同发展，充满着人文情怀的生命场。课堂是实施教与学的场所，是教师与学生共同拥有的生态空间，正像大自然中生生不息的动植物那样，相互依存，相互促进，从而构成课堂体系中的循环链。只有这个生态系统中各要素间形成良性的循环，才有利于教学质量的提高，师生关系的融洽，学生综合素质的发展。

我们认为绿色生态课堂首先是一个和谐的情感课堂。强化师生间的内心感受与领悟，师生、同伴间互相激发、共同参与、合作交流、质疑探究，在浓郁的、生成的、互动的、幸福的、体验的学习氛围中开展学习。第二，它是一个自主探究的兴趣课堂。学生是课堂的主体，教师是主导，是闪耀智慧光芒、洋溢着成长气息的课堂。第三，它是生生合作的有效课堂。在自主学习的氛围下开展生生合作，相互交流、相互合作、彼此分享，是充满温情与友爱、互助与竞赛的课堂。第四，它是拓展思维的创新课堂。创新，意味着超越与突破，它的特点是外向与开放。培养创新精神永远是课堂追求的目标。第五，它是多元评价的差异课堂。课堂是多元的，学生是有差异的，课堂要满足不同学生的不同需求，建立相互尊重的、催人奋进、可持续发展的课堂。总之，绿色生态课堂是一个多元的、尊重生命发展、充满人文情怀的最适合师生共同成长的课堂。

教学的艺术不在于传授的本领，而在于激励、唤醒、鼓舞。试想：没有生机勃勃的精神怎么鼓舞别人？没有振奋昂扬的情绪怎么激励别人？没有清醒睿智的大脑怎么能唤醒沉睡的人？师生之间，互相怀有好感、互相尊重的气氛，将有助于教学和教育任务的完成。所以，我们要营造师生间和谐轻松的氛围，让情感在课堂上飞扬，要让课堂因拥有情感而焕发光彩，因流淌情感而富有生命。正如苏霍姆林斯基所言："感情如同肥沃的土地，知识的种子就播种在这片土壤上。"

面对新的形势，我们认识到教师要富有情感，更要善于表达情感，才能拉近师生间的距离。苏霍姆林斯基认为，教育的艺术在于能激发出学生心灵的感情，而且这种工作做得愈细致，愈有感情，从孩子心灵深处涌出的力量便愈大。课堂上，我们的情感通过语言、动作、表情、神态等多种形象的教学活动来表现。我们用饱满的情绪带动课堂，用期待的目光鼓励学生，用生动的语言传递情感，用热情的微笑指导帮助，还有那竖起的大拇指……无不带给学生自信和思考。

人有学习、探究的天性，青少年天生好奇，喜欢问为什么，喜欢展现自己。正如教育家苏霍姆林斯基说的："人的内心深处有一种根深蒂固的需求——总感到自己是发现者、探究者、探索者。"这种天性，是人创造性发展的基石。我们认为教育的责任应当是激励、保护和发展这种天性，而不是扼杀、泯灭这种天性。我们认为，所谓自主探究的课堂是指课堂中以探究为主，教学过程在教师的启发诱导下，以学生独立自主学习和合作讨论为前提。让学生亲身参与，用脑思考，用心感悟，用耳倾听，用嘴讲话，用手操作，从而激发学生生命活力，促进学生生命成长。

绿色生态课堂注重自主感悟，因为感悟是主体对外部知识、信息的深层次的内化过程，是头脑中对事物的重新组织、选择和建构的过程。同时，在我们大力倡导学生个性张扬，并善于自我表现的同时，我们也希望学生拥有全新的思维角度，因为我们的教育和教学要在不断增强自我、发现自我、形成自我中打造一个优秀的自我。

在课堂教学中，我们提出教师应该重视创设情境，让学生在浓烈的情境氛围中，在一个又一个新奇而有趣的问题情境中，通过自己的手、脑去探究、去发现、去创造。学生积极地参与课堂教学活动，主体意识得到强化，在广阔的思维空间里敢想，敢做，敢于创新，充分体验了创造的快乐，在思维能力、情感态度与价值观等多方面得到进步和发展。

儿童的知识不可能从阅读或听别人谈话中直接派生出来，只能从他们作用于环境的动作中去构造，只能从有关客体的经验中去获得。

第二节　小学创新性思维培养课程

思维是人类认识世界的一种复杂的精神活动。这种认知过程和感觉、知觉相比，具有很强的自动性和主观性，是基于客观事物和主观经验对事物进行认知的过程。思维和感觉、知觉一样，是人脑对客观事物的反映。但一般来说，感觉和知觉是对事物的直接反映，而思维是在对客观事物概括的基础上，在表象（组成形象的基本单元，可以理解为像素）的概括和经验基础上对事物进行认识的过程。创新思维，就是指人们在创造具有独创性成果的过程中，对事物的认识活动。

创新性思维是指打破固有的思维模式，在陈旧的思维方式基础上，运用跨领域或可行的思维方式对对象进行新的思考，并得出富有创造性的、指导性的意见或具体实施方案。

思维的过程总是从对事物的分析开始的。所谓分析，就是通过思维把客观事物分解为若干部分，分析各个部分的特征和作用。所谓综合，是在思想上把事物的各个部分、不同特征、不同作用联系起来。通过分析和综合，可以显露客观事物的本质，并通过语言或文字把它们表达出来。人类的语言、文字也正是在思维分析、综合中逐步形成的。

在分析和综合的基础上，通过对事物外观、特性、特征等的比较，把诸多事物中的一般和特殊区分开来，并以此为基础，确定它们的异同和它们之间的联系，我们称之为概括。在创造过程中，经常采用科学概括，即通过对事物的比较，总结出某一事物和某一系列事物的本质方面的特征。

比较和概括是抽象的前提，通过概括，事物中的本质和非本质的东西已被区分，舍弃非本质的特征，保留本质的特征，我们称之为抽象。与抽象的过程相反，具体是指从一般抽象的东西中找出特殊东西，它能使人们对某一事物中的个别有更加深刻的了解。抽象和具体是在创新中频繁使用的思维。

迁移是思维过程中的特有现象，是人的思维发生空间的转移。人们对一些问题的解决经过迁移往往可以促使另一些问题的解决，如掌握了数学的基本原理，有助于了解众多普通科学技术规律；掌握了创新的基本原理，有助于了解人工制造物的演变规律；掌握了机械原理，有助于进行机构创新设计及机械运动中的力学分析。

人们对某个事物肯定或否定，往往都是通过一定的判断和推理过程而形成的。判断分为直接判断和间接判断，直接判断属感知形成，无须深刻的思维活动，通过直觉或动作就可以表达出来，如两个人比较身高，可以直接判断出来。间接判断是针对一些复杂事物，由于因果、时间、空间条件等方面的影响，必须通过科学的推理才能实现的判断，其中因果关系推理特别重要。判断事物的过程，首先把外在的影响分离出来，通过一系列的分析、综合和归纳，找出隐蔽的内在因素，从而对客观事物做出准确的判断和推理。

创造性思维，是一种具有开创意义的思维活动，即开拓人类认识新领域、开创人类认识新成果的思维活动。创造性思维是以感知、记忆、思考、联想、理解等能力为基础，以综合性、探索性和求新性为特征的高级心理活动，需要人们付出艰苦的脑力劳动。一项创造性思维成果往往要经过长期的探索、刻苦的钻研甚至多次的挫折方能取得，而创造性思维能力也要经过长期的知识积累、素质磨砺才能具备，至于创造性思维的过程，则离不开繁多的推理、想象、联想、直觉等思维活动。

创造性思维就是指发散性思维，这种思维方式，使人们遇到问题时，能从多角度、多侧面、多层次、多结构去思考，去寻找答案，既不受现有知识的限制，也不受传统方法的束缚。其思维路线是开放性、扩散性的。它解决问题的方法更不是单一的，而是在多种方案、多种途径中去探索、选择。创造性思维具有广阔性、深刻性、独特性、批判性、敏捷性和灵活性等特点。

创造性思维具有新颖性，它贵在创新，或者在思路的选择上，或者在思考的技巧上，或者在思维的结论上，具有前无古人的独到之处，在前人、常人的基础上有新的见解、新的发现、新的突破，从而具有一定范围内的首创性、开拓性。

创造性思维具有极大的灵活性。它无现成的思维方法、程序可循，人们可以自由地海阔天空地发挥想象力。

创造性思维具有艺术性和非拟化的特点，它的对象多属"自在之物"，而不是"为我之物"，创造性思维的结果存在两种可能性。

创造性思维具有十分重要的作用和意义。首先，创造性思维可以不断增加人类知识的总量；其次，创造性思维可以不断提高人类的认知能力；再次，创造性思维可以为实践活动开辟新的局面。此外，创造性思维的成功，又可以反馈激励人们进行进一步创造性思维。正如我国著名数学家华罗庚所说："'人'之可贵在于能创造性地思维。"

创造性思维是一种开创性的探索未知事物的高级复杂的思维，是一种有自己的特点、具有创见性的思维，是扩散思维和集中思维的辩证统一，是创造想象和现实定向的有机结合，是抽象思维和灵感思维的对立统一。创造性思维是指有主动性和创见性的思维，通过创造性思维，不仅可以揭示客观事物的本质和规律，而且能在此基础上产生新颖的、独特的、有社会意义的思维成果，开拓人类知识的新领域。广义的创造性思维是指思维主体有创见、有意义的思维活动，每个正常人都有这种创造性思维。狭义的创造性思维是指思维主体发明创造，提出新的假说，创见新的理论，形成新的概念等探索未知领域的思维活动，这种创造性思维是少数人才有的。创造性思维是在抽象思维和形象思维相互作用中发展起来的，抽象思维和形象思维是创造性思维的基本形式。除此之外，还包括扩散思维、集中思维、逆向思维、分合思维、联想思维。其中扩散思维是从所给的信息中产生信息，着重点是从同一来源中产生各种各样为数众多的输出，并且很可能发生移转作用。集中思维是从所给的信息中产生逻辑的结论，其着重点是产生独有的或者习惯上所接受的最好的成果。逆向思维是把思维方向逆转过来，用对立的表面看来似乎不可能并有的两条思路同时去寻找解决问题的答案。分合思维是把思考对象在思想中加以分解或合并，然后获得新的思维产物的思维方式。联想思维是把已经掌握的知识与某种思维对象联系起来，从其相关性中发现启发点从而获取创造性设想的思维形式。创造性思维是创造成果产生的必要前提和条件，而创造则是历史进步的动力，创造性思维能力是个人推动社会前进的必要手段，特别是在知识经济时代，创造性思维的培养训练显得更重要。其途径在于丰富知识结构，培养联想思维的能力，克服习惯思维对新构思的抗拒性，培养思维的变通性，加强讨论，经常进行思想碰撞。

创造性思维是创新人才智力结构的核心，是社会乃至个人都不可或缺的要素。创造性思维是人类独有的高级心理活动过程，人类所创造的成果，就是创造性思维的外化与物化。创造性思维是在一般思维基础上发展起来的，是人类思维的最高形式，是以新的方式解决问题的思维活动。创造性思维强调开拓性和突破性，在解决问题时带有鲜明的主动性，这种思维与创造活动联系在一起，体现着新颖和独特的社会价值。创造性思维的特性主要包括：思维的求实性。善于发现社会的需求，发现人们理想与现实之间的差距。从满足社会的需求出发，拓展思维的空间。思维的批判性：敢于用科学的怀疑精神，对待自己和他人的原有知识，包括权威的论断。思维的连贯性：平时善于从小事做起，进行思维训练，不断提出新的构想，使思维保持活跃的态势。思维的灵活性：善于巧妙地机动灵活地转变思维方向，产生适合时宜的办法。善于选择最佳方案，富有成效地解决问题。思维的跨越性：思维进程带有很大的省略性，其思维步骤、思维跨度较大，具有明显的跳跃性。思维的综合性：详尽地占有大量的事实、材料及相关知识，运用智慧杂交优势，多种思维方式综合运用，发挥思维统摄作用，深入分析，把握特点，找出规律，创造出新成果。创造性思维的形成必须经过自觉的培养和训练，必须积累丰富的知识、经验和智慧，必须敢为人先勇于实践，善于从失败中学习，才能获得灵感，实现思维的飞跃。

在当今世界，经济飞速发展，科技文化日新月异，主要源于各个领域的创造性。从宏观上讲，创造性是社会进步的动力之一；从微观上讲，创造性是衡量一个人才华高低、能力大小的尺度。创造性思维是创新人才智力结构的核心。创造性思维反映事物本质属性的内在、外在的有机联系，是一种可以物化的心理活动。创造性思维不同于一般思维的规范，虽然具有一般思维的特点，但它强调开拓性和突破性。创造性思维在解决问题时，带有鲜明的主动性，这种思维与创造活动联系在一起，体现着新颖和独特的社会价值。以下详细论述创造性思维的特性。

求实性。创造源于发展的需求，社会发展的需求是创造的第一动力。思维的求实性就体现在善于发现社会的需求，发现人们在理想与现实之间的差距。从满足社会的需求出发，拓展思维的空间。而社会的需求是多方面的，有显性的和隐性的。显性的需求已被世人关注，若再去研究，易步人后尘而难以创新。而隐性的需求则需要创造性地发现。

在商战中常常出现"跟风"现象，很多商家一旦发现什么商品利润大，便紧随其后组织货源进行销售。结果使市场上这类商品供大于求，不但不能盈利反而会造成亏损。具有创造性思维的商家将预测学的原理应用于经营之中，通过对信息的收集筛选与分析判断，得出符合事物发展规律的结论，进而制定相应的策略。沃尔玛是世界上第一家试用条形码即通用产品码（UPC）技术的折扣零售商。1980年试用，结果收银员效率提高50%，故所有沃尔玛分店都改用条形码系统（陈晶：《浅议企业创新的意义及内容》，中国知识产权网）。在案例教学里，西方很多大学都把沃尔玛视为新技术持续引进的典范。再比如长岭集团在产品热销时，研发无氟冰箱，先行自我淘汰，从而在市场竞争中占有先机。

批判性。我们原有的知识是有限的，其真理性是相对的，而世界上的事物是无限的，其发展又是无止境的。无论认识原有的事物还是未来的事物，原有的知识都是远远不够的。因此，思维的批判性首先体现在敢于用科学的怀疑精神，对待自己和他人的原有知识，包括权威的论断。敢于独立地发现问题、分析问题、解决问题。法国作家巴尔扎克说："打开一切科学钥匙的都毫无异议的是问号。而生活的智慧大概就在于逢事都问个为什么。"

习惯思维是人们思维方式的一种惯性，致使人们不敢想、不敢改、不愿改，墨守成规，大大阻碍了新事物的产生和发展。因此思维的批判性还体现在敢于冲破习惯思维的束缚，敢于打破常规思维，敢于另辟蹊径、独立思考，运用丰富的知识和经验，充分展开想象的翅膀，这样才能迸射出创造性的火花，发现前所未有的东西。法国作家莫泊桑说："应时时刻刻躲避那走熟了的路，去另寻一条新的路。"

例如，在世界科学史上具有非凡影响和重大意义的控制论的诞生，就体现了美国科学家维纳的思维的批判性。古典概念认为世界由物质和能量组成，维纳则提出新观点、新理论，认为世界是由能量、物质和信息这三部分组成。尽管一开始他的理论受到了保守者的反对，但他勇敢地坚持自己的观点和理论，最终创立了具有非凡生命力的"控制论"新学科。

连贯性。一个日常勤于思考的人，就易于进入创造思维的状态，就易激活潜意识，从而产生灵感。创新者在平时就善于从小事做起，进行思维训练，不断提出新的构想，使思维具有连贯性，保持活跃的态势。

托马斯·爱迪生一生拥有1 039项专利，这个记录迄今仍无人打破。他就是给自己和助手确立了创新的定额，每10天有一项小发明，每半年有一项大发明。有一次他无意将一根绳子绕在手上，便由此想起可否用这种方法缠绕碳丝。

如果没有思维的连贯性，没有良好的思维态势，是不会有如此灵敏的反应的。可见，只有勤于思考才能善于思维，才能及时捕捉具有突破性思维的灵感。

目前对创新的理解存在一些误区，比如认为创新具有偶然性。实际上，每一次的创新看似偶然而绝非偶然，偶然是必然的结果。

灵活性。创造性思维思路开阔，善于从全方位思考，思路若遇难题受阻，不拘泥于一种模式，能灵活变换某种因素，从新角度去思考，调整思路，从一个思路到另一个思路，从一个意境到另一个意境，善于巧妙地转变思维方向，随机应变，产生适合时宜的办法。创造性思维善于寻优，选择最佳方案，机动灵活、富有成效地解决问题。

跨越性。创造性思维的思维进程带有很大的省略性，其思维步骤、思维跨度较大，具有明显的跳跃性。创造性思维的跨越性表现为跨越事物"可见度"的限制，能迅速完成"虚体"与"实体"之间的转化，加大思维前进的"转化跨度"。

综合性。任何事物都是作为系统而存在的，都是由相互联系、相互依存、相互制约的多层次、多方面的因素，按照一定结构组成的有机整体。这就要求创新者在思考时，将事物放在系统中进行思考，进行全方位多层次多方面的分析与综合，找出与事物相关的、相互作用、相互制约、相互影响的内在联系。而不是孤立地观察事物，也不是利用某一方法思考，应是多种思维方式的综合运用。不是只凭借一知半解、道听途说，而是详尽地占有大量的事实、材料及相关知识，运用智慧杂交优势，发挥思维统摄作用，深入分析，把握特点，找出规律。

这种"由综合而创造"的思维方式，体现了对已有智慧、知识的杂交和升华，不是简单的相加、拼凑。综合后的整体大于原来部分之和，综合可以变不利因素为有利因素，变平凡为神奇。从个别到一般，由局部到全面，由静态到动态的矛盾转化过程，是辩证思维运动过程，是认识、观念得以突破从而形成更具普遍意义的新成果的过程。

创造性思维是将来人类的主要活动方式和内容。历史上曾经发生过的工业革命没有完全把人从体力劳动中解放出来，而目前世界范围内的新技术革命，带来了生产的变革、全面的自动化，把人从机械劳动和机器中解放出来，从事着控制信息、编制程序的脑力劳动，而人工智能技术的推广和应用，将人所从事的一些简单的、具有一定逻辑规则的思维活动，可以交给"人工智能"去完成，从而又部分地把人从简单的脑力劳动中解放出来。这样，人将有充分的精力把自己的知识、智力用于创造性的思维活动，把人类的文明推向一个新的高度。

创造性思维是人类的高级心理活动。创造性思维是政治家、教育家、科学家、艺术家等各种出类拔萃的人才所必须具备的基本素质。心理学认为：创造性思维是指思维不仅能提示客观事物的本质及内在联系，而且能在此基础上产生新颖的具有社会价值的前所未有的思维成果。

创造性思维的形式有多种，大致包括以下几种：抽象思维亦称逻辑思维，是认识过程中用反映事物共同属性和本质属性的概念作为基本思维形式，在概念的基础上进行判断、推理，反映现实的一种思维方式；形象思维是用直观形象和表象解决问题的思维，其特点是具体形象性；直觉思维是指对一个问题未经逐步分析，仅依据内因的感知迅速地对问题答案作出判断、猜想、设想，或者在对疑难百思不得其解之中，突然对问题有"灵感"和"顿悟"，甚至对未来事物的结果有"预感"等都是直觉思维；灵感思维是指凭借直觉而进行的快速、顿悟性的思维，它不是一种简单逻辑或非逻辑的单向思维运动，而是逻辑性与非逻辑性相统一的理性思维整体过程；发散思维是指从一个目标出发，沿着各种不同的途径去思考，探求多种答案的思维，与聚合思维相对；收敛思维是指在解决问题的过程中，尽可能利用已有的知识和经验，把众多的信息和解题的可能性逐步引导到条理化的逻辑序列中去，最终得出一个合乎逻辑规范的结论；分合思维是一种把思考对象在大脑中加以分解或合并，然后获得一种新的思维产物的思维方式；逆向思维是对司空见惯的似乎已成定论的事物或观点反过来思考的一种思维方式；联想思维是指人脑记忆表象系统中，由于某种诱因导致不同表象之间发生联系的一种没有固定思维方向的自由思维活动。

创造性思维需要一定的活动过程，其中包括准备阶段、酝酿阶段、豁朗阶段、验证阶段等。准备阶段：准备阶段是创造性思维活动过程的第一个阶段。这个阶段是搜集信息、整理资料、做前期准备的阶段。由于对要解决的问题存在许多未知数，所以要搜集前人的知识经验，来对问题形成新的认识，从而为创造性思维活动的下一个阶段做准备。如，爱迪生为了发明电灯，据说，光收集资料整理成的笔记就 200 多本，总计达四万多页。可见，任何发明创造都不是凭空杜撰，都是在日积月累、大量观察研究的基础上进行的。

酝酿阶段：酝酿阶段主要对前一阶段所搜集的信息、资料进行消化和吸收，在此基础上，找出问题的关键点，以便考虑解决这个问题的各种策略。在这个过程中，有些问题由于一时难以找到有效的答案，通常会把它们暂时搁置。但思维活动并没有因此而停止，这些问题无时无刻不萦绕在头脑中，甚至转化为一种潜意识。这个过程容易让人产生狂热的状态，如"牛顿把手表当成鸡蛋煮"就是典型的钻研问题狂热者。所以，在这个阶段，要注意有机结合思维的紧张与松弛，使其向更有利于问题解决的方向发展。

豁朗阶段：豁朗阶段也即顿悟阶段。经过前两个阶段的准备和酝酿，思维已达到一个相当成熟的阶段，在解决问题的过程中，常常会进入一种豁然开朗的状态，这就是前面所讲的灵感。如，耐克公司的创始人比尔·鲍尔曼，一天正在吃妻子做的威化饼，感觉特别舒服。于是，他被触动了，如果把跑鞋制成威化饼的样式，会有怎样的效果呢？于是，他就拿着妻子做威化饼的特制铁锅到办公室研究起来，之后，制成了第一双鞋样。这就是有名的耐克鞋的发明。

验证阶段：验证阶段又叫实施阶段，主要是把通过前面三个阶段形成的方法、策略，进行检验，以求得到更合理的方案。这是一个否定—肯定—否定的循环过程。通过不断的实践检验，从而得出最恰当的创造性思维过程。

创新教育可以说是当前最时髦的一个话题，的确，在 21 世纪经济突飞猛进的今天，国家的兴旺靠创新，民族的昌盛靠创新，实现现代化更离不开创新。因此，创新教育理所当然地被提到了素质教育的核心地位，而培养创新思维能力则是创新教育的主要内容。那么，如何培养小学生的创新思维能力呢？

一、激发兴趣，营造良好的创新氛围

思维是创新的力量和动机，为了激发学生的创新思维动机，在教学中，教师首先要挖掘教材中的创新思维因素，要善于点燃创新思维之火，激发学生的热情。美国心理学家布鲁纳曾说过："学习最好的刺激乃是对所学学科的兴趣。"的确，浓厚的学习兴趣，可以使学生产生强烈的求知欲，从而具有敏锐的思维力、丰富的想象力和牢固的记忆力。学生的主动参与是一种自觉行动，如果没有兴趣，就谈不上主动，参与更是一句空话。因而教师要努力创设教学情境，让学生在教师提供的背景中积极思维，以激发学生的求知欲，充分调动其学习的积极性，让他们主动参与学习的全过程，做到课伊始趣即生，课展开趣益浓，课结束趣未尽。

流畅性、灵活性、独创性是创造力的三个因素。流畅性是指针对刺激能很流畅地做出反应的能力。灵活性是指随机应变的能力。独创性是指对刺激做出不寻常的反应，具有新奇的成分。这三性是建筑在广泛的知识基础之上的。上世纪 60 年代美国心理学家曾采用所谓急骤的联想或暴风雨式的联想的方法来训练大学生们思维的流畅性。训练时，要求学生像夏天的暴风雨一样，迅速地抛出一些观念，不容迟疑，也不要考虑质量的好坏，或数量的多少，评价在结束后进行。速度愈快表示愈流畅，讲得越多表示流畅性越高。这种自由联想与迅速反应的训练，对于思维，无论是质量，还是流畅性，都有很大的帮助，可促进创造性思维的发展。

古希腊哲学家柏拉图和亚里士多德都说过，哲学的起源乃是人类对自然界和人类自己所有存在的惊奇。他们认为：积极的创造性思维，往往是在人们感到"惊奇"时，在情感上燃烧起对这个问题追根究底的强烈的探索兴趣时开始的。因此要激发自己创造性学习的欲望，首先就必须使自己具有强烈的求知欲。而人的欲求感总是在需要的基础上产生的。没有精神上的需要，就没有求

知欲。要有意识地为自己出难题，或者去"啃"前人遗留下的不解之谜，激发自己的求知欲。青年人的求知欲最强，然而，若不有意识地转移到发展智力追求科学上去，就会自然萎缩。求知欲会促使人探索科学，去进行创造性思维，而只有在探索过程中，才会不断地激起好奇心和求知欲，使之不枯不竭，永为活水。一个人，只有当他对学习，总处于"跃跃欲试"的阶段的时候，他才能使自己的学习过程变成一个积极主动"上下求索"的过程。这样的学习，不仅能获得现有的知识和技能，而且能进一步探索未知的新境界，发现未掌握的新知识，甚至创造前所未有的新见解、新事物。

二、启发想象，培养学生的创新精神

想象是创造的翅膀，它是教学中培养学生发散思维的基础，是培养能力、发展创造力不可缺少的基本思维方法，爱因斯坦说过："想象力比知识更重要，因为知识是有限的，而想象力概括世界上的一切，推动着进步，并且是知识进步的源泉。"的确如此，想象可以说是思维的体操，是拓展思维空间的内动力。所以，在课堂上教师应让学生展开联想的翅膀，这样有利于学生创造性思维能力的培养。

教育家乌申斯基曾经说过："强烈的活跃的想象是伟大的智慧不可缺少的属性。"是啊，有了丰富的想象力就能在脑海中再现各种事物的形象，就能在记忆表象的基础上创造出种种新形象，小学生思维活跃，富于想象，但是他们丰富的想象力不是天生的。想象力的形成依赖于社会生活实践，依赖于教师的启发诱导。

正如联合国教科文组织所撰的《学会生存》一书所指出的：在创造艺术形式和美的感觉的过程中，我们获得了美感经验。这种美感经验和科学经验是我们感知这个万古长青的世界的两条道路，如同清晰思考的能力一样，一个人的想象力也必须得到发展，因为："想象力既是艺术创造的源泉，也是科学发明的源泉。"想象是人脑对已有表象进行加工创新的心理过程，它具有形象性、概括性、整体性、自由性、灵活性。创造性形象对于创造能力的产生和发展，有着较大的促进作用。因此任何创造活动都离不开想象，想象能力是衡量人创造能力的重要标志。在课堂教学中引导学生展开想象能有效地培养学生的创新意识。

心理学家认为，人脑有四个功能部位：一是接受感觉外部世界的感受区；二是将这些感觉收集整理起来的贮存区；三是评价收到的新信息的判断区；四是按新的方式将旧信息结合起来的想象区。只善于运用贮存区和判断区的功能，而不善于运用想象区功能的人就不善于创新。据心理学家研究，一般人只用了想象区的 15%，其余的还处于"冬眠"状态。开垦这块处女地就要从培养想象力入手。

想象力是人类运用储存在大脑中的信息进行综合分析、推断和设想的思维能力。在思维过程中，如果没有想象的参与，思考就发生困难。特别是创造想象，它是由思维调节的。

爱因斯坦的"狭义相对论"就是从他幼时幻想人跟着光线跑，并能努力赶上它开始的。世界上第一架飞机，就是从人们幻想造出飞鸟的翅膀而开始的。幻想不仅能引导我们发现新的事物，而且能激发我们做出新的努力、探索，去进行创造性劳动。

青年人爱幻想，要珍惜自己的这一宝贵财富。幻想是构成创造性想象的准备阶段，今天你还在幻想中的东西，明天就可能出现在你创造性的构思中。

三、巧设疑问，开拓学生的创新思维

古人云"学贵有疑"，创新思维的培养可以从质疑开始。因为，质疑是人类思维的精华，质疑的过程实质是积极思维的过程，是提出问题、发现问题的过程，因而问题就是创新起点，教师要指导学生在学习中发现问题，启发学生积极思考，进而提出一些创造性问题，指导学生自行解决，使学生在解决问题的同时，既获得知识，又提高能力。古人亦云："学起于思，思源于疑。"没有"疑"就没有学生的探索。"疑"是打开知识大门的钥匙。学生在学习的过程中难免遇到一些疑难问题。鼓励学生质疑问难，是调动学生学习积极性和主动性的重要手段，是培养学生创新知识的重要途径。在教学中，教师应认真分析学生的层次，对不同类型的学生应有针对性地设计疑难，恰当地提高设问，开拓学生的思维，使全体学生都积极思考共同参与教学。在教学中，让学生产生疑问，不是为了难倒学生，而是希望学生

培养学生的创新思维

积极参与，激发学生探索知识的兴趣和热情，成为学生进行自主探索学习的动力。因此，教师要营造一个民主、和谐、宽松的氛围，鼓励学生质疑问难，以培养他们的创新意识。

课堂上无论学生提出的问题正确与否，教师都应从正面引导，鼓励他们敢于发表自己的见解，尊重他们的自尊心，同时教师也要引导学生提出思维含量较高的问题，促使学生深入地探究。这样，就能不断激发学生的创新意识。

四、鼓励求异，引发学生的创新思维

在实行素质教育的今天，越来越多的教育有识之士普遍认为，教学其实并不需要那么多的统一，而要鼓励求异。求异思维是创造性思维的核心，它要求学生凭借自己的智慧和能力，独立地思考问题，主动探索知识，创造性地解决问题，而创造性思维是一种发散的求异思维，发散求异的目的在于创新。"百花齐放，百家争鸣"，春天不更艳丽？学习也是同样的道理。只要积极鼓励求异，不"死读书"，学生的学习才会不断闪现创造的亮点。

求异思维可谓标新立异，是对思维定式的否定。作为创造性思维的核心，它更体现出其固有的独创性和新颖性。求异是儿童的天赋，他们乐于表现得与众不同。因此，教学要鼓励学生发表自己的独立见解，迸发求异的火花。学生的思维被激活后，众说纷纭，创新的火花定会不断闪烁。

五、多方入手，提高学生的创新思维

小学生的学习，以模仿为主，不仅有显性的知识、技能等方面的模仿学习，还有隐形的思维、策略等方面的模仿学习，特别是作为一名语文教师，如在教学时能时不时露几手"绝招"，能使学生具备更多的灵性。而这种创新教育，可谓是不留任何痕迹的创新艺术教育，更有利于提高学生的创新能力。我们可以从以下途径入手：

1.语言的表达上。在创新教育面前，语文教师的语言不仅要生动形象，更要追求"富于变化"，不管是导语，还是总结过渡语都要认真考虑，精心设计，力争变平为奇，变陈为新，达到语能惊人的境地。

2.板书的设计上。板书可谓是一堂课的微型教案，板书设计精当，构思巧妙，给人耳目一新之感，无形中也能带动学生的创新。

3.教法的选用上。"教学有法，教无定法"。语文教师在课文的教学设计上要力避"千课一面"，做到因文而异，给学生以新鲜感。

六、捕捉生活，提升学生的创新思维

任何知识都来源于生活，形成于实践，又指导实践，推动科学技术的发展，而学习掌握它，如果脱离实践就成为无源之水。富勒说过："理论是一种宝库，而实践是它的金钥匙。"我们要力求引导学生，通过阅读、练习、观察、实验、讨论等多种形式，动脑动口动手，在亲自参与下获取知识，熟练技能，领悟理论的本质。组织学生互相讨论，发挥学生思维个性差异的优势，使他们相互间的思维"推波助澜"，形成多维立体交叉的思维信息网，教师随时点拨指导，使学生思维产生跃变。

丰富的知识经验是创造力的源泉。任何一个领域内的问题解决都会涉及大量该领域的专门知识，离开了这些知识基础，问题解决就会成为一句空话，创造力也就成了无源之水。陶行知先生曾说过："手和脑一块儿干，是创造教育的开始；手脑双全，是创造教育的目的。"在小学低年级数学教学中，让学生动手操作是激发学生内在创造潜力的重要途径。学生运用已有的经验，在具体的看、摸、折、量、比、算等操作活动中，经历知识的发现、问题的思考、规律的寻找、结论的概括、新知的重建等一系列数学活动过程，这本身就是充满生命活力、体现创新意识的过程。

另外，还应在教材的研究和作业的设计上有所创新。

创新思维无处不在。只要我们做有心人，给学生留有广阔的空间，让学生展开联想和想象的翅膀，激发学生的创新欲望，使学生有更多的机会发展创造性思维的能力，让学生多一些思考的机会，多一些活动的空间，多一些表现的机会，多一份创造的信心，多一份成功的体会，那么，深埋在孩子们心底的智慧种子，就一定能生根、开花，结出丰硕的创新之果。培养学生创新思维能力的方法和途径还有许多，还需要我们教育工作者不断探索，培养出一批创新人才，使中华民族立于不败之地，这是作为一名教师的历史重任。

儿童言语发展为其思维向着更高水平发展提供了必要的条件。因此，教师应通过多种途径提高儿童的言语能力。

思维是在感知基础上产生的，感性经验是思维的源泉。因此，教师应帮助学生掌握丰富、生动的感性经验。如教师在教学中适当运用事物图片等直观教具或根据教育、教学需要组织参观访问等活动，有意识地引导学生全面观察，深入分析，将感性经验上升为理性经验，逐步培养他们的思维能力。

结合小学生思维发展的一般特点，首先教会他们借助直观材料帮助思维，

然后再教给学生逻辑推理的方法。创造性是自主思维发展的最高形式。这里为大家提供的材料介绍了富有创造性的儿童的一些主要特征，目的是帮助参与者找到培养学生思维自主性的努力方向。

形象思维训练：形象思维虽然是人类思维发展的较初级形式，但是它在创造性思维中却占有重要地位。其主要的训练方法是"接触自然"，即到自然中去，接触各种各样的事物，通过接触自然对视、听、嗅、味、触等方面形象的陶冶提高对事物的敏感性，促进形象思维能力的发展，培养创造力。

知觉思维训练：鼓励学生大胆猜测，大胆假设；展开合理想象，即兴回答问题；教给学生捕捉知觉的方法，如及时记下一些偶然出现的新异念头等。知觉思维训练常常以知觉思维的形式表现出来。

独特性训练：命题独特性训练，让学生对给定的一段故事情节给出一个适当又富有新意的题目，并且越新越好。后果推测独特性训练，如给出一些短的故事或寓言，但缺少结尾，要求学生以独特的结尾来完成这些故事或寓言。问题解决独立性训练，让学生对所提出的问题尽可能用独特的方法去解决。

变通性训练：物体功能变通性训练，如在一定时间内尽可能多的列举出一些普通物体如伞、粉笔等的用途。遥远联想变通性训练，如训练学生能在意义距离相隔甚远，表面看似不存在联系的事物间建立新联系（如由"木质"联想到"皮球"：木质→树木→田野→足球场→皮球）。问题解决变换性训练，如要求学生解决一系列问题，而其中每个问题的解决都需要运用一个不同的策略，从而增强思维灵活性。

流畅性训练：用词流畅性训练，如在一定时间内尽可能多的用一个字组词。联想流畅性训练，如在一定时间内尽可能多的说出一个词的近义词或反义词。观念流畅性训练，如在一定时间内尽可能多的说出满足一定要求的观念，即提出尽可能多的解决问题的方案（如班干部产生的办法），或迅速列出属于某一类型的事物（如能燃烧的液体）。表达流畅性训练，如按照句子的语法结构和语意要求，运用尽可能多的词汇造出一个句子来。

对小学生来说，其创造性思维主要表现在学习活动中，这种表现是零碎的、隐隐约约的，教师必须有锐利的眼光才能发现。以下即为创造性思维表现：

知识和技能。学习中能很好地理解和记忆教师的教学内容，且有较独特的观察方法和强烈的好奇心；有时会提出一些老师一时无法回答的问题；喜欢探讨问题和做作业，并从自己解题中得到满足；学习上有不服输的精神，且有自己的努力目标；不太看重分数却迷恋于自己的爱好；成绩不一定最好，但对小制作特别有兴趣，动手能力较强。

坚持性。把指定的任务作为主要目标，用急切的心情去努力完成；在失败和困难面前从不气馁和退却；敢于发表意见并坚持己见；不怕别人讽刺；认为对的事就坚持到底。

反应性。具有敏锐的观察力、较强的综合和推理能力，对成人的建议和提问都能做出积极反应。

对挑战的反应。乐于处理比较困难的问题；敢于向不同意见挑战，不喜欢唯命是从；对教科书中的知识和老师的意见，总是批判地吸收，从中发现问题。

敏捷性。对学习和生活中的事件能迅速做出反应，并得出结果。

口头表达。善于正确地应用众多词汇；虽不一定善于辞令，但只要他深思熟虑的问题，总能较为妥帖、深刻地表达。

深刻性。相对于同龄人而言，比较能透过现象看到实质；善于发现事物产生的深层原因；善于预测事物发展的结果。

灵活性。能由此及彼地考虑问题；能根据具体情况摆脱自己的偏见，修正自己的观点；善于用他人长处。

独创性。喜欢独立思考，能举一反三，善于从多角度看问题；具有发散思维和一题多解的思维特点和习惯；不轻易问老师问题，不满足于现成答案，常常要问为什么；能够用新颖或异常的方法解决问题；有时喜欢标新立异。

想象力。在学习上善于大胆想象和提出假设，不断发现新事物、新问题和新结果；有良好的联想和直觉思维能力；喜欢幻想以至于异想天开。

推理能力。能够把给定的概念推广到比较广泛的关系中去，能从整体的关系中去理解给定的材料；有特殊的方法寻求各种相关因素之间的关系，控制排除各种变量；有初步的类比、联想、迁移能力。

兴趣情绪。对各学科和活动都感兴趣；自信心强，情绪稳定；不患得患失，有幽默感。

思维的独立性不断提高。随着身心发育的逐步成熟，小学生已逐步从具体形象思维向抽象思维过渡，特别是到了少年初期，对教师、家长和其他成人的依赖不断减少，独立思考、独立操作能力不断提高，开始有主见。

思维的批判性不断提高。小学生特别是低年级学生，对教师、家长和书本的依赖性比较强，认为只要书上写的、老师家长讲的都是正确的，都全盘接受。随着各方面的逐步成熟，他们发现老师家长讲的、书上写的不一定合理和科学，开始批判地接受了，表现在学校，就是对老师上课评头品足。

思维的深刻性不断增强。低年级小学生主要是具体形象思维，看问题比较浅，到了五六年级，便出现了初步的抽象思维，逐步能透过现象深入事物的本质，已能预见事物的结果。

思维的发散性不断增强。低年级学生知识少，经验不足，方法欠缺，思维方式主要是求同思维。随着知识经验的不断增多，特别是从三四年级开始，他们已经能够从多角度思考问题。受定式和习惯思维的束缚较少，异想天开的新奇念头经常会出现。如果引导得法，发散性思维的发展是比较快的，此阶段是培养发散性思维的最佳时机。

思维的能动性不断提高。小学低年级时，主动思维较少，大多是被动思维，也就是思考的问题都是由老师提出的。到了三四年级，特别是到了五六年级，学生主动思维能力开始急剧增强。他们不断认识到创造对象的作用、意义和价值，好奇心和创造意识日益浓厚。

人的创造才能不是天生的，而是后天习得的。一个人创造才能的形成和发展，除个人努力外，还有赖于教育和环境的影响。良好的创造氛围，可以促使创造人才成群出现；不良的甚至恶劣的氛围，可以扼杀创造人才。为此，学校必须做到两点：一是要正确认识并正视对创造性思维的培养，二是必须改变历来偏重于传授知识的培养目标，把重心转到培养学生求知欲、独立性和创造性思维上来。

大凡具有杰出成就的科学家、艺术家和政治家，无不具有敏锐的观察力。我们要保护好小学生强烈的好奇心和求知欲，这是观察的原动力。要教会他们观察的方法和技巧，引导他们去观察社会，观察大自然，让他们在观察中发现问题、提出问题，使他们的创造性思维得到更多的锻炼和发展。

培养学生联想和想象能力是发展学生创造性思维必不可少的条件和重要内容。爱因斯坦说："想象力比知识更重要，因为知识是有限的，而想象力概括着世界上的一切，推动着进步，并且是知识进化的源泉。严格地说，想象力是科学研究中的实在因素。"在大胆鼓励学生展开想象的同时，要丰富他们的生活经验，给他们提供自由想象、独立思考的情景条件，鼓励他们大胆幻想。

教师在教学中要多组织一些一题多解、多路思考的活动，谁想的办法多就给予鼓励和肯定，也可以对语文课上的结尾进行扩散性思维。特级教师钱梦龙说：教学的艺术就是想方设法鼓励学生的艺术。他有一句名言：我提的问题没有标准答案，怎么想就怎么说。

在科学殿堂里，大凡能登上一席的，往往都是一些标新立异者。他们往往独辟蹊径，自成一家。对小学生来说，要培养他们敢于坚持自己的观点，敢于向权威挑战的精神；尽量引导学生突破定式的约束，推陈出新，不落俗套，要尊重他们不同寻常的提问、想法。

操作能力对检验创造性思维的正确与否有着重要作用，几乎所有发明家都从小自己制作各种模型。牛顿小时候喜欢制作风筝，爱迪生小时候喜欢实验。应鼓励学生创造性地制作各种学具，对特别爱好者要给予重点培养。

鼓励观察，促进联想。观察是认识事物的基础，观察能力是促使学生创新思维能力提高的始发因素，我们必须高度重视。要使学生勤于观察，善于观察，要有目的地指导学生观察自然、观察社会、观察生活。通过观察产生联想，通过联想实现创新。如《秋天》这一课，完全可以把学生带到室外，去亲身观察、体验秋天的美景，然后我再启示："同学们能不能想象出冬天和春天又会是怎样的呢？"这时学生就会依据自己掌握的知识和经验，积极联想。

增强直观印象，展开想象。想象是创新的翅膀，是人类社会的希望，可以说，没有想象就没有创新，就会失去推动社会发展的内动力。儿童时代最易幻想，最具想象力，善于形象思维。因此，我们必须依据儿童的特点，结合课文中的一些神话、童话及科学幻想故事，充分运用幻灯、投影、图片、音像设备、电子计算机等各种教学媒体，进行直观形象教学。给学生提供一个充分想象的基础和丰富的想象素材，让学生尽情地去想象。

减少统一，鼓励求异。古人云：学则生疑，有疑才有思，有思才能学到真正的知识。过去我们的语文教学，"统一"的东西太多，字词理解，要以字典为准；提炼中心，要以教参为准；回答问题，要以教师的教案为准等。实际上学生失去了独立思考、独立感受、独立创新的自由，对学生有百害而无利。因此，我们要允许求异，鼓励质疑。

突破定式，实现灵活。传统教学方式以讲授式、问答式为主，老师牵着学生走，学生的主体地位得不到充分发挥，学生的思维完全局限在教师设计的琐碎的问题之中，学生的灵活性和创造性难以发挥。为改变这种状况，可大胆运用新的教学方式，如自读提问方式、分组讨论方式等，甚至可以让学生走出教室，到大自然中、到社会中，去感悟，去寻找灵性。塑造学生的创新性个性品质至关重要，创新能力与人的个性品质有着十分密切的联系，能否拥有创新性个性品质，对于能否有效地发挥创新精神和创新思维能力至关重要。一个人的创新性个性品质，最主要的是要保持追求创新的精神状态及执着的信念和坚强的毅力。对小学生来讲，虽然不必要求过高，但也应从小塑造培养。

我们都知道，艺术和文学创作都必须源于生活，只有源于生活的东西才是具有生命力的东西，才能为人们所熟知所接受。其实，创新也是一样，创新的灵感从哪里来，它也必须从生活中来，它不可能凌驾于生活之上，更不可能是梦幻的虚无缥缈的东西。

热爱生活、关注生活、享受生活是创新的前提和基础，试想一下，如果你都不热爱生活，对生活充满漠视和冷淡态度，你又怎会去关注生活呢，不关注生活创新又从何来，创新不可能凭空而来，它不是神话，它是实实在在地存在于现实中的东西。我们只有热爱生活，并关注生活，而且要好好享受生活，这样我们创新的灵感源泉才会永葆青春，永不枯竭，我们的生活也才会日新月异，丰富多彩。艺术也一样，源于生活，这一点是相通的，我们不妨以艺术为例来证明这一道理。

注重现实生活和艺术表现的衔接很重要。就是我们常说的，"要源于生活，又要高于生活"。创新，没有丰富的生活体验不行，没有艺术的概括表现也不行。在西藏采风的时候，笔者留意到了两个生活细节：一个是圣洁的哈达，它代表着藏族人民美好的祝愿；再一个是藏民在建筑劳动中的一种独特的扎夯方式。这样两个毫无联系的生活细节，要整合成一个完整的舞蹈作品有着相当的难度。所以必须概括，必须进行必要的艺术衔接。因此，在作品《哈达献给解放军》中，洁白的长绢就成了一个超越生活细节的道具贯穿作品始终。在舞者手中，它可以成为扎夯的工具，也可以变换成希望小学的课桌、门窗、黑板，更可以是献给解放军战士的哈达，这样就赋予了长绢以深刻而广阔的艺术内涵。而将长绢如此演绎，就不仅仅代表哈达，而是将两个藏民生活细节有机地、形象地联系在了一起，让观众有了更多的艺术收获，也使得作品有了创新的可能。所以，艺术一定要源于生活，在生活之上去创新。

创新能力一般被视为智慧的最高形式，它是一种复杂的能力结构。在这个结构中创新思维处于最高层次，它是创新能力的重要特性。创新能力实质就是创造性解决问题的能力。除此之外，创新能力还包括认识、情感、意志等许多因素。创新能力意味着不因循守旧，不循规蹈矩，不故步自封。随着知识经济时代的来临，知识创新将成为未来社会文化的基础和核心，创新人才将成为决定国家和企业竞争力的关键。

创新的思维是综合素质的核心。知识既不是智慧也不是能力，著名物理学家劳厄谈教育时说：重要的不是获得知识，而是发展思维能力，教育无非是将一切已学过的东西都遗忘时所剩下来的东西。劳厄的谈话绝不是否定知识，而是强调只有将知识转化为能力，才能成为真正有用的东西。大量的事实表明，古往今来许多成功者既不是那些最勤奋的人，也不是那些知识最渊博的人，而是一些思维敏捷、最具有创新意识的人，他们懂得如何去正确思考，他们最善于利用头脑的力量。在当今的知识经济时代，一个人要想在激烈的竞争中生存，不仅需要付出勤奋，还必须具有智慧。古希腊哲人普罗塔戈说过一句话：大脑不是一个要被填满的容器，而是一支需要被点燃的火把。其实，他说的这个火把点燃的正是人们头脑中的创新思维。

创新首先要有强烈的创新意识和顽强的创新精神。所谓创新意识就是推崇创新、追求创新、以创新为荣的观念和意识。所谓创新精神就是强烈进取的思维。一个人的创新精神主要表现为：首创精神、进取精神、探索精神、顽强精神、献身精神、求实精神（即科学精神）。其次，创新还要有创新能力。创新能力是指一个人产生新思想、认识新事物的能力，即通过创新活动、创新行为而获得创新性成果的能力。哈佛大学校长陆登廷认为，"一个人是否具有创造力，是一流人才和三流人才的分水岭"。第三，要创新就必须认同两个基本观点，即创新的普遍性和创新的可开发性。创新的普遍性是指创新能力是人人都具有的一种能力。如果创新能力只有少数人才具有，那么许多创新理论，包括创造学、发明学、成功学等就失去了存在的意义。人的创造性是先天自然属性，它随着人的大脑进化而进化，其存在的形式表现为创新潜能，不同人之间这种天生的创新能力并无大小之分。创新的可开发性是指人的创新能力是可以被激发和提升的。将创新潜能转化为显能，这个显能就是具有社会属性的后天的创新能力。潜能转化为显能后，人的创新能力也就有了强弱之分。通过激发、教育、训练可以使人的创新能力由弱变强，迅速提升。创新思维是创新能力的核心因素，是创新活动的灵魂。开展创新训练的实质就是对创新思维进行开发和引导。有句慧语说："有什么样的思路就有什么样的出路。"一个人的创新能力，特别是创新思维能力的强弱，将决定他将来的发展前途。有人对自己的创新能力总是持怀疑态度，这严重地影响了创新潜能的开发。其实，早在1943年，我国的创新教育先驱、著名教育家陶行知先生在其《创新宣言》等论著中，就对"环境太平凡不能创新、生活太单调不能创新、年纪太小不能创新、我太无能不能创新"等错误观点进行了批判。

培养创新能力，没有想象就没有创新。创新的实质是对现实的超越。要实现超越，就要对现实独具"挑剔"与"批判"的眼光，对周围事物善于发现和捕捉不正确、不完善的地方。古人云："学起于思，思源于疑。"质疑问难是探求知识、发现问题的开始。爱因斯坦曾经说过："提出一个问题比解决一个问题更重要。"

在日常生活中经常有意识地观察和思考一些问题，通过这种日常的自我训练，可以提高观察能力和大脑灵活性。

参加培养创新能力的培训班，学习一些创新理论和技法，经常做一做创造学家、创新专家设计的训练题，能收到提高创新思维能力的效果。

积极参加创新实践活动，尝试用创造性的方法解决实践中的问题。只有在实践中人类才有了无数的发现、发明和创新。实践又能够检验和发展创新，一些重大的创新成果，往往要经过实践的反复检验，才最终确立和完善。人们越是积极地从事创新实践，就越能积累创新经验，锻炼创新能力，增长创新才干。创新是通过创新者的活动实现的，任何创新思想，只有付诸行动，才能形成创新成果。因此重视实干、重视实践是创新的基本要求。

我们必须要终身学习，学习应该是一个习惯，只有不断学习，才能在变化的社会中一直抓住社会中最精华的东西。

我们要不断学习，不断总结，不断研究外部环境的变化，不断对自己提出新挑战，紧跟时代的发展。我们要在创新中提升，在提升中创新，在创新中发展，在发展中创新。

创造性思维是人类的高级心理活动。创造性思维是政治家、教育家、科学家、艺术家等各种出类拔萃的人才所必须具备的基本素质。心理学认为：创造思维是指思维不仅能提示客观事物的本质及内在联系，而且能在此基础上产生新颖的、具有社会价值的前所未有的思维成果。

创造性思维是在一般思维的基础上发展起来的，它是后天培养与训练的结果。卓别林为此说过一句耐人寻味的话："和拉提琴或弹钢琴相似，思考也是需要每天练习的。"创造性思维能力是人的智力因素和非智力因素相综合的高级能力。它受一定的社会情景制约，由志向、动机和意志力左右，又受到文化科学知识的影响，是人的高层次的思维活动。

兴趣是人带有趋向性的心理特征。一个人当他对某种事物发生兴趣时，他就会主动地、积极地、执着地去探索。如果学生对某一学科发生兴趣，那么，无论是面对复杂的学习内容，还是面对紧张的课外作业，他总是会兴致勃勃，全神贯注，废寝忘食地去研究，探索，表现出强烈的求知欲望和探索精神，可见兴趣和探索、成功有着必然的联系。创造性思维能力的培养应从激发学生的认识兴趣开始。

认知，是客观现实的反映，认知本身就是一个激发兴趣的过程。能否发挥认识的积极性和主动性，在很大程度上要依赖兴趣做向导。如果教学只是"照本宣科""知识搬家"就不能激发学生的认知兴趣；而一味迎合学生的口味，随意猎奇，也不是一种科学的态度。因此，首要的问题是，教师要把学生当成认知的主人，充分发挥他们在认知过程中的主体作用，一般来说教师要千方百计地把认知的对象和任务，从学生的间接需要变成直接需要，形成强烈的内部动机，引起兴趣。教师可根据教学内容的特点，把抽象的概念、深奥的原理，展现为生动活泼的事实或现象，也可把学生带到大自然中去，带到社会生活中去，引导他们观察自然中、社会中的种种现象，发现认识对象与别的事物的差异，找出它的特征，及其运动、变化的状态，从中受到启发，产生好奇心，才可能带着愉快的、高涨的情绪，克服一切困难，执着地去分析，去比较，去实验，去研究，去掌握认识对象的发展规律，展现智慧和才干，这种通过自己的智力活动，去发现认识对象的奥秘，是激发兴趣最根本的源泉。

为了激发学生的认知兴趣，教师必须酷爱自己所教的学科，并努力发现、研究、探索，使之成为自己的兴趣中心。教师有了这样的兴趣中心，才能在挖掘教材资源上，在组织教学形式上，在选择教学方法上多下功夫，使自己的教学艺术达到引人入胜、欲罢不能的境地，从而更有效地激发学生的认知兴趣，而教师的兴趣也将直接影响学生的情绪，促使其认知兴趣高涨。从某种意义上说，认知兴趣比认知的结果更为重要，有了浓厚的认知兴趣，才能有高水平的认知效果，有了浓厚的认知兴趣，学生的精神生活才会丰富，思维才会灵活、多变，这就为创造性思维能力的培养敞开了大门。

兴趣是创造性思维的入门，不等于有了兴趣，就有了创造性思维能力。创造性思维能力的培养，是以丰富的知识为基础，我国古人说过："博观而约取，厚积而薄发。"这就是说，只有广见博识，才能取其精华；只有积累丰厚，才能用得巧妙。这种取其精华、用得巧妙的过程，必须经由一个创造性思维活动的过程。而知识广博和深厚，又为这种创造性思维活动奠定了良好的知识基础。

创造性思维，往往靠有关事物的启示，触发联想，从而实现认识上的飞跃。那么，开拓学生知识领域，使学生有了广博的知识，就便于发现各种知识之间的联系，就会受到启示，触发联想，产生迁移和联结，形成新的观点、新的理论，从而达到认识上新的飞跃。

开拓学生的知识面，是培养其创造性思维的重要途径。开拓学生知识领域，必须建立在牢固的基础知识和基本技能上。因此，在教学中，教师要努力为学生构建自主、合作、探究学习的平台，开掘创造性思维潜能，多方位培养学生积累知识的能力，让学生能腾出更多的时间到课外去汲取知识。

广博的知识只是形成创造性思维能力的必要条件，而知识转化为创造性思维能力，是一个复杂的过程。它常常需要多种思维形式的综合运用。而求异思维则是其中最重要的一种思维形式。求异思维指的是一个问题，从不同的方向，甚至相反的方向，去探求不同答案的思维过程和方法。任何发现和发明，任何科学理论的创立，首先是建立在求异思维的基础上的，没有"求异"，无所谓"创新"。

心理学家认为，人脑有四个功能部位：一是以外部世界接受感觉的感受区，二是将这些感觉收集整理起来的贮存区，三是评价收到的新信息的判断区，四是按新的方式将旧信息结合起来的想象区。只善于运用贮存区和判断区的功能，而不善于运用想象区功能的人就不善于创新。据心理学家研究，一般人只用了想象区的 15%，其余的还处于"冬眠"状态。开垦这块处女地就要从培养幻想入手。

想象力是人类运用储存在大脑中的信息进行综合分析、推断和设想的思维能力。在思维过程中，如果没有想象的参与，思考就发生困难。特别是创造想象，它是由思维调节的。

爱因斯坦说过："想象力比知识更重要，因为知识是有限的，而想象力概括着世界的一切，推动着进步，并且是知识进化的源泉。"爱因斯坦的"狭义相对论"就是从他幼时幻想人跟着光线跑，并能努力赶上它开始的。世界上第一架飞机，就是从人们幻想造出飞鸟的翅膀而开始的。幻想不仅能引导我们发现新的事物，而且还能激发我们做出新的努力、探索，去进行创造性劳动。

青年人爱幻想，要珍惜自己的这一宝贵财富。幻想是构成创造性想象的准备阶段，今天还在你幻想中的东西，明天就可能出现在你创造性的构思中。

所谓发散思维，是指倘若一个问题有多种答案，那就以这个问题为中心，思考的方向往外散发，找出适当的答案越多越好，而不是只找一个正确的答案。人在这种思维中，可左冲右突，在所适合的各种答案中充分表现思维的创造性成分。1979 年诺贝尔物理学奖金获得者、美国科学家格拉肖说："涉猎多方面的学问可以开阔思路……对世界或人类社会的事物形象掌握得越多，越有助于抽象思维。"比如我们思考"砖头有多少种用途"。我们至少有以下各式各样的答案：造房子、砌院墙、铺路、刹住停在斜坡的车辆、做锤子、压纸头、代尺画线、垫东西、搏斗的武器等等。

所谓直觉思维是指不经过一步一步分析而突如其来的领悟或理解。很多心理学家认为它是创造性思维活跃的一种表现，它既是发明创造的先导，也是百思不解之后突然获得的硕果，在创造发明的过程中具有重要的地位。物理学上的"阿基米德定律"是阿基米德在跳入澡缸的一瞬间，发现澡缸边缘溢出的水的体积跟他自己身体入水部分的体积一样大，从而悟出了著名的比重定律。又如，达尔文在观察到植物幼苗的顶端向太阳照射的方向弯曲的现象时，就想到了它是幼苗的顶端因含有某种物质，在光照下跑向背光一侧的缘故。但在他有生之年未能证明这是一种什么物质。后来经过许多科学家的反复研究，终于在 1933 年找到了这种物质——植物生长素。

直觉思维在学习过程中，有时表现为提出怪问题，有时表现为大胆的猜想，有时表现为一种应急性的回答，有时表现为为解决一个问题，设想出多种新奇的方法、方案等等。为了培养我们的创造性思维，当这些想象纷至沓来的时候，可千万别怠慢了他们。青年人感觉敏锐，记忆力好，想象力极其活跃，在学习和工作中，在发现和解决问题时，可能会出现突如其来的新想法、新观念，要及时捕捉这种创造性思维的产物，要善于发展自己的直觉思维。

流畅性、灵活性、独创性是创造力的三个因素。流畅性是针对刺激能很流畅地做出反应的能力。灵活性是指随机应变的能力。独创性是指对刺激做出不寻常的反应，具有新奇的成分。这三性是建筑在广泛的知识基础之上的。20世纪 60 年代美国心理学家曾采用所谓急骤的联想或暴风雨式的联想的方法来训练大学生们思维的流畅性。训练时，要求学生像夏天的暴风雨一样，迅速地抛出一些观念，不容迟疑，也不要考虑质量的好坏，或数量的多少，评价在结束后进行。速度愈快表示愈流畅，讲得越多表示流畅性越高。这种自由联想与迅速反应的训练，对于思维，无论是质量，还是流畅性，都有很大的帮助，可促进创造性思维的发展。

参考文献

[1] 景小霞，张立．追寻绿色教育生态梦想 [M]．北京：教育科学出版社，2010．

[2] 吴希福．构筑生命之基 [M]．北京：教育科学出版社，2011．

[3] 周薇娓．童心的回应与引领 [M]．宁波：宁波出版社，2011．

[4] 张建明．与天使共同成长 [M]．广州：暨南大学出版社，2012．

[5] 李佟慧．网学天下：小学创新教育在网上 [M]．石家庄：人民教育出版社，2007．

[6] 中国教育学会小学数学教学专业委员会．改革创新开拓进取：中国教育学会小学数学教学专业委员会成立三十周年纪念 [M]．石家庄：人民教育出版社，2012．

[7] 陆枋．小学校大雅堂：成都市实验小学教育创新研究 [M]．北京：教育科学出版社，2012．

[8] 张云鹰．教育智慧与学校创新：一名小学校长的践行 [M]．石家庄：人民教育出版社，2008．

[9] 刘畅．做好的"我"——北京市中关村小学教育创新研究 [M]．北京：教育科学出版社，2010．

[10] 尹超．绽放和谐快乐之光——北京大学附属小学教育创新研究 [M]．北京：教育科学出版社，2010．